¿A QUÉ VENIMOS? ¡A TRIUNFAR!

EDDIE «PIOLÍN» SOTELO

¿A QUÉ VENIMOS? ¡A TRIUNFAR!

CÓMO ENCONTRÉ MI VOZ ENTRE LA ESPERANZA, LA FUERZA Y LA DETERMINACIÓN

A CELEBRA BOOK

Celebra
Publicado por Penguin Group
Penguin Group (USA) LLC, 375 Hudson Street,
New York, New York 10014

🐧

Estados Unidos | Canadá | Reino Unido | Irlanda | Australia | Nueva Zelanda | Sudáfrica | China
Penguin.com
Una compañía de Penguin Random House.

Publicado por Celebra, una división de Penguin Group (USA) LLC.

Primera impresión: marzo 2015

Library of Congress Cataloging-in-publication data:
Sotelo, Eddie.
¿A qué venimos? ¡A triunfar!: cómo encontre mi voz entre la esperanza, la fuerza y la
determinación/Eddie «Piolin» Sotelo.
      p.   cm.
ISBN 978-0-451-47275-5
   1. Sotelo, Eddie   2. Radio broadcasters—Mexico—Biography.   I. Title.
PN1991.4.S62A3   2015
791.4402'8092—dc23
[B]   2014042061

Impreso en los Estados Unidos de América

10   9   8   7   6   5   4   3

Tipografía: Utopia
Diseñado por Sabrina Bowers

A todas las personas que se levantan cada mañana para salir adelante sin importar los obstáculos que estén enfrentando. Mantengan siempre la fe y la esperanza.

A Edward y Daniel, mis hijos y mayores alegrías.

A María, la luz que me ilumina.

¿A QUÉ VENIMOS? ¡A TRIUNFAR!

PRÓLOGO

*E*n la historia de este mundo hay personas que sobresalen porque su misión es venir a inspirar y tocar la vida de muchos. Son seres humanos que no esperan que la vida los lleve por un camino incierto: ellos mismos forjan su destino con mucho esfuerzo y perseverancia.

Uno de ellos es mi amigo «Piolín». Nacido Eduardo Sotelo, en Ocotlán, Jalisco, México, desde muy joven toma la dura decisión de dejar atrás a su familia y amigos y de forjar un nuevo destino viajando a Estados Unidos. Igual que muchos de nuestros hermanos inmigrantes, Piolín trabaja muy duro al llegar a este país y, al mismo tiempo, continúa sus estudios para poder completar su educación preparatoria, o de *high school*. Con todas las ganas de salir adelante, desempeñó muchos oficios. Entre ellos, uno de sus favoritos era el de maestro de ceremonias animando fiestas de quinceañeras. Es ahí donde descubre su gran pasión por la locución y decide perseguir ese sueño. Cultivando su talento, empieza en la locución desde abajo como locutor de noticias en una emisora de frecuencia AM. Poco a poco escala en su género trabajando en muchas emisoras. Su gran talento y dedicación lo llevan a alcanzar la posición más anhelada para un locutor de radio: tener su propio show de la mañana en uno de los mercados más codiciados entre las emisoras en español, el gran mercado de la Costa Oeste de Estados Unidos. Gracias a su popularidad y a la numerosa audiencia de su programa, logra que este sea distribuido en más de sesenta estaciones de costa a costa en la unión americana. Es un gran momento en su carrera.

Pero más allá del éxito, lo que me impresionó de Piolín es que decidió utilizar su voz en la radio y su poder de convocatoria para apoyar a los inmigrantes. Se convirtió en el defensor de los latinos, lucha día a día exponiendo las injusticias que sufren los inmigrantes y abogando junto a personalidades y políticos para crear conciencia y generar un cambio. Así, él pasa a ser no solamente un ciudadano de origen mexicano sino un representante de toda la comunidad hispana y un ejemplo de que los inmigrantes venimos a hacer contribuciones positivas a este país. En su trayectoria cabe mencionar que, además de entrevistar en su programa a grandes personalidades del medio artístico, también tuvo como invitados al presidente Barack Obama y luego a la primera dama Michelle Obama. Estas dos visitas afianzan el nivel de importancia que tiene Piolín como líder de nuestra comunidad. La reforma migratoria tal vez esté muy lejana pero cuenta con personalidades como Piolín, que saben llegar al corazón del pueblo no solamente con mensajes políticos y promesas, sino también con un buen humor que alivia la vida dura de los inmigrantes que luchan diariamente para salir adelante en este país.

Yo, que he tenido la oportunidad de conocer mejor a Eddie «Piolín» Sotelo, puedo asegurar que es una persona con fe en su corazón. Esa paz interior es la que lo ayuda a seguir adelante a pesar de los cambios en el camino que le presenta la vida. Él, con su gran humor, sabe cómo encontrar el lado positivo de cada situación. Sólo queda desearle a mi amigo lo mejor en esta nueva etapa de autor y que a través de este libro puedan ustedes, su público, conocer más sobre su trayectoria. Con historias de superación como la de Piolín es como se podrá ganar la batalla de la inmigración y, al mismo tiempo, dar un ejemplo positivo a una nueva generación de inmigrantes alrededor del mundo.

Con mucho cariño,
EMILIO ESTEFAN

INTRODUCCIÓN

Cuando miro hacia atrás y veo el camino que he recorrido, no dejo de sorprenderme al recordar los lugares por los que he pasado, los obstáculos que he tenido que superar y las muchas alegrías que Dios me ha dado. Pero lo más importante que me han dejado las experiencias es lo que he aprendido. Es justo eso lo que quiero compartir con ustedes en este libro y lo que hizo que me decidiera a escribirlo.

Las lecciones que he aprendido en la vida me han ayudado a tener claros los valores que me guían: mi fe en Dios, el ejercicio, la solidaridad con los demás, la educación y la lucha incansable por alcanzar mis sueños. Todos ellos me guían cada día al despertarme y en ellos pienso cuando tomo alguna decisión.

De mi familia aprendí el valor de la solidaridad y del ejercicio. También, a través de ella, de nuestra convivencia diaria y de saber lo triste que fue que estuviéramos separados por algún tiempo, cuando mi papá y mi hermano mayor decidieron venir a Estados Unidos —y después, cuando yo mismo los seguí y dejé atrás a mi mamá y a mi hermano más pequeño—, entendí lo importante que es la familia en la vida de cada uno de nosotros.

Mi fe siempre estuvo presente en mí. Pero fue sólo a través de las experiencias más duras, las que viví en este país, que pude entender el inmenso amor de Dios y pude sentir su presencia constante. Así, poco a poco me fui acercando cada vez más a Él y aceptándolo en lo más profundo de mi corazón. Y es gracias a Dios, a los valores que aprendí de mi familia y al amor incondicional y sincero de mi esposa María que ahora tengo una familia propia que llena mis días y que me hace querer ser mejor cada vez.

Las primeras experiencias que viví en Estados Unidos no sólo me hicieron más fuerte y me impulsaron a perseguir mis sueños con más intensidad, sino que también me enseñaron lo importante que es contar con la información necesaria para no ser engañado, la enorme dificultad en la que se encuentra la mayoría de los inmigrantes de este país y lo importante que es mantenernos firmes para que su situación mejore. Se trata de personas con muchos deseos de salir adelante, que todos los días contribuyen a través de su trabajo duro a la grandeza de Estados Unidos.

Los momentos llenos de angustia y preocupación que viví cuando casi fui deportado, después de haber trabajado usando papeles falsos, me hizo ver lo importante que era que compartiera con los demás lo que me había pasado: quería que aprendieran algo de ello y que pudieran evitarse los mismos problemas por los que pasé. Fue por eso que desde que mi situación se resolvió y pude volver a mi programa en la radio, comencé a compartir lo que había vivido y a invitar a expertos en temas de inmigración.

Esas mismas ganas de compartir esta experiencia fueron las que me hicieron querer escribir un libro. Durante varios años estuve pensando en ello, impulsado por radioescuchas, por algunos amigos y por familiares, pero no había encontrado el tiempo ni sabía por dónde comenzar, hasta que en 2013 finalmente decidí que debía hacerlo, que debía enfrentar ese nuevo reto y recordar mi historia, escribirla, seguir compartiéndola.

El resultado es este libro que tienen en sus manos. Espero que a través de sus páginas encuentren inspiración para seguir adelante, para encontrar las respuestas que necesitan y para nunca, nunca, darse por vencidos.

CAPÍTULO 1

<< NO VAS A HACER NI MADRES EN LA VIDA >>

Por más que corrí no alcancé a tomar el autobús. El día había sido duro, como casi todos los días desde que empecé, pero normalmente no solía perder el autobús para llegar al trabajo en el estudio fotográfico, uno de los varios trabajos que hacía. Quizá, si no hubiera gastado esos minutos extra platicando con mis amigos, diciéndoles que ya me tenía que ir y no podía seguir hablando del entrenamiento de futbol que acabábamos de terminar, lo habría alcanzado.

«No marches, lo perdí», fue lo primero que pensé cuando vi al autobús alejarse. Tendría que esperar un largo rato para tomar el siguiente, por lo que decidí que lo mejor era irme corriendo al trabajo en el laboratorio de fotografía que quedaba en la calle Main, en Santa Ana, no demasiado lejos de donde me encontraba. Así llegaría más rápido que si me quedaba esperando. Llovía, pero no me importó, era mejor llegar lo antes posible. Pero por más que corrí, llegué como media hora tarde al trabajo. Había calculado mal la distancia y lo peor de todo era que estaba empapado.

¡Mi papá iba a estar enojadísimo! Él trabajaba conmigo en el laboratorio por lo que, para que no se dieran cuenta de mi retraso, entré por la puerta posterior y me metí al cuarto oscuro sin que nadie me viera. O eso pensé. Al momento de haber entrado oí que alguien tocaba a la puerta con fuerza. No podía ser nadie más que mi papá. Era casi inevitable abrir la puerta del cuarto oscuro sin que hiciera ruido porque por detrás tenía unas persianas. Por supuesto, yo había hecho todo lo posible por hacer el movimiento con el mayor silencio, pero obviamente no había tenido mucho éxito.

—¿Qué pasó, jefe? —pregunté.

—A ver, sal —me respondió de inmediato. Se oía muy molesto.

Entonces con muy pocas ganas, salí.

—¿A qué hora llegaste?

—No... pues ya tengo buen rato.

—No. No tienes —me respondió muy serio y entonces comenzó a gritar—: ¿Sabes qué? —me dijo—. De tantas cosas que estás haciendo, ¡no vas a hacer ni madres en la vida!

—¿Qué me dijiste? —le pregunté desconcertado.

—¡De tantas cosas que estás haciendo, no vas a hacer ni madres en el vida! —me repitió.

Estaba tan enojado que parecía que me iba a golpear. No lo hizo, pero sus palabras me dolieron tanto que habría preferido que me golpeara.

Era cierto que en ese entonces hacía muchísimas cosas al mismo tiempo, una infinidad de trabajos que me acaparaban todas las horas del día. Pero de lo que mi papá no se daba cuenta, o no quiso reconocer en ese momento, era que yo estaba tratando de buscar algo, un camino, la mejor manera de ayudar a la familia. Incluso el fin de semana lo usaba para seguir trabajando y mi única diversión era ir los sábados a la lavandería. Ahí también me fijaba en los letreros que dejaban de ofertas de trabajo y me hacía amigos con la idea de que me dieran trabajo. Por esa época tendría como diecisiete años y lo único que estaba buscando era la manera de salir adelante. Mi papá lo sabía perfectamente, y simplemente no podía creer lo que me estaba diciendo.

—¿Sabes qué? —le grité, aunque en realidad quería aventarlo, golpearlo, por el dolor que me estaba causando—, voy a hacer que esas palabras ¡te las tragues! ¡Yo voy a ser alguien en la vida!

Se me empezaron a escurrir las lágrimas mientras se lo decía; entonces, como no quería que me viera, me di la vuelta y me metí de nuevo al cuarto oscuro. Cerré la puerta y ahí sí me solté a llorar a moco tendido. Me recosté en el suelo y apagué la luz. «Qué gacho lo que me dijo», pensaba una y otra vez. «Hijo de su madre, a lo mejor sí es cierto, no voy a ser ni madres en la vida», me dije cuando estuve un poco más tranquilo. Pero luego me di cuenta de que eso no era cierto. Por más que en ese momento estuviera haciendo mil cosas que no parecían ir a ningún lado, en lo más profundo de mi corazón yo sabía que yo sí lograría muchas cosas en la vida, incluso más de las que mi papá, o yo, podía imaginar. No lo puedo explicar, pero en ese momento tuve esa claridad y esa convicción. Entonces me sequé las lágrimas, abrí la puerta y me dirigí hacia mi papá.

—Perdóname por haberte gritado —le dije—, pero quiero hablar contigo...

No alcancé a decir nada porque lo abracé y empezamos a llorar.

—Perdóname, pero el autobús se fue —le expliqué.

—Sí, perdóname a mi también hijo —me contestó—, pero tenemos mucho trabajo. El dueño me reclama porque no alcanzo a hacer todo...

Entonces, nos pusimos a trabajar de inmediato. Había que entregar unas ampliaciones de fotografías y no había tiempo que perder.

Mi padre se había enojado por la presión que él también estaba sintiendo de hacer el trabajo bien y sacar adelante a la familia. Aunque en su momento sus palabras me dolieron mucho, siempre le estaré agradecido por lo que me dijo ese día en el cuarto oscuro, porque desde ese momento supe que le iba a echar muchas más ganas a lo que estaba haciendo para ser alguien en la vida. «De esta frase me voy a acordar todos los días de mi vida», me dije. Estaba convencido de ello. Lo que me dijo mi papá había dejado de ser negativo para convertirse en algo positivo para siempre. Me impulsó a ser mejor cada día. Todavía hoy lo recuerdo y me sigue dando fuerzas.

Cada vez que me enfrento a un momento difícil, cada vez que siento miedo o inseguridad ante un reto nuevo o desconocido, me acuerdo de lo que me dijo mi papá ese día y vuelvo a encontrar la convicción y las ganas que me han permitido llegar hasta donde estoy hoy.

No importa cuántos obstáculos y cuántas dificultades haya encontrado en la vida —y no han sido pocos—, este convencimiento de que debo salir adelante me ha ayudado a encontrar la sabiduría para poder superarlos. Al fin y al cabo, de eso se trata la vida, de una serie de obstáculos que debemos superar, de los que debemos aprender y que nos dan la oportunidad de ser mejores cada día.

A eso vine a este país, a este mundo. O mejor dicho, a eso vinimos todos a este mundo: ¡a triunfar!

PRIMERA PARTE

MÉXICO

CAPÍTULO 2

SÉ CUANDO LLUEVE, SIN SALIR DE CASA

Cuando éramos pequeños, mi hermano Jorge y yo jugábamos mucho juntos, éramos buenos amigos y teníamos una imaginación muy grande. A veces, tomábamos palitos de paleta y pretendíamos que eran aviones.

—¡Ay!, queremos ir a Estados Unidos —decíamos.

En ese entonces, para nosotros Estados Unidos era el lugar del que la gente regresaba con tenis nuevos que nosotros nunca antes habíamos visto. Nos imaginábamos que en Estados Unidos uno podía comprar lo que quisiera porque había de todo y todos los que vivían ahí tenían dinero para comprar lo que fuera.

Y desde el patio mirábamos los aviones que pasaban por el cielo. Y nos preguntábamos: «¿Nosotros cuándo podremos ir a Estados Unidos?».

La casa donde nací era rentada. En ella vivíamos mis papás, mi hermano mayor y yo. Estaba hecha de ladrillo, era muy sencilla y se ubicaba en Riveras de Sula, un barrio humilde cerca de Ocotlán en el estado de Jalisco, México. Para ir a la escuela teníamos que caminar por la carretera, en donde normalmente había más gente que carros, pero los pocos que pasaban levantaban tanto polvo del camino que yo pensaba: «Mmmm, para qué se baña uno si termina lleno de tierra».

Nuestra casa era de adobe, con techo de teja, muy parecida a las otras casas del barrio. No muy lejos de ella había un bosque de eucaliptos, un asilo de ancianos y una ladrillera, y por fuera pasaban muchos perros callejeros y caballos, que eran usados para repartir la leche en unos tarros enormes de metal. Por la calle de afuera de mi casa también pasaban muchos autobuses de transporte público que echaban un humaderal que nos fumigaba a todos y levantaban una polvadera que... ¡hijo de su madre!, no había manera de impedir que se metiera por todos lados. Pero de todas maneras, mi mamá se la pasaba tratando de limpiar y me acuerdo que yo le decía:

—¿Pa' qué limpias tanto si entra un polvaderón?... Ni siquiera sirve que nos digas que cerremos la puerta, porque de todos modos entra.

No muy lejos de la casa había unas canchas de tierra para jugar futbol a las que a veces iba con mis amigos, y a no mucha distancia —cerca del lago de Chapala— quedaba un vecindario en el que vivían muchos pescadores y al que le decían Cantarranas porque quedaba detrás de un río del que salían ranas que se la pasaban cantando toda la noche. Ese mismo río pasaba detrás de mi casa, y como las calles del vecindario no estaban pavimentadas, cada vez que llovía, mi casa se inundaba. Muchas de las tormentas caían en la noche y, no sé si es que estaba acostumbrado o que tengo un sueño pesado, pero recuerdo que en ocasiones me daba cuenta de que había llovido en la noche sólo al despertar. No necesitaba mirar hacia afuera o salir a la calle para comprobarlo porque podía ver que el agua estaba a ras de la cama.

Ahora que lo pienso, ¡no sé cómo no nos ahogamos mientras dormíamos! Pero en aquella época nunca me pareció que fuera un problema. Por el contrario, que lloviera era muy divertido porque cada que se inundaba el barrio, Jorge y yo nos metíamos al agua para jugar con los demás niños de la cuadra. La pasábamos a todo dar aventándonos agua, sumergiéndonos en ella y llenándonos de lodo. El hecho de que la calle no estuviera pavimentada no era un gran problema para nosotros porque sabíamos cómo aprovechar sus ventajas. Además, éramos niños. Y éramos felices.

A veces, cuando mi papá nos veía jugando en los charcos de las calles, nos decía:

—Cuando tengamos dinero, los voy a llevar a una piscina *perrona*.

Si en aquel entonces alguien me hubiera dicho todo lo que haría años después, me habría reído a carcajadas. ¿Yo, un niño pobre de

Ocotlán conduciré un programa de radio que tiene radioescuchas en muchas partes del mundo? ¡Imposible!

Pero nada lo es.

Como es el caso de la gran mayoría de inmigrantes a este país, nací en una familia más bien humilde que nunca contó con demasiados recursos, pero sí con una fuerte ética de trabajo y un gran espíritu familiar. Mi papá trabajaba como obrero en Celanese Mexicana, una fábrica de textiles que tenía tiempo de haberse establecido en la ciudad, mientras que mi mamá se hacía cargo de la casa y de nosotros. La actitud de ambos hacia la vida me fue enseñando que hay que esforzarse para salir adelante, que no hay que tenerle miedo a los retos ni a los problemas.

La casa en la que vivíamos tenía un patio trasero donde a mis papás les gustaba tener plantas y árboles. Todavía tengo una foto en la que aparezco con una prima sentado en el patio.

Cuando enseño a mis hijos esa fotografía, me preguntan:

—Papá ¿por qué traías tus zapatos todos raspados?

—Pues porque no teníamos para más —les respondo. A ellos les da un poco de risa porque, a pesar de los zapatos gastados, me ven muy feliz en esa fotografía.

Y claro que era muy feliz porque para serlo no se necesita tener zapatos nuevos o mucho dinero.

Supongo que también mis zapatos se veían así porque fui el segundo hijo en nacer, lo que a veces no es tan bueno porque te pasan la ropa de tu hermano mayor. Esos zapatos, obviamente, habían pertenecido a mi hermano.

Recuerdo claramente que mi mamá, cada que se le hacía un agujero al pantalón de mi hermano, automáticamente me lo daba a mí. Lo parchaba con uno de esos parches calientes que se pegaban con la plancha.

—Yo no quiero ese pantalón viejo, mamá. ¿Por qué me lo das? —le preguntaba un poco desilusionado.

—Está bueno, póntelo —era su única respuesta.

Y entonces no me quedaba más remedio que andar por ahí con

más parches que una llanta porque es que así era con todo: me pasaba las camisas, los zapatos y, ya que estaba en eso, hasta los trancazos que años antes le habían tocado a mi hermano por primera vez. Gracias a la práctica, los que me tocaban eran más duros, y quizá por todo eso soy más resistente. ¡O por lo menos eso es lo que creo yo!

Siempre pensé que el día en que tuviera mis propios hijos no haría con ellos lo que me hicieron a mí de pasarme la ropa de mi hermano. Afortunadamente he podido cumplir con mi promesa... aunque quizá se deba a que entre mis dos hijos hay bastantes años de diferencia y pasar la ropa de uno a otro no tiene mucho sentido.

Cuando estábamos en la escuela primaria, mi hermano Jorge era muy estudioso. Siempre sacaba muy buenas notas, por lo que mis papás lo complacían mucho. Y como si no fuera suficiente, era además un muy buen jugador de futbol, y en la escuela todos lo respetaban. En aquella época yo también le tenía gran admiración a mi hermano mayor, todo lo que él hiciera yo lo quería hacer y siempre intentaba hacer cosas que le dieran gusto.

Pero todo eso cambió cuando entró a la preparatoria. Muy pronto comenzó a juntarse con malas amistades y empezó a tomar. Poco a poco empezó a olvidarse de los estudios e incluso del futbol, tanto que para el último año, se escapaba de clases para irse a emborrachar con sus amigos en una licorería que quedaba cerca de la escuela, y a veces en un billar. Un día mi papá lo vio en la carretera caminando, todo borracho, a la misma hora en que debía haber estado en clases... y ¡así le fue!, porque mi papá le puso una golpiza en la espalda para que aprendiera a comportarse. Pero de poco sirvió porque mi hermano siguió haciendo lo mismo y empezó a tener malas calificaciones. Para tratar de ocultarlo, se juntaba con sus amigos para sobornar a los maestros. Había uno al que le gustaba tomar tequila y entre todos, con el dinero que hacían trabajando o que sacaban de algún lado, le compraban las botellas. Pero ese truco no le duró mucho tiempo porque mi papá lo descubrió y, aunque lo volvió a castigar, ya era demasiado tarde: apenas pudo terminar la preparatoria en exámenes extraordinarios, es decir, en exámenes presentados durante las vacaciones o, lo que es lo mismo, una segunda oportunidad para no reprobar. Fue una verdadera lástima porque a pesar del gran talento que tenía para el futbol, mi hermano perdió la oportunidad de continuar una carrera futbolística que quizá lo habría llevado a jugar en Guadalajara para el equipo Atlas. Fue muy triste ver cómo el alcohol acabó con sus virtudes poco a poco.

A pesar de que yo era muy pequeño, me daba cuenta de todo lo que pasaba con mi hermano. Veía cómo sufrían mis papás. Y también, en esa misma época, vi al alcohol dañar a mi papá, quien durante mi infancia vivió una época en la que bebía en exceso. Con frecuencia, no llegaba en la noche a casa por estar tomando con mi abuelo materno. A pesar de que bebía demasiado y perdía la compostura, sé que siempre fue fiel a sus principios porque en algunas de esas borracheras mi abuelo le puso mujeres para ver si caía, pero mi papá siempre se mantuvo fiel.

Después de sus borracheras yo solía decirle que me causaba mucho dolor verlo así. Especialmente cuando mi mamá no lo dejaba entrar a la casa y él tenía que quedarse afuera a dormir. Y cuando llegaba muy borracho solía volverse muy agresivo, nos golpeaba más fuerte y eso me dolía bastante, no tanto en el cuerpo sino en el corazón. Qué quieren que les diga... era mi papá y lo quería mucho.

Cuando le decía que me dolía mucho verlo así, él me prometía que no volvería a tomar. Incluso lo juraba, sobre todo en Semana Santa. A veces lo lograba, pero a veces no y eso me hacía sentirme traicionado. Pienso que fue en ese momento en el que aprendí lo valioso que es cumplir las promesas que uno hace, porque cada vez que él me prometía algo yo sentía una tranquilidad y una paz en mi corazón de saber que todo iba a estar bien. Pero luego, cuando rompía su promesa, yo sentía un dolor muy profundo, mi mundo se desmoronaba.

Sé que el alcohol puede llegar a controlarte, y en ocasiones mi papá se escondía para seguir bebiendo. A veces me acercaba a él, le quitaba de la mano el vaso de lo que estuviera tomando y lo olía.

—¿Aquí tienes alcohol, papá? ¿Me estás mintiendo?

—No, mira, aquí está la soda a un ladito.

—No, papá, esto huele a alcohol.

A mi papá le daba mucha vergüenza, pero a veces se ponía agresivo y me golpeaba.

—¡Usted no se meta! —me decía.

Y yo pensaba: «Eso no es vida». No tenía sentido trabajar tanto para terminar echando en la tomadera todo el dinero ganado. En esas ocasiones, solía meterme al cuarto y jalarme los cabellos por la impotencia que sentía.

Con el tiempo, la afición por el alcohol de mi papá fue disminuyendo. El alcohol le provocaba unos dolores enormes de cabeza y un día se dijo: «Dios, no es posible que yo y mi familia suframos por gusto». Y, con convencimiento y disciplina, poco a poco fue dejando de tomar.

Aunque sólo tuviera siete años, ya había aprendido una lección muy grande: no tiene sentido desperdiciar tu vida en el alcohol. O en cualquier vicio. El dolor y la decepción que me causó el alcoholismo de mi papá y de mi hermano fue tan grande que desde muy chico supe que esa vida no era para mí, no le veía ningún beneficio. No podía entender por qué les gustaba tanto la bebida si luego se ponían agresivos y parecían estar siempre pasando un mal rato. Por eso, hasta la fecha, no tomo ni fumo. Hasta el día de hoy y gracias a la palabra de Dios y al ejercicio, he mantenido esa promesa conmigo mismo y con mi familia.

En el patio de la casa de mi infancia, recuerdo que había un limonero que significó algo especial para mí: la posibilidad de ayudar a mi familia. Cuando empecé a darme cuenta de las necesidades económicas que teníamos, me decidí a cortar los limones que daba y a ponerlos en bolsitas, de cinco en cinco, sobre una mesita que colocaba afuera de mi casa. Montaba mi puesto y vendía los limones a las personas que pasaban por ahí.

Las ventas no eran maravillosas, pero funcionaban. Con el tiempo comencé a pensar en ideas para incrementarlas, hasta que un día me dije: «¿Por qué no vendo también bolsas de hielo?». Y empecé a hacerlo: ponía en el congelador —uno de los pocos lujos con los que contábamos— bolsas con agua para que esta se hiciera hielo, las sacaba y las colocaba en la misma mesita en la que vendía los limones. Ahora tenía una oferta mayor, lo que podía atraer a más gente. Finalmente, mi mamá me sugirió:

—Ponle limón al hielo.

Y así fue como empecé a vender también bolsitas de hielo con sabor a limón. Aunque no me volví millonario, las ventas mejoraron un poco. Esa fue mi primera experiencia emprendiendo y la primera ocasión que tuve para ayudar económicamente a mis papás.

El interés en ayudar a mi familia lo aprendí de mis papás, de mis tíos y de mis abuelos. Tanto la familia de mi mamá como la de mi papá eran de gente muy trabajadora y esforzada, además de generosa. No importaba que su situación económica fuera muy adversa, ellos siempre salieron adelante trabajando mucho y nunca dudaban en ayudar a los demás cada que fuera necesario, especialmente si se trataba de otros familiares.

En la escuela a veces había amigos que contaban que sus papás se habían quedado sin trabajo y que la pasaban perdiendo el tiempo en casa. A mí eso me sacaba mucho de onda porque no podía entender cómo alguien podía perder el trabajo y simplemente quedarse cruzado de brazos. ¿Por qué no salían todas las mañanas a buscar uno nuevo? ¿O por qué no se inventaban uno?

Lo que sucedía era que yo estaba acostumbrado a ver lo contrario en mi familia. Todos los días veía a mis papás levantarse muy temprano para empezar el día. Mi mamá nos preparaba para ir a la escuela y mi papá se iba a trabajar, sin importar que estuviera lloviendo o que estuviera cansado o que las cosas no anduvieran bien en el trabajo. Siempre había sido así y él salía todos los días por la puerta con la convicción de que de alguna manera u otra, sus esfuerzos rendirían frutos.

Su primer trabajo lo tuvo a los nueve años de edad cuando, cada día antes de ir a la escuela, salía a la calle para vender gelatinas. Caminaba gritando simplemente: «¡Gelatinas! ¡Gelatinas!», y la gente que quería se le acercaba para comprarle una. Él aún era muy joven, pero eso no le impidió empezar a buscar maneras de ganarse la vida, y tiempo después trabajaría como fotógrafo en un estudio fotográfico de Ocotlán. Cuando ya no funcionó más el trabajo en Ocotlán, se mudó a otros lugares en México donde encontró estudios fotográficos que quisieran contratarlo. Es así que estuvo viviendo algunas temporadas en Tepatitlán, en la Ciudad de México y en Tijuana. Después, siendo aún joven, cruzaría la frontera en busca de nuevas oportunidades y así fue que llegó a Cupertino, California, donde trabajaba duramente en el campo, pizcando —como le decimos en algunas partes de México a cosechar— chabacanos y luego verduras.

Su plan inicial era quedarse ahí unos tres años para hacer dinero y poder casarse porque se había dado cuenta de que ganaba más dinero trabajando en el campo en Estados Unidos que como fotógrafo en México. Además, para aquel entonces, ya había conocido a quien sería mi mamá, se había enamorado de ella y eran novios. Ella seguía viviendo en Ocotlán y se comunicaba con mi papá por medio de cartas, como se usaba en ese entonces. El correo electrónico obviamente aún no se había inventado y las llamadas por teléfono eran impensables porque costaban una barbaridad de dinero, y uno necesitaba tener un teléfono en el lugar en el que viviera o pedirlo prestado a un vecino.

De todas maneras, la distancia y la lentitud de las comunicaciones no fueron un obstáculo para que mantuvieran el amor y la relación a larga distancia. Pero, como es normal, a mi mamá le habría gustado más tener a su amado cerca. No le gustaba que él tuviera planes de quedarse tanto tiempo en Estados Unidos y tampoco le importaba que fuera porque quería hacer más dinero antes de regresar a México. Ella lo único que quería era que ya no estuviera tan lejos, así es que un día dejó de escribir cartas para mi papá y él se puso nervioso. Él le siguió escribiendo durante un tiempo pero, al ver que pasaban las semanas y los meses sin recibir respuesta, supo que algo andaba mal y no tuvo que pensarlo mucho antes de tomar una decisión. Sabía muy bien cuál era su prioridad y regresó definitivamente a Ocotlán antes de lo planeado: quería evitar que alguien más ganara el corazón de mi mamá, o que ella simplemente perdiera el interés.

Desconozco cómo habrá sido su reencuentro o qué se habrán dicho cuando se vieron nuevamente, pero imagino que estuvo lleno de emoción y cariño. No por nada aún siguen juntos y han construido una familia que ha sobrevivido a pruebas duras a través de los años, y que me inspira para seguir adelante cuando se presentan problemas en mi vida.

Después de pedir la mano de mi mamá, su futuro suegro le preguntó a mi papá cuáles eran sus planes y él dijo:

—Don Bartolo —ese era el nombre de mi abuelo—, si no encuentro trabajo acá en Ocotlán, pues me voy a tener que ir a Tijuana o a hacerle la lucha allá en Estados Unidos.

Supongo que a mi abuelo no le habrá gustado para nada lo que mi papá le respondió porque un día después de ese encuentro le entregó un papel en el que se citaba a mi papá para que se presentara al día siguiente en Celanese Mexicana —una fábrica que ha estado instalada en Ocotlán desde hace muchos años y en la que se fabrica hilo para la ropa—. Mi abuelo Bartolo trabajaba como electricista en esa fábrica desde hacía tiempo y movió sus contactos para lograr que aceptaran entrevistar a mi papá para un trabajo. Cuando llegó a la entrevista, mi papá tuvo que hacer un examen de aptitudes y poco después lo contrataron. Fue así que mi Papá Tolo —así le decía cariñosamente a mi abuelo Bartolo— dio la mano de su hija a mi papá, y un trabajo para que pudieran salir adelante.

Mi abuelo quería mucho a su hija y la idea de que estuviera lejos de él no lo hacía nada feliz. Mi mamá era su hija consentida porque ella siempre fue la que estuvo más al pendiente de él y de mi abuela. Recuerdo en más de una ocasión haber pasado horas y horas en el hospital acompañando a mi mamá porque no importaba lo que estuviera sucediendo, si sus papás necesitaban de ella, quería estar con ellos.

Siendo obrero en Celanese, mi papá entró a formar parte del sindicato de trabajadores, donde ayudaba a la gente de menos recursos a conseguir una casa del Infonavit, el programa del gobierno mexicano que provee de vivienda a los trabajadores que la necesitan. A mí esto siempre me llamó la atención pues no entendía cómo mi papá podía estar ayudando tanto a otras personas cuando yo veía que nosotros también necesitábamos ayuda.

—Oye, papá, nosotros no tenemos casa y tú estás ayudando a otras personas a que la tengan —le dije en alguna ocasión. Yo en realidad no lo entendía, sobre todo cuando pensaba en las dificultades económicas de la familia y en el montón de agua que cada invierno entraba a nuestra casa. Las casas que construye el Infonavit ciertamente son pequeñas, pero me acuerdo de que eran casas con algunas comodidades, como un baño bien hecho, una cocina pequeña, una sala, calles pavimentadas...

—Sí, hijo —me respondió mi papá—, pero hay gente que tiene más necesidades que nosotros. Nosotros por lo menos tenemos dónde vivir, aunque paguemos una renta. Ellos no tienen dónde vivir.

Su explicación me hizo entender una verdad muy importante que sigue guiando mi vida y que años después llevaría a cabo cuando comencé a trabajar en la radio: hay que ayudar a la gente más necesitada. No importa lo que te falte a ti, siempre hay alguien que necesita tu ayuda. Siempre.

Esta forma de ver la vida no sólo la aprendí de mi padre, sino que la vi también en mis abuelos.

Cuando un vecino se enfermaba, tanto ellos como mi papá solían decirme:

—Hijo, hicimos chilaquiles. Lleva por favor un poco a la vecina, que está enferma.

Mi primera reacción era pensar: «Uy, voy a comer menos», pero nunca me negaba y hacía lo que me pedían. Yo estaba muy chico para comprender lo que hacían, pero poco a poco me di cuenta de lo que me estaban enseñando: a siempre compartir con los demás las bendiciones que Dios me ha dado. Eso repercutiría en todo el resto de mi vida y hasta el día de hoy es uno de los principios que guían mi existencia.

Cuando iba al mercado, Papá Tolo siempre compraba dos o tres jitomates de más, y de regreso a casa solía decirme:

—Órale, m'ijo, vaya a tocarle la puerta a la vecina.

O vecino, podía ser cualquiera. Yo no entendía por qué me lo pedía, pero ahora sé que él sabía que aquella persona no tenía trabajo o estaba enferma.

—Aquí le manda mi abuelo —decía yo cuando me abrían la puerta. La gente regularmente recibía lo que mi abuelo les mandaba con algo de sorpresa y siempre fueron muy agradecidos.

Mi abuelo no era generoso sólo con los vecinos o los amigos. Tengo muy grabada en la memoria una Navidad en particular: yo tenía alrededor de once años de edad y había deseado por meses recibir una sudadera de portero, pero no me llegó porque el Niño Dios simplemente no se acordó. O quizá tenía problemas con el presupuesto, no lo sé.

Como quiera que haya sido, yo estaba muy triste y al siguiente día se lo platiqué a mi abuelo Bartolo, quien me escuchó con atención.

—Vente —me dijo—. Acompáñame, vamos a echarnos un jugo.

Normalmente, él me invitaba a tomar algún jugo después de haber hecho ejercicio, y esta vez había sido diferente porque no nos habíamos ejercitado, pero de todas maneras supuse que simplemente quería que bebiéramos algo juntos para seguir platicando.

El puesto de jugos al que nos gustaba ir quedaba en un tianguis que se ponía todos los sábados y los domingos. Dentro del tianguis, pasamos por un lugar en el que vendían ropa y que tenía una sudadera preciosa. Era de color azul con mangas naranjas, más o menos como las que utilizó años después Jorge Campos cuando fue portero de la Selección Mexicana de Futbol.

—Yo quería una como esa —dije. Entonces, mi abuelo se detuvo.

—A ver, bájela, por favor —le pidió al chico que se hacía cargo del puesto.

—Uy... yo quería una como esta —repetí. Se me iban los ojos.

Mi abuelo me pidió que me la probara. En realidad yo no estaba buscando que me la comprara, esa no era mi intención, sólo quería saber qué se sentía traerla puesta. No puedo mentir, se sentía bien aunque me quedaba apretada, y cuando me la quise quitar me dijo:

—No, quédatela, es tuya.

No sólo no me la quité en ese momento, sino que ¡no quise quitármela ni un solo día! Si me manchaba la manga con comida, le daba vuelta para que no se notara. Hasta dormía con la sudadera puesta.

No sé si cuando me invitó, él ya tenía la intención de comprarme la sudadera o si fue algo espontáneo. Lo que sí sé es que me hizo muy feliz y siempre le estaré agradecido por ese regalo inesperado.

Por el lado de mi papá, mis abuelos eran mucho más pobres. Recuerdo que en casa de ellos no había baño, sino una letrina en la parte trasera. Su casa era de adobe con tejabán —un techo cubierto de tejas—. La llave para entrar era antigua, de esas enormes, y la escondían justamente en el tejabán. Cuando salíamos de la escuela e íbamos a visitarlos, brincábamos para encontrar la llave. Al abrir la puerta te encontrabas con que la casa era sólo un cuarto, con piso de tierra.

Me acuerdo de que mi abuela Cuca se la pasaba barriendo ese piso y echándole agua para que no se levantara la tierra. Al salir de ese cuartito estaba la cocina, que no tenía estufa de gas, sino de petróleo. La iluminación de la casa también venía de lámparas de petróleo porque no tenían electricidad. Mi papá fue quien un Día de las Madres le compró a mi abuela la primera estufa de gas que hubo en esa casa.

Detrás de la casa, en el patio, mi abuela tenía una pequeña milpa y nosotros la ayudábamos a regarla de vez en cuando. Ahí en la milpa estaba la letrina. Así es como uno iba al baño en el campo, con gallinas a los lados que cacareaban mientras estaba dentro y ayudaban a que me diera menos pena que se oyera cuando hacía del baño.

Cuando recuerdo cómo vivían mis abuelos y lo mucho que trabajaban para salir adelante, me doy cuenta de la gran dignidad con la que llevaban su forma de vida. Ellos siempre han sido una inspiración para mí, como lo es toda mi gente que cada día se levanta y, a pesar de lo dura que sea su realidad, hace un esfuerzo para salir adelante y alcanzar sus sueños.

Mi abuela Cuca hacía costuras y confeccionaba suéteres y bufandas. A veces, con trozos de la tela que producía Industrias Ocotlán, hacía tapetes que luego vendía. Ella no había estudiado corte y confección, sino que simplemente había aprendido a coser haciéndolo. Recuerdo que, como no veía bien, solía pedirnos que la ayudáramos a ensartar el hilo en la aguja. Y ahí nos tenías, intentando meter el hilo por el minúsculo agujero de la aguja hasta que lo lográbamos.

Mi abuelo Chuy rentaba una parcela para cultivarla. A pesar de su pobreza y de lo duro que es el trabajo en el campo, él solía darme su comida cuando me veía que tenía hambre. Era tan generoso como mi abuelo Bartolo.

Ir a casa de los papás de mi papá me hacía muy feliz porque siempre fueron muy buenos conmigo y también me enseñaron el valor del trabajo esforzado.

Estoy convencido de que la educación es muy importante y de que es clave para hacernos mejores personas. Pero, pues a mí eso de estudiar no se me daba muy bien cuando era niño, era simplemente un mal estudiante. Ya mencioné que desde pequeño me interesó trabajar, pero en la escuela no era el mejor alumno porque hablaba demasiado en clases y a cada rato me castigaban y mandaban llamar a mis papás. Supongo que en verdad debo haber desesperado a mis maestros porque un día una maestra me dio un reglazo en el brazo, justo en el conejo —al que también le dicen bíceps— con la vara de un árbol, que me dolió mucho, muchísimo y que me dejó una cicatriz que todavía tengo. En esa ocasión, mi mamá fue a hablar con la maestra porque, aunque solían apoyar a la escuela en mi educación y estar de acuerdo en que me reprimieran si hacía algo malo, esta vez estuvo sorprendida por lo que pasó porque parecía que la maestra había ido demasiado lejos. Cuando mi mamá le pidió una explicación de lo que había sucedido, la maestra le dijo:

—Es que no se calla.

Pero, ¿qué querían que hiciera?, me gustaba mucho ver a los otros niños riendo y haciendo gestos por lo que yo les decía. Es más, es algo que me sigue gustando mucho y es por eso que en mis programas de radio siempre me la paso haciendo bromas. Me encanta oír a la gente cuando se ríe.

Tiempo después, supongo que desesperada de nuevo, esa misma maestra me dio otro golpe con otra vara, con tan buena puntería que me dio justo en la espalda y me dejó con problemas para caminar por varios días. Hoy en día lo pienso y me parece brutal, pero así eran las cosas en ese entonces. Y a final de cuentas, sus métodos de «la letra con sangre entra» no dieron resultado porque hasta la fecha sigo siendo muy platicador. Y pienso «¡Menos mal!».

Supongo que eso de hablar con la gente es otra cosa que aprendí de mi papá, quien también era muy platicador y con todo mundo solía hacer amistad. Y aunque yo hacía lo mismo que él, pero en clases, me resultaba enfadoso cuando lo hacía mi papá, tanto que de hecho, no me gustaba caminar a su lado.

—No, ¡yo con mi papá no quiero ir al mercado! Se atora con cualquier persona y empieza a hablar —me quejaba cuando él o mi mamá me pedían que lo acompañara. Y es que a veces cambiaba todos sus planes por ir a ayudar a alguien, llevándome consigo.

Creo que ahora me pasa lo mismo con mis hijos porque a veces ellos también dicen que no quieren ir conmigo porque me detengo a hablar con todo mundo. Bueno, me ha pasado hasta con mi papá. Hace poco, una vez que fui a Ocotlán de visita, íbamos de camino a la casa en el carro de uno de mis tíos y yo me detuve varias veces para saludar a personas que conocía, la última fuera de la escuela Valentín Gómez Farías, a la que iba de niño.

—¿Sabes qué? —me dijo—, ai' te dejo el carro, luego nos vemos. —Se bajó y se fue caminando.

«¡Zaz! —pensé—. Si cansé a mi papá con tanta saludadera, y él me cansaba a mí de niño, supongo que ya lo superé».

En fin, cuando de la escuela se trataba, las únicas letras que me entraban eran las que mi mamá me hacía de sopa. Y en verdad que yo buscaba la manera de que me fuera bien en la escuela, pero no lo lograba. En las tardes, cuando tenía que estudiar, me concentraba en las tareas, en hacerlas bien y en entender lo que debía hacer. Me sentaba frente a mi cuaderno pensando y tratando de hacer los ejercicios que los maestros nos habían pedido que hiciéramos, pero algo dentro de mi cabeza impedía que me salieran bien. Era como si los dos, mi cerebro y las tareas, estuvieran peleados y no se hablaran. Pero hacía un esfuerzo, eso me consta.

Como quiera que sea, debo decir que no todos los maestros me regañaban o me pegaban. Por ejemplo, una maestra de nombre Blanca y a quien recuerdo con cariño, siempre trató de ayudarme, me tenía mucha paciencia y me explicaba con calma. A maestras como ella y como los que se quedaban a veces horas extra en la escuela para tratar de enseñarme, siempre les estaré agradecido porque gracias a ellos aprendí mejor las materias que se me hacían más difíciles, sobre todo Matemáticas, que era la materia con la que más dificultades tenía. Bueno, de hecho tenía dificultades con casi todas las materias, y quizá la única que realmente me gustaba era Educación Física… y el recreo. En las dos podía correr y hacer ejercicio, divertirme y pasarla bien con mis compañeros.

Y eso sí, me encantaba meterme en todo lo que organizaran en la escuela. Participaba en los ballets folclóricos, cantaba, hacía mímica, teatro y cualquier cosa que me propusieran. Quizá era algo que había aprendido de mi papá porque a él también le gustaba mucho el teatro y solía participar en las representaciones de la iglesia en Semana

Santa o en Navidad. Ahora, cuando me paro frente al micrófono o frente a un grupo de gente en un evento o en alguna de las marchas que hemos organizado, me doy cuenta de lo útil que me fue haber participado en todos esos festivales: perdí parte del pánico escénico que le suele dar a mucha gente. Y es que, aunque muchos no lo saben, en realidad soy muy tímido, pero disfruto mucho hablar en público.

Tengo muy grabado en la memoria que a la hora del almuerzo, en la escuela comprábamos una tostada embarrada con salsa picante roja de botella. Y durante el recreo, como no tenía dinero, lo único a lo que podía aspirar era a unas galletitas saladas con jitomate y cebolla. Los demás niños, en especial aquellos que tenían dinero, las comían con atún. Se veían más ricas que las mías, pero en el fondo no me importaba mucho. Y, como nuestros recursos eran muy escasos, en la escuela nos daban gratis todos los días tarros de leche para que desayunáramos. Ahora, cuando veo los almuerzos que dan a mis hijos en la escuela, pienso en lo diferentes que son de lo que solía comer yo cuando tenía su edad. Parece ser que se trata de un tiempo muy lejano al de ahora. Sé que a muchos de nosotros, inmigrantes de primera generación, nos sucede algo similar cuando recordamos cómo eran las cosas en nuestros países de origen. Los juegos que jugábamos muchas veces son diferentes, las escuelas suelen ser más grandes y más avanzadas y la comida tiene un sabor distinto.

A la hora del recreo, como a todos los niños, me gustaba jugar. En especial futbol y capirucho, un juego en el que hacías un hoyo en la tierra y encima de él colocabas un palo pequeño que tenías que levantar con un palo más grande. También nos gustaban los quemados, en el que poníamos cinco hoyos en la pared y lanzábamos una pelotita para ver a qué hoyo llegaba. Si la pelotita llegaba al hoyo que correspondía a un amigo, este tenía que agarrarla y tirarla contra nosotros.

El futbol no sólo lo jugaba a la hora del recreo sino que también organizaba partidos con mis amigos o con mi familia cuando salía de clases o los fines de semana. Ahora, para los niños, hacer esto es más complicado porque las calles se han vuelto más transitadas, pero en aquel entonces en Ocotlán era lo normal, y mis amigos y yo nos reuníamos después de la escuela para seguir jugando en algún lote vacío cerca de la escuela o de la casa, y nos poníamos a limpiarlo de maleza y basura. Usábamos ramas de árboles para montar las porterías y, si había algún vecino construyendo, le ofrecíamos ayuda para descargar la arena de los camiones de materiales a cambio de que nos regalara un poco de cal para pintar la cancha. Tomaba mucho tiempo y esfuerzo hacer todo esto, pero al terminar no nos sentíamos cansados, sino animados y orgullosos de lo que habíamos hecho. Pero, sobre todo, nos poníamos a jugar de inmediato porque eso es lo que habíamos ido a hacer, ¡y vaya que lo desquitábamos! Pasábamos horas tratando de meter goles y ganarle al equipo contrario.

Al principio jugaba como portero, pero como hasta los perros eran más altos que yo, me puse mejor a jugar de medio porque me gustaba mucho correr e ir detrás de la pelota. Hoy en día siempre les digo a mis niños cuando juegan futbol que no se queden parados sin hacer nada, que siempre tienen que ir a buscar el balón.

Que jugara en la calle, aunque era común entre los niños en Ocotlán, no era muy del agrado de mi mamá porque, como buena madre, siempre se preocupaba mucho por nosotros y no quería que nos fuera a pasar algo. Nos obligaba a ponernos suéteres aunque estuviera haciendo calor. No hubo una sola ocasión en que saliera yo a la calle y no me dijera: «Te vas a enfermar, ¡ponte un suéter!».

De la misma manera, cuando íbamos de paseo al arroyo nos mandaba con hasta tres sándwiches por si nos daba hambre. Nosotros siempre renegábamos porque nos parecía demasiado, pero no había manera de discutir. Al final resultaba que siempre tenía razón porque terminábamos devorando todo lo que nos había dado, y ahora que tengo hijos y que debo velar porque estén bien, la entiendo mucho mejor. De hecho, a veces me doy cuenta de que hago las mismas cosas que ella cuando les digo que se pongan un suéter y ni siquiera está haciendo frío. Y María, mi esposa, hace lo mismo que hacía mi mamá cuando salimos de viaje o a alguna excursión: se lleva nueces, naranjas y granola por si les da hambre en el camino.

En aquel entonces no imaginaba cuánto extrañaría a mi mamá pocos años después, cuando tendría que dejarla.

• • •

Mientras escribo este libro y recuerdo mis años de infancia, los juegos con mis amigos, lo que veía que sucedía en casa y los ejemplos buenos y malos que me dieron mis familiares, me doy cuenta de lo mucho que significaron para mí y cuánto contribuyeron a que yo sea la persona que soy hoy en día. De mi familia aprendí a ser generoso con los demás y a trabajar de manera esforzada. También aprendí los males que causa el alcohol en una persona y por eso siempre he tratado de evitarlo. Los juegos con mis amigos y la manera en que «construíamos» nuestras canchas de futbol me ayudaron a ser ingenioso. En la escuela no sólo aprendí conocimientos básicos, sino que también me abrió la puerta a encontrar la energía interior para presentarme en público y me dio las primeras oportunidades de descubrir lo mucho que me gustaba hablar con la gente y hacerla reír.

CAPÍTULO 3

<< AHÍ DONDE LA DEJASTE TIENE QUE ESTAR >>

*U*na de las lecciones más difíciles que he aprendido me la dio una bicicleta.

Uno siempre imagina la realización de sus sueños como un momento maravilloso, de satisfacción y tranquilidad. Normalmente así es, al menos mientras uno imagina nuevos sueños y se pone otras metas.

Pero en esa ocasión en particular, la lección que aprendí me enseñó que no siempre es así. Y que tampoco es tan malo que no todo sea «miel sobre hojuelas».

Yo deseaba mucho tener una bici porque se me hacía bien suave ver a otros niños yendo a muchos lugares en sus bicicletas. Cuando terminábamos de jugar algún partido, algunos de mis amigos se subían a sus bicis y se iban. Me acuerdo que me parecía muy lujoso que un niño tuviera una bici —para un adulto era normal porque era su herramienta de trabajo o el transporte en el que llevaba a su familia entera—. El caso es que me obsesioné con la idea de tener una bici y me imaginaba paseando por todo Ocotlán yendo a jugar con mis amigos. Pero como mis papás no me podían comprar una, tenía que conformarme con seguir soñando.

Fue por esa misma época que mi papá logró comprar un terreno pequeño para construir una casa propia. El lugar quedaba al norte de Ocotlán, un poco más cerca de la ciudad. Yo tenía cerca de ocho años y recuerdo que mi tío Toño y mi tío Chuy —quien era maestro de albañil— nos ayudaron en la construcción. La casa que hicimos era de puro ladrillo, sin enjarres ni pintura y, al principio, el piso era como el de la casa de mis abuelos: de tierra. Más adelante, mi papá consiguió dinero para comprar un piso de material y lo instalamos, pero pasaría algún tiempo antes de que eso sucediera.

Más o menos por esa época en que se construyó la casa, quizá un poco antes, yo solía ir a trabajar al taller mecánico de un tío al que le decíamos de cariño «El Chanclazo», y pasaba toda la jornada ayudándole a arreglar carros y a mantener el orden; el trabajo de mecánico significa que uno debe estar en contacto con muchos objetos llenos de aceites y polvo acumulado, por lo que después de haber pasado horas ahí, llegaba a casa todo lleno de grasa.

—Con lo que paga tu tío, no alcanza ni para comprar el jabón —mi mamá solía decirme. Así de sucio llegaba.

Recuerdo que también mi hermano mayor trabajaba en el taller, pero mi tío prefería trabajar conmigo.

—Mejor mándame a Eddie —le decía mi tío a mi papá—, porque cuando me mandas a Jorge, nomás de verlo me da sueño.

Esto no le debe haber causado mucha gracia a mi hermano, pero así eran las cosas. Yo parecía tener un don para lo de la mecánica y mi hermano simplemente era muy flojo y se tardaba horas en hacer lo que le pedían. Si, por ejemplo, le pedían que buscara una herramienta había que esperarlo mucho rato y, a veces, cuando regresaba, decía que no la había encontrado. Saber que mi tío prefería trabajar conmigo me daba además un motivo para sentirme orgulloso de mí, de saber que al menos en algo era mejor que mi hermano mayor.

Poco después de trabajar en el taller de mi tío, comencé a trabajar en uno de bicicletas que se llama «Martín» y que por cierto todavía existe, aunque ya no está en Ocotlán, ¡sino en Los Ángeles! Su dueño, mi exjefe, emigraría años después a Estados Unidos y aquí pondría el mismo taller de bicicletas que tenía allá.

En Ocotlán el taller estaba en la esquina de la casa que mi papá acababa de construir y, obviamente, yo pasaba con frecuencia por ahí. Al principio sólo veía las bicis y seguía soñando con algún día tener la mía.

Cuando tenía como once años tuve una idea y decidí hacerme amigo de Martín. Seguía obsesionado con tener una bicicleta y pensé que sería buena idea hacer amistad con el dueño del taller. A pesar de que era unos años más grande que yo, lo invité a jugar futbol con nosotros y poco a poco se incorporó al grupo. A veces nos peleábamos en el calor del juego, pero siempre terminábamos contentándonos. Hasta que un día, decidí acercarme al taller. Martín estaba allí, como siempre, arreglando una bicicleta.

—Dame chance de trabajar —le dije—. Quiero comprarme una bicicleta.

—¿Y cómo piensas que podría pagarte? —me respondió. El taller era un cuarto minúsculo. Tan pequeño que todas las mañanas era necesario sacar las bicicletas que había que arreglar porque o cabían las bicicletas, o cabía él.

—Pues me puedes pagar con partes de bicicleta —le dije.

—Pues órale —me dijo después de una pausa.

No sé qué habrá pensado Martín en ese momento, si pensaría que realmente le podría ayudar, pero yo lo único que recuerdo es que ese día salí feliz para la casa. Mi sueño de tener una bicicleta todavía estaba lejos, pero trabajar en el taller ya sería un buen comienzo.

Así que a partir de entonces, cada día, al salir de la escuela, iba al taller a trabajar. Me encargaba de parchar llantas, lavar bicicletas, lijarlas para que el dueño las pudiera pintar después y cuanta cosa se ofreciera.

Tal como habíamos acordado, Martín me pagó poco a poco: un día me dio los pedales; tiempo después, el manubrio; luego, el cuadro de la bicicleta; más adelante, la llanta; después los rayos, y así, poco a poco. Me hacía muy feliz imaginar cómo se estaba formando mi bicicleta hasta que, después de varios meses —entre seis y ocho— logré juntar todas las piezas.

Como no podía con la emoción, decidí armarla saliendo del trabajo. Cuando terminé me detuve a verla: era de color tinto, con velocidades, rines cromados también tintos y el manubrio era negro. Le había comprado unas calcomanías de Bimex, una marca de bicicletas muy famosa en ese entonces en México, y se las puse. Por último, la bici tenía una canasta para poner una botella de agua y Martín me había regalado una que tenía escrito el nombre del taller.

Como ya estaba muy oscuro y yo estaba muy entusiasmado, decidí no subirme en ella para evitar que se ensuciara en el corto camino a casa. La llevé a mi lado y pensé que sólo la usaría al día siguiente, cuando hubiera luz y pudiera ver por dónde iba. Era inmensamente feliz. Ahora sí podría pasear con ella en Ocotlán, ir al campo y llegar a todas partes más rápido.

Recordaba que frente a la casa y a lo largo de la calle, había una zanja por donde se iba el agua cuando llovía. Sobre esa zanja solían poner un puente hecho del tronco de un árbol para que la gente pudiera cruzar al otro lado, hacia la tienda de abarrotes de don Toño, que estaba justo enfrente. En esa misma zanja nos poníamos a nadar cuando había llovido mucho y la calle estaba inundada. Y no nadábamos solos, ¡sino con los tepocates! —que son los renacuajos de unos sapos pequeños— que aparecían con el paso de los días.

Sabiendo que la zanja estaba por ahí, que no podía verla bien en la oscuridad y que quizá estaría llena de tepocates, fueron otras razones extra que me hicieron decidir que definitivamente sería muy mala idea arriesgarme a caer con todo y bicicleta. Cuando por fin llegué a la casa, la dejé en el patio y la tapé con una toalla de mi mamá para que no le cayera polvo.

Al día siguiente tenía que ir a la escuela, por lo que el estreno de mi adorada bici, la que me había costado tanto trabajo e ilusiones, tendría que quedar aplazado para la tarde. Toda la mañana pasé pensando en ese momento y en lo que haría. Aunque no lo recuerdo ahora, estoy seguro de que tenía un plan completo en mi cabeza.

Cuando salí de la escuela, me fui de volada a la casa. Iba muy contento. Como de costumbre, mis amigos me invitaron a jugar futbol, pero les dije que no, que tenía una bicicleta que acababa de armar y que quería ir a jugar con ella, yo solo, sin nadie más. Quería ver cómo funcionaba, asegurarme de que todo estuviera bien. Aunque para entonces ya sabía andar en bici porque algunos amigos me habían prestado las suyas, quería enseñarme a andar en ella.

Pero todas mis ilusiones se derrumbaron cuando llegué a la casa y descubrí que mi bicicleta no estaba en el patio. No podía creer lo que veía. Fui entonces a mi cuarto, pero tampoco estaba allí. A la sala... nada.

Con el corazón en la mano fui hasta donde estaba mi mamá y le pregunté:

—¿Dónde está mi bicicleta?

—Niño, ¿pues dónde la dejaste? Ahí donde la dejaste tiene que estar —me respondió ella sin prestar demasiada atención.

—Pues no está —susurré. Le volví a preguntar—: ¿Dónde está la bicicleta?

Empecé a desesperarme cada vez más. No podía creer que hubiera desaparecido así nada más, que la tierra se la hubiera tragado o que alguien más la hubiera agarrado. Di vueltas y vueltas por toda la casa, pero no estaba por ningún lado. Empezaba a desesperarme. Pasaron las horas y yo seguía sin comprender qué diablos había sucedido. Más tarde llegó mi hermano Jorge, el mayor—que no era militar sino que era más grande que yo— y cuando le pregunté si había visto mi bicicleta, se soltó llorando.

—Yo agarré tu bicicleta —me dijo.

—¿Dónde está?

—Me la robaron.

El golpe al escuchar sus palabras fue tal que ni siquiera recuerdo qué le respondí o qué hice. Fue muy duro para mí, me dolía muchísimo saber que mi hermano la hubiera tomado sin permiso y que yo ni siquiera hubiera tenido la oportunidad de montarme en ella. Me sentía traicionado y desilusionado, y me costó mucho trabajo sacarme el dolor del corazón. Especialmente porque algunos de sus amigos me contaron después que mi hermano la había vendido, que en realidad nadie se la había robado. Muchas veces le he preguntado por la verdad y mi hermano siempre ha insistido en que se la robaron. Años después, cuando ya estábamos viviendo en Estados Unidos, sucedería algo muy similar y nunca sabría qué pasó en realidad. Fuera que la vendió o que se la robaron, me tomó mucho tiempo perdonar a mi hermano por lo que sucedió.

En fin, la verdad en este caso no es lo que importa, lo que importa es lo que he aprendido de ello: a veces, cuando alcanzamos nuestros sueños, estos no duran mucho, o no duran nada. Y eso hace que nos preguntemos por qué, ¿qué significó haberlo alcanzado? ¿Para qué tanto esfuerzo? ¿Tantos sacrificios? ¿Y las esperanzas e ilusiones?

Pero alcanzar un sueño a veces es mucho más que lograr las metas. Es, como dije, el aprendizaje del camino, la satisfacción de lo que hicimos, el encuentro con uno mismo y, por supuesto, la oportunidad de formar nuevos sueños y ponerse nuevas metas. Es por ello que para mí tiene más importancia el recuerdo del trabajo que me costó haber armado la bicicleta, de haberme puesto una meta y haberla logrado yo mismo, con mi ingenio, mis recursos y la ayuda de un jefe y amigo que supo ver en mí el entusiasmo y las ganas de hacer algo, que el recuerdo de la tristeza de haberla perdido tan rápido.

Claro, cuando perdí mi bicicleta, no estaba pensando en nada de eso.

CAPÍTULO 4

DISCIPLINA CON PESAS DE LATA

Hoy en día, no pierdo la oportunidad de ir al gimnasio cada tarde y siempre impulso a mis hijos a que hagan ejercicio todos los días. Cuando hago ejercicio me siento mejor, mi cabeza se despeja y puedo pensar con más claridad porque la sangre fluye por todo mi cuerpo. Es por eso que hacer ejercicio me mantiene sano y que se trata de uno de los valores fundamentales de mi vida.

El valor del ejercicio lo aprendí de mi abuelo Bartolo, quien no sólo me enseñó mucho acerca de la generosidad y la solidaridad con quienes más necesitan, sino también sobre la importancia del ejercicio.

Nací con un soplo en el corazón y el doctor le dijo a mi mamá que yo moriría en cualquier momento, que debería perder las esperanzas de que yo creciera. Mis papás sintieron mucha angustia cuando les dijeron esto y se dedicaron a cuidar de mí y a asegurarse de que tuviera todo lo que necesitaba para sobrevivir. Y lo hicieron tan bien que las semanas se volvieron meses, los meses se volvieron años y crecí fuerte y sano. Aparte de un resfriado de vez en cuando, he llevado una vida sana, sin problemas del corazón y nunca he tenido problemas para hacer ejercicio. Pero, por la advertencia del médico, desde siempre mi mamá tuvo mucho cuidado de que yo no me agitara y de que procurara hacer las cosas con calma. Saber que su hijo tenía un soplo en el corazón tuvo también otra repercusión en ella: la acercó a Dios ya que empezó a ir mucho a la iglesia para pedir por mí.

Cuando yo tenía alrededor de seis años, un día mi abuelo Bartolo llegó a la casa y me invitó a hacer ejercicio con él, quería que lo acompañara a caminar por el cerro. Mi mamá no quería que yo fuera porque, como es de esperarse, todavía le preocupaba que me fuera a morir —creo que esta preocupación nunca se le ha quitado del todo—. Pero yo me sentía perfectamente sano y no entendía por qué insistía siempre en impedirme que hiciera cosas divertidas.

—Sí, déjame ir —le rogué. Tenía muchas ganas de ir con mi abuelo y yo no pensaba que me pudiera pasar algo. Pero no hubo manera de convencer a mi mamá, que no quería arriesgar la salud o la vida de su hijo.

Esto sucedió varias veces y yo siempre me abrazaba de la pierna de mi abuelo y no lo soltaba. Rogaba y rogaba y mi madre no quería ceder hasta que un día logré irme con él porque, a final de cuentas, los chicharrones de mi abuelo eran los que tronaban y se impuso a mi mamá. No fue la única vez, sino que se convirtió en una especie de rutina: él iba a la casa, me invitaba a hacer ejercicio, mi mamá se negaba, yo le rogaba diciéndole que no iba a pasar nada, ella seguía negándose y yo me aferraba a la pierna de mi abuelo hasta que lograba irme con él.

Por supuesto, mi abuelo Bartolo sabía del riesgo que estaba tomando y cuando iba conmigo al cerro y yo empezaba a correr más rápido que él, se ponía nervioso.

—M'ijo, tranquilo, ¡no corras! Ven, m'ijo —me gritaba.

—No, abuelo, no me pasa nada. —Y yo seguía corriendo sin hacerle caso. La verdad es que nunca me pasó nada, ni siquiera llegué a sentirme muy cansado o con problemas para respirar. Por el contrario, correr con mi abuelo me hacía muy feliz.

El patio de su casa tenía un tejabán, que estaba hecho de lámina y que cuando llovía, ¡n'ombre, parecía que era el fin del mundo! Justo debajo de ese tejabán, mi abuelo Bartolo empezó un día a hacer unas pesas a partir de latas de leche en polvo vacías que rellenaba con cemento y arena —o grava, si quería que estuvieran muy pesadas—. Luego, con una barra grande las unía, soldándolas. Dicho sea de paso, mi abuelo era muy buen soldador, no sólo hizo las pesas, sino también el banco donde uno se sentaba para usarlas.

Bueno, pues yo iba a su casa con frecuencia para hacer ejercicio con las pesas junto con él y con mis tíos. Mi abuelo Bartolo era muy disciplinado y nunca faltaba a sus rutinas de pesas, caminatas o juegos de futbol. Además, había sido boxeador en su juventud y algunos tíos míos quisieron seguir su camino e intentaron por algún tiempo ser boxeadores, pero ninguno terminó dedicándose al boxeo.

Me gustaba mucho hacer ejercicio con mi abuelo Bartolo. No sólo era divertido porque me llevaba a caminar por el cerro o porque platicábamos cuando hacíamos pesas, sino que veía lo saludable que estaba y sentía que tanto él como yo nos poníamos de mejor humor después. Fue así que me fui dando cuenta de lo importante que era para mí ejercitarme.

El valor del ejercicio también lo aprendí de mi papá, quien jugaba béisbol y a veces nos pedía que lo acompañáramos a sus partidos. Intenté jugar béisbol también, ¡pero habría necesitado una raqueta para poder atinarle a la bola! Bueno, al menos lo intenté. Y con el futbol no me iba tan mal.

Fue con mi papá y con mi abuelo —y con mis tíos, quienes también solían invitarme a jugar— con quienes aprendí lo importante que es que los papás inculquen en los niños, desde pequeños, el gusto por hacer ejercicio. Si los niños no ven el ejemplo en casa, probablemente nunca se interesarán en hacerlo. Y eso no es bueno, porque sin ejercicio uno no puede llevar una vida sana, el cuerpo se descuida y la mente no funciona bien. Y si el cuerpo y la mente no están bien, uno se siente triste y no puede rendir igual en todo lo que hace. Es por eso que me parece fundamental poner el cuerpo en movimiento, hacer que la sangre corra por las venas y oxigene el cerebro.

Por eso, a mis hijos siempre he tratado de motivarlos a hacer ejercicio, salgo con ellos a jugar basquetbol, a correr, a andar en bici o lo que se nos ocurra. A veces organizamos competencias entre nosotros y la pasamos a todo dar.

De hecho, diría que son tres las cosas que debes llevar de la mano para poder tener una vida más saludable y que debes inculcar en tus hijos muy pronto: la fe en Dios, el ejercicio y comer sanamente. No debes soltarlas en ninguna etapa de tu vida. Y para eso, se necesita disciplina, que es otra cosa que se aprende, sobre todo, en casa.

Pero a la casa de mis abuelos no sólo iba a hacer ejercicio y a aprender a ser disciplinado. También iba a hacer travesuras, como la que hacía en la pila donde mi abuela acumulaba agua que después usaba para lavar los trastes o la ropa, y que también usábamos para bañarnos. A mis primos y a mí nos gustaba imaginar que la pila era en realidad una alberca y, a veces, yo me aventaba hacia ella desde el techo de la casa. Sabía que era muy peligroso, pero también era muy divertido dar el brinco y caer en el agua abajo. Hasta que tuve que dejar de hacerlo porque un día me di un trancazo en la cabeza porque caí mal. Bueno, a veces así aprende uno.

En esa casa también encontraba tentaciones, algunas peligrosas, como la que un día me presentó el bóiler, que funcionaba a base de leña y que hacía que a veces el agua fuera demasiado caliente y a veces no calentaba lo suficiente, por lo que siempre era una sorpresa meterse a bañar.

Un día, después de que llovió, fui a visitar a mis abuelos. Las calles estaban completamente llenas de lodo y los tenis se me embarraron por todos lados. Entonces, antes de regresar a casa, decidí lavarlos para no tener que andar con los tenis mugrosos. Pero cuando terminé, descubrí que había un pequeño problema: ahora estaban mojados y fríos y no habría sido una buena idea volver a usarlos para regresar a casa. Tampoco pensaba regresar descalzo, por lo que se me ocurrió meterlos al bóiler, así se calentarían y se secarían más pronto.

¿Se acuerdan de que les dije que ese bóiler a veces calentaba demasiado? Cuando quise sacar los tenis ¡me di cuenta de que se habían quemado!, y, por supuesto, tuve que regresar a casa sin ellos. A mi mamá le conté una historia medio mala para que no me regañara: simplemente le dije que no sabía dónde habían quedado. ¡Y me creyó! Lo que más me sorprende no es que yo haya pensado que sería una buena idea intentar secarlos en ese bóiler —a final de cuentas aún era un niño y no medía muy bien las consecuencias de lo que hacía— sino que mi mamá me haya creído que los perdí y no haya hecho nada para castigarme.

Aún más porque mis papás eran muy estrictos y no vacilaban en disciplinarme cada que fuera necesario, usando los métodos de aquel entonces. Cuando hablo de mi papá con respecto a esto, me da mucha risa porque nos tenía acostumbrados a darnos con todo: con el puño, con el fajo, con la manguera... y un día, de postre me tiró una manzana que explotó en mi cabeza. Fue cuando me di cuenta de que mi papá era un buen beisbolista.

Esos métodos de educación hoy en día prácticamente nadie se atrevería a llevarlos a cabo, pero en mi época, en México, así es como muchos niños éramos disciplinados.

Por ejemplo, mi mamá siempre me decía que no debía decir mentiras porque de lo contrario me quemaría las manos. No estaba bromeando ni exagerando porque en una ocasión lo hizo y me puso las manos encima de un comal que estaba sobre el fuego porque quería obligarme a decir la verdad sobre una maceta que alguien había roto jugando futbol dentro de la casa. Le dije que no había sido yo, y no estaba mintiendo. Pero no me creyó, al menos no al principio. Sin embargo, cuando vio que a pesar de que ella había puesto mis manos en el comal ardiente, quemándomelas, yo seguía insistiendo en que el responsable era mi hermano —quien estaba escondido en el cuarto—, se dio cuenta de que había cometido un error y fue a castigar al verdadero responsable.

Mi papá, como ya les dije, no se quedaba atrás y, en una ocasión, cuando yo tenía seis años de edad, decidió castigarnos de manera ejemplar. Cuando veía en la televisión algún partido, no le gustaba que nadie lo interrumpiera y sólo nos hablaba cuando necesitaba pedirnos que cambiáramos el canal. Éramos una especie de control remoto, antes de que hubiera controles remotos en Ocotlán.

Mi papá estaba viendo un juego de béisbol en el que participaba Fernando Valenzuela y empezó a narrar el partido, como era su costumbre porque le gustaba mucho imitar a los narradores de la radio.

—Y en este momento nos encontramos en el resultado de 2, 2 y 2, la cuenta de los patitos —empezó a decir.

—¿Por qué «patitos», papá? —le preguntamos mi hermano y yo.

—Porque es 2 outs, 2 strikes y 2 bolas, y el «2» parece un pato —nos respondió alegremente, algo no muy común considerando que estaba viendo el partido.

—2, 2 y 2, la cuenta de los patitos —dijimos mi hermano y yo al mismo tiempo y nos soltamos riendo.

Mi papá lo tomó como si nos estuviéramos burlando de él y que pensábamos que su broma era muy mala —sí lo era—. No teníamos idea de lo que acabábamos de desatar: con engaños, pidiéndonos que lo acompañáramos al patio porque nos iba a mostrar algo, nos llevó hacia atrás de la casa y nos amarró a un árbol. Después nos surtió a golpes hasta que nos quedó claro que no debíamos volver a reírnos de él. Claro, con esas técnicas no había manera de que lo volviéramos a hacer.

Los métodos de enseñanza de mis papás eran muy dolorosos, pero no los juzgo, ellos sólo querían lo mejor para nosotros y que fuéramos personas de bien. Además, así fue como les enseñaron que debían educar y corregir a los hijos. Por otro lado, sus castigos también ayudaron a formar una disciplina en mí y ahora me doy cuenta de que mis papás estaban tratando de criarnos en circunstancias difíciles porque el dinero era escaso, nosotros éramos algo traviesos y no nos dábamos cuenta de los problemas que mis papás tenían que enfrentar cada día para pagar los gastos de la casa, comprar comida y salir adelante.

Mis papás también nos enseñaron a respetar a nuestros mayores. No sólo debíamos obedecerlos y escucharlos cuando estuvieran hablando, tampoco podíamos decir malas palabras enfrente de nuestros papás, nuestros tíos o nuestros abuelos. Bueno, en general no debíamos decir malas palabras o nos arriesgábamos a un castigo ejemplar e inolvidable y que nos dejaría una marca para toda la vida porque mi papá y mi mamá ya usaban cosas de marca: nos marcaban con la plancha, con la cacerola y con lo que estuviera a la mano.

Aprendimos muy bien la lección y hasta ahora, mis hermanos y yo sentimos una fuerza interior que nos impide hablar con groserías delante de quienes tienen más años que nosotros, lo que en ocasiones se convierte en respeto y admiración por quienes son nuestros modelos a seguir.

Por ejemplo, hace pocos años fui a Ocotlán y mi tío Raúl le dijo a María, mi esposa:

—Este no habla —refiriéndose a mí—, y tan perico que es en la radio.

Su comentario me sorprendió y me hizo reflexionar un poco porque yo no me había dado cuenta de que casi siempre estaba mudo delante de él.

—¿Sabe qué, tío? —le dije, atreviéndome a hablar—, es una bendición escuchar todo lo que ha logrado. Eso me ha enseñado mucho y de usted he aprendido que trabajar duro siempre tiene su recompensa.

Lo decía de verdad, pero es que además, delante de él me siento paralizado por el enorme respeto y admiración que le tengo. La falta de dinero en su familia no le impidió buscar la manera de obtener recursos para pagarse una carrera: trabajaba muy duro todos los días para lograr pagar los costos de su educación y sus esfuerzos han sido recompensados ya que llegó a ocupar uno de las posiciones más altas dentro de Cemex, una de las empresas más grandes de México, y el éxito no lo ha hecho perder el piso; por el contrario, es una persona muy dulce y noble, sencillo y paciente. Tampoco quiere echar a perder a sus hijos con mimos y siempre está atento a que aprendan a terminar lo que comienzan, a que trabajen duro para obtener lo que quieren.

Por supuesto que él es una excepción porque no siempre es así con los papás que tienen éxito, quienes suelen echar a perder a sus hijos dándoles todo lo que quieren o simplemente no ocupándose de ellos.

Y bueno, por otro lado, la manera de educar a los hijos ha cambiado mucho con respecto no sólo a la disciplina y las obligaciones, sino al respeto hacia los mayores.

Por ejemplo, en otra ocasión en que estuve en Ocotlán con María hace algunos años, oí a uno de mis primos —quien, además, estaba fumando— diciendo una mala palabra delante de mis tíos.

—Te van a romper el océano pacífico —le dije. Pero estaba equivocado porque no sucedió nada. Nadie lo regañó ni le dijo que no debía decir groserías. O que no tenía por qué estar fumando. Yo estaba muy sorprendido.

Entonces le pregunté por qué no había sucedido nada.

—Es que ya ha cambiado todo eso —me dijo.

Y tiene razón, ahora los papás ya no enseñamos a nuestros hijos a comportarse bien delante de los mayores ni a no hacer cosas que los molesten. Y aunque me parece bueno que ahora la relación entre jóvenes y viejos sea más directa, siento que se ha perdido un poco del respeto que antes había.

También me he dado cuenta de que a los niños ya no les enseñamos tanto como antes a tener responsabilidades.

Me acuerdo de que el primer trabajo que uno tenía en la vida era hacer los mandados para los papás. A veces parecía que sólo estuvieran esperando a que uno supiera caminar y hablar para que hiciera mandados. Eso pensaba yo a veces: que mi mamá y mi papá me habían traído a esta vida únicamente para usarme de mandadero. O, dicho de otra manera, que yo era su IBM: IBM a traer las tortillas, IBM a traer los frijoles, IBM a traer los chayotes...

Uno de los mandados que mi mamá me pedía que hiciera era que fuera a comprar las tortillas. Pero mi mamá no se conformaba con pedirme que fuera por las tortillas para la familia, sino que aprovechaba para preguntar a los vecinos si querían que también les trajera tortillas a ellos. Lo bueno es que, como había hecho amistad con la persona que despachaba las tortillas, me permitían no hacer fila y así regresaba más rápido.

Ir por las tortillas no era mi única responsabilidad. Normalmente teníamos que ayudar con otras tareas en la casa, como barrer, hacer reparaciones, sacar el agua cuando se inundaba la casa y lo que se necesitara para que todo funcionara bien. También teníamos que hacer nuestras tareas de la escuela y, muchas veces, además trabajábamos.

Sé que todo esto me fue imponiendo a ser responsable. En aquel entonces no lo veía, pero sé que me sirvió mucho, años después, cuando llegué a Estados Unidos pensando en ayudar a mi familia a salir adelante.

Es verdad que mis hijos no hacen mandados, pero tienen obligaciones, como limpiar su cuarto y recoger sus cosas. De hecho tienen un letrero en el que se indican cuáles son sus responsabilidades. Que las sigan es otra historia porque en una ocasión entró mi hermano mayor al cuarto de uno de mis hijos y vio toda la ropa tirada.

—Oye, pues qué bonito letrero el que te puso aquí tu mamá —le dijo—, pero al parecer no sirve de nada porque no estás cumpliendo con las indicaciones que tiene.

María lo escuchó y reclamó a mi hijo por tener la ropa tirada.

—¡Ay, tío!, qué chismoso eres —le dijo mi hijo a mi hermano. Y desde entonces, cada que lo ve venir dice: «Ahí viene el tío chismoso».

Cuando pienso en cómo era mi infancia y las cosas que me enseñaron mis papás y mis abuelos, y la manera como se educa a los niños ahora, me doy cuenta de cuánto ha cambiado el mundo, en la mayoría de los casos para bien. Pero yo estoy muy agradecido con lo que me tocó vivir porque la pobreza con la que crecí, la dureza de mis papás y todas las cosas buenas que me enseñaron, me hicieron ser la personas que soy, me dieron la disciplina y la fuerza que tengo hoy en día para salir adelante cada vez que las cosas se vuelven difíciles. Y, aunque a veces llegue a tener dudas, al final siempre encuentro lo que se necesita para seguir adelante y no darme por vencido.

CAPÍTULO 5

UNO SE TENÍA QUE GANAR LAS MEDALLAS

Con el paso de los años he ido apreciando cada vez más la riqueza de la cultura del país donde nací, de todas las manifestaciones y de su antigüedad y complejidad. La cultura de México, como todas las culturas de América Latina, es enorme y profunda, y la celebro en cada oportunidad que tengo, a través de mi programa y con mi familia y amigos.

La música mexicana siempre me gustó mucho, y casi siempre la escuchaba en la radio en los talleres donde trabajé y en la casa. A veces tarareaba las melodías o cantaba las canciones.

Una canción que me gustaba mucho era «La mochila azul», la misma que cantaba el actor y cantante de rancheras Pedro Fernández como tema de la película *La niña de la mochila azul*, que tuvo mucho éxito en México a principios de los ochenta. La película cuenta la historia de una niña que no tiene papás y es cuidada por un tío alcohólico que en el fondo es una buena persona. Pedro Fernández hace el papel del amigo de la niña, el único que la entiende y la defiende de los niños abusivos de la escuela.

Muchos años después, cuando entrevisté a Pedro en mi programa, le dije que cuando era pequeño solía cantar la canción de esa película y se puso muy contento. Nos identificamos mucho, sobre todo porque dio pie a que le contara otras anécdotas, como la del día en que fue a dar un concierto a Ocotlán y yo tenía alrededor de trece años de edad.

Fue en ese entonces cuando supe que Pedro Fernández daría un concierto y empecé a morir de ganas de ir a escucharlo, me encantaba cómo cantaba y recordaba la película, además de que siempre he ad-

43

mirado mucho a Pedro por cómo ha sabido salir adelante. Él había nacido en una familia de pocos recursos y su papá, dándose cuenta del talento que tenía para cantar, lo había impulsado a presentarse en Palenques. En uno de ellos conoció a Vicente Fernández, quien quedó asombrado con su voz y su dominio del escenario y lo invitó a hacer pruebas en la Ciudad de México en una compañía disquera. Así fue como grabó su primer álbum y, a pesar del éxito tan rápido, nunca perdió el piso y siempre ha trabajado duro para salir adelante.

Pero para ir al concierto me hacía falta algo insignificante: dinero para el boleto de entrada. En realidad, creo que no lo pensé mucho y simplemente decidí brincarme una de las bardas de la Arena México, por la calle Ramón Corona, que era el lugar donde se llevaría a cabo. Logré hacerlo sin que nadie se diera cuenta y me acerqué lo más posible al escenario.

Al final del concierto, cuando ya se iba a su camerino, Pedro arrojó un peine de regalo y yo alcancé a agarrarlo. Durante mucho tiempo lo tuve conmigo porque yo lo veía como un trofeo, y también como un símbolo de la manera en que él se había ido superando en la vida. Y, aunque yo no quería ser cantante, quería lograr lo mismo que había logrado Pedro Fernández: superarme y llegar lejos.

Para ese entonces, yo aún no era un buen estudiante, pero seguía habiendo maestros dispuestos a ayudarme a mejorar. Uno de ellos se llamaba Jaime Varela y todos lo conocíamos porque era muy exigente. Él me ayudó a entrar en la escuela secundaria Adolfo López Mateos, que era privada, tenía un mejor nivel académico y era donde estudiaba mi hermano mayor, quien entonces seguía siendo mucho más aplicado que yo. Yo quería estar con mi hermano en la misma escuela y jugar en el equipo de futbol, que era filial del equipo Atlas y de donde podrían salir buenas oportunidades de ser fichado.

El profesor Jaime, quien era dueño del equipo de futbol de la escuela, vio las ganas que yo tenía de jugar y decidió que valdría la pena ayudarme. Pero también me dijo que tendría que sacar buenas calificaciones y se lo prometí.

Al principio cumplí mi promesa, pero luego empezó a irme mal y, para que mis papás no se dieran cuenta, modificaba la boleta de calificaciones. Los 6 los convertía en 8 y los 7 en 9 hasta que un día se dieron cuenta y, además de una buena paliza, me gané un castigo duro y no pude salir a jugar con mis amigos por varios días. A final de cuentas, entre mis malas calificaciones y que el costo de la colegiatura era muy alto y mis papás no podían pagarlo, sólo duré un año ahí antes de ser expulsado. Con ello se esfumaron mis sueños de ser jugador profesional y de obtener una mejor educación.

Obviamente, tuve que volver al sistema de educación pública y me inscribieron en la Escuela Secundaria Técnica 42, donde seguí siendo un estudiante más bien malo. Pero, afortunadamente, descubrí cómo juntar puntos para no reprobar, con lo que mejoré mi promedio y evité reprobar los siguientes años escolares. Me di cuenta de que si hacía la tarea, obtenía algunos puntos. Y entonces hacía las tareas, sin falta. La asistencia también me daba puntos, por lo que procuraba no faltar a ninguna clase. Colaborar con el maestro era otra buena fuente de puntos, por lo que si el maestro necesitaba que trajera algo o que le ayudara borrando el pizarrón o distribuyendo algún material entre mis compañeros, inmediatamente me ofrecía para hacerlo. Al final, si me iba mal en el examen, no importaba tanto porque siempre podía confiar en que todo lo demás me ayudaría a pasar. O hasta a obtener una nota decente. Lo importante era no reprobar, aunque los estudios siguieran sin interesarme mucho. Y era peor tener que hacer el examen otra vez, ¡o repetir el año!

A pesar del cambio y de que ya no pude seguir jugando con el equipo de la escuela Adolfo López Mateos, mi gusto por el futbol no cambió y seguía juntándome muy seguido en la calle con mis amigos para jugar. A veces, en el calor del partido, el balón se iba para afuera de la calle o del lote baldío donde estuviéramos jugando, hacia alguna de las casas vecinas y quebrábamos una que otra ventana. Entonces salíamos disparados, olvidándonos de que la ciudad era muy pequeña y todos nos conocíamos, por lo que nunca faltaba quién fuera a decirle a mi mamá lo que había pasado. Las regañadas que solía ganarme eran enormes. Pero cuando se molestaba de verdad con lo que había sucedido, simplemente nos decía:

—Me voy a esperar a que llegue tu papá.

Eso sí nos llenaba de miedo porque ya sabíamos que cuando mi papá llegara, nos castigaría con todo.

Además del futbol, nos gustaba subir a los techos de las casas y, desde arriba, tirábamos globos llenos de agua hacia los autobuses o le arrojábamos cáscaras de naranja a las personas que iban pasando, usando unas ligas que nos poníamos entre los dedos. Ahora que lo pienso, me doy cuenta de lo irresponsables que éramos porque no sólo nos poníamos en peligro a nosotros al subir a los techos de las casas de los demás, sino que podríamos haber causado un accidente o haberle hecho mal a alguien. Ni hablar de lo molesto que era para cualquier peatón o conductor ser atacado por una bola de adolescentes armados con globos y cáscaras de fruta. Pero, eso sí, a nosotros nos divertía mucho.

En esa época, además, había establecido una meta en mi vida: tenía trece años y quería ser boxeador y cumplir el sueño nunca realizado de mi abuelo Bartolo. Mi mamá, por supuesto, se oponía porque le parecía que no había mucho futuro ahí, además de que era muy peligroso y violento. Entonces, para poder boxear tenía que hacerlo a las escondidas. Aventaba mi mochila con las cosas que necesitaba para el entrenamiento por encima de la barda del patio, un amigo la recibía del otro lado y luego yo salía a la calle por la puerta de la casa, pretendiendo ir a la tienda o a algún encargo, pero en realidad me iba al gimansio a entrenar. Aunque mi mamá no había descubierto el truco de mis escapadas, sí que se daba cuenta de que seguía boxeando porque solía llegar a casa todo golpeado. Y, claro, se enojaba muchísimo.

Resultó que no era tan buen boxeador como me habría gustado, y poco a poco fui dejando el boxeo. Incluso, recuerdo que me apodaban «El Moco», porque todos me sonaban.

En una ocasión, por ejemplo, participé a las escondidas de mis papás en un torneo de box en la plaza principal de Ocotlán. No sé cómo hice para ganar el primer encuentro porque tenía los ojos cerrados de los golpes que me había dado mi contrincante. Pero lo vencí y me sentí muy feliz y animado. Y perdí el segundo por decisión unánime de los jueces. Mi contrincante no me noqueó, pero sí me arruinó la cara y me la dejó como la tengo ahora.

Recuerdo también que en otra pelea de box en la que iba perdiendo, se acercó mi entrenador a mí.

—¿Ya mejor aviento la toalla? —me preguntó. Yo estaba todo lleno de golpes.

—¿Para qué se la avientas? —le respondí—. Mejor pónmela en las manos y yo se la llevo, no se vaya a enojar más.

Casi por la época en que estaba decidiendo dejar de boxear, se me acercaron unos karatecas y me invitaron a pelear contra ellos, me dijeron que querían ver quién era mejor, un boxeador o un karateca... Bueno, también me surtieron de golpes. Ni siquiera sabía de dónde llegaban y no me pude defender bien.

De todas maneras, la mala experiencia con el boxeo no me desanimó del deporte y, poco tiempo después, cuando tenía catorce años decidí correr un maratón que iba desde el kiosco de la plaza principal de Ocotlán hasta San Martín de Zula, que queda a alrededor de once kilómetros de distancia. Llegué en tercer lugar y me dieron una medalla. ¡Era la primera que recibía en mi vida! El camino era un terregal y recuerdo que mi tío Ramiro había conseguido que alguien me prestara una camiseta para correr porque yo no tenía dinero para comprar una. Me sentía muy contento, en especial porque me había estado preparando con mucho esfuerzo y disciplina: todos los días me iba a correr por mi cuenta después de salir de la escuela, poniéndome nuevas metas cada vez. Aún así, el maratón fue una experiencia diferente y mucho más agotadora que el entrenamiento, pero vaya que había valido la pena.

Ponerse este tipo de retos es importante porque nos permiten probarnos y sacar lo mejor de nosotros. No importa si logramos lo que nos proponemos o no, lo que cuenta es hacer el intento y ponerle todas las ganas. Eso nos hace sentirnos satisfechos y darnos cuenta de nuestras fortalezas, además de que nos prepara para ser mejores.

Para los niños de ahora, ganar medallas es diferente. Veo que en cualquier competencia les entregan una o varias y por cualquier cosa, hasta por el simple hecho de haber participado en la competencia. Cuando juego con mis hijos algún deporte o hacemos alguna competencia, les digo siempre:

—Allá en México, uno se tenía que ganar las medallas.

Tan fácil es ganarlas ahora que hace poco me sucedió lo siguiente con mis hijos: acababa de participar en un torneo de futbol rápido y el equipo con el que jugaba ganó el primer lugar. Cada uno de los jugadores recibimos una medalla. Yo estaba muy feliz y llegué a casa presumiendo nuestra victoria, pero mis hijos y mi esposa se burlaron de mí, me dijeron que los de los otros equipos seguramente se habían dejado meter goles porque yo soy Piolín.

Yo estaba super sacado de onda y les insistí en que no había sido así, sabía que habíamos ganado limpiamente. Entonces conseguí el video del partido final, donde se muestra cómo meto un gol después de burlar a otros jugadores.

¡Esa jugada incluso había sido transmitida en las noticias de televisión!, pero ni aún así los convencí. Bueno, sólo a Daniel, mi hijo menor, quien creyó en mí.

—Yo sí te creo, papá —me dijo. ¡Y se quedó con mi medalla!

De aquella época en Ocotlán recuerdo a algunos amigos con cariño, y con varios he seguido en contacto, como Jaime, Mario, «El Biónico» y Luis. Luis vivía a la vuelta de mi casa y ahora también vive en Estados Unidos. Lo sé porque cuando más adelante trabajé en Radio Éxitos, compartí con él un departamento en el que, además, vivían otros paisanos de Ocotlán. Con ellos es con quienes más tiempo pasaba, con quienes solía arreglar lotes baldíos para convertirlos en campos de futbol temporales y con quienes me ponía a aventar cáscaras de naranja desde los techos de las casas.

En la secundaria también empezaron a gustarme las chicas más que antes. Yo trataba de llamar su atención, pero no me hacían mucho caso porque era muy chaparrito. De hecho, cuando en la escuela nos pedían que nos formáramos por orden de estatura, siempre me tocaba estar hasta adelante. Por eso, tener novia en la secundaria no era difícil para mí, ¡era milagroso!

Una de mis técnicas para llamar su atención era regalarles la tostada embarrada de salsa de chile roja de botella que llevaba para el almuerzo. Para que fuera más atractiva, ponía la tostada a secar al sol y el chile tomaba un color delicioso.

—¿No quieres un pedacito? —les preguntaba.

El problema es que en esos momentos solían llegar algunos gandallas que tenían más dinero y les ofrecían galletas con atún, jitomate y cebolla. Las chicas se iban con ellos.

Entonces, empecé a pensar en otra técnica para atraer su atención que no me pusiera en una situación de desventaja. La solución en la que pensé no parecía nada mala porque empecé a componer poemas para ellas usando las letras de sus nombres. Al principio no tuve mucha suerte.

Pero en una ocasión funcionó y llegué a ligarme a una muchacha, y entonces empecé a pensar: «¿Qué vio esta muchacha en mí?», hasta que un día me animé a preguntárselo.

—¿Por qué sales conmigo? —le dije.

—Ah, es que como estás bien feo, ¡parece que traigo guarura! —me respondió.

Pero finalmente mis esfuerzos dieron resultados de verdad y un día me hice de una novia. Era una chica a la que le había escrito un poema y algunas cartas. Ella era muy delgada, de cabello lacio y de piel morena clara. Era, además, muy educada y estudiosa, y siempre ayudaba a sus papás. A veces no salía conmigo porque me decía que quería ayudar a sus papás con algunas cosas. Fue un noviazgo tierno e inocente.

Recuerdo que un día quise darle un beso. Se lo dije, pero ella no estaba completamente convencida: estábamos debajo de una lámpara y le daba pena que la fueran a ver porque sentía que no había la intimidad suficiente. Entonces, saqué una de las ligas que utilizaba para arrojar cáscaras de naranja a la gente, la acomodé en mi mano de cierta manera, afiné la puntería y la disparé, quebrando el foco que estaba encima de nosotros. Cómo iba a perder la oportunidad de darle un beso por primera vez a una muchacha.

—¡Qué estás haciendo! —me dijo sorprendida antes de que me acercara a ella y nos diéramos nuestro primer beso.

Yo estaba super feliz, me sentía por las nubes.

Al final, el noviazgo duró muy poco porque comenzó unos meses antes de que yo me viniera para acá. Cuando le dije que me quería ir a Estados Unidos para echarle la mano a mi papá y a mi hermano y poder ayudar a mi familia, ella se quedó triste. Pero, como era un noviazgo inocente, la despedida no fue tan difícil, nos prometimos seguir en contacto y así lo hicimos al principio, escribiéndonos cartas de vez en cuando. Con el tiempo tuve que enfocarme mucho en el trabajo y poco a poco nuestra correspondencia se acabó.

Al llegar a la secundaria nunca dejé de trabajar. Uno de mis empleos fue en un estudio fotográfico de nombre Central Fotográfica Muñiz, donde me encargaba de revelar fotografías a partir de los rollos que llevaban los clientes, como se usaba en ese entonces.

Poco después comencé a trabajar en un taller de torno que subcontrataba Celanese Mexicana, donde trabajaba mi papá. Ahí me ponían a hacer tornillos. Para llegar al trabajo, me iba en la bicicleta, no aquella que armé con tanto cariño y que alguien «se robó» sino otra, una que me prestaba el dueño del taller y que tenía una canasta donde ponía tuercas y tornillos. De camino había una carretera con una pendiente muy pronunciada por la que yo bajaba rápidamente. Me gustaba mucho sentir la velocidad y poder llegar al trabajo más fácilmente.

Conseguí ese trabajo porque en aquel entonces algunas empresas daban oportunidad a los menores de edad como yo para que practicáramos y aprendiéramos un oficio. Esto era muy útil porque nos ayudaban a decidir qué carrera nos gustaría estudiar o qué oficio querríamos tener cuando fuéramos adultos.

Fue también por esa misma época que mi papá se vino a Estados Unidos a buscar mejores oportunidades para la familia. Él ya había estado acá cuando era joven y sabía que los trabajos eran mejor pagados y que, con lo que mandara, podríamos vivir mejor. Mi hermano mayor lo siguió poco tiempo después para ayudarlo a mandar dinero a la familia. Así, Jorge fue el primero en cumplir el sueño que teníamos cuando éramos niños y veíamos pasar aviones por el cielo, preguntándonos cuándo podríamos ir a Estados Unidos nosotros también. Alrededor de dos años antes de que mi papá y mi hermano mayor se vinieran a Estados Unidos, mi hermano Édgar, el más pequeño, nació.

CAPÍTULO 6

«VÉNGANSE PARA ACÁ»

Mi papá se vino a Estados Unidos cuando yo tenía alrededor de catorce años. Él se daba cuenta de que en Ocotlán nunca progresaríamos y permaneceríamos en la misma situación. Su empleo no le daba muchas oportunidades de crecimiento y los ingresos se habían mantenido prácticamente iguales por muchos años. Además, mi papá siempre tuvo algo de aventurero y un carácter incansable para buscar mejorar su situación y la de los demás, especialemnte si se trataba de su familia. Por eso, a pesar de que sabía que estaría lejos de nosotros y que eso nos dolería a todos porque no podríamos vernos durante el tiempo en que estuviéramos separados, decidió que lo mejor que podía hacer para mejorar nuestra situación económica era probar suerte en Estados Unidos y, en 1984, cuando yo tenía catorce años, se fue hacia el norte decidido a cruzar la frontera para buscar un mejor futuro para nosotros.

Claro que no tomó la decisión de una día para otro, sino que poco a poco dentro de él fue tomando forma la idea de dejar Ocotlán. Lo mantuvo en secreto y no quiso decirnos que se vendría para acá hasta el último momento. Primero lo habló con mi mamá sin que nosotros supiéramos, y después ambos decidieron contárnoslo. Nos dijo que había decidido irse a Estados Unidos a buscar oportunidades para que tuviéramos una vida mejor. La verdad es que yo no entendía muy bien el significado de que se fuera a ir a Estados Unidos, ni que me haría mucha falta. Mis papás tampoco nos dieron mucha información en ese momento porque no querían que nos preocupáramos y que fuéramos a ponernos tristes.

Mi papá no tenía un plan definido al venirse para acá, lo único que sabía es que en Estados Unidos era más fácil conseguir un empleo mejor pagado y que al principio podría llegar a vivir con dos tíos míos que ya tenían tiempo viviendo de este lado de la frontera.

Las despedidas siempre fueron muy tristes en mi familia, llenas de sentimiento y alguna que otra lágrima. Pero la de mi papá sería especial porque todos sabíamos que no volveríamos a verlo en mucho tiempo.

Recuerdo que fuimos a buscar a mi abuelo Chuy, el papá de mi papá, para que le diera la bendición. Mi abuelo trabajaba en ese entonces horneando ladrillos hasta que se ponían colorados. El lugar donde se encontraba está cerca de Ocotlán y se llama La Ladrillera.

—Papá, fíjate que pienso irme a Estados Unidos a probar suerte —le dijo mi papá a mi abuelo.

—Si es por tu bien y el de tu familia, yo te doy la bendición —le contestó él, y todos nos hincamos para recibirla—. Hijo, que Dios te cuide y que tengas éxito.

Entonces nos abrazamos unos a otros y empezamos a llorar. Yo me acerqué a mi papá, a mi abuelo Chuy y a mi hermano Jorge y los abracé sin poder dejar de llorar, y nos regresamos a la casa.

Al día siguiente fuimos a la terminal de autobuses de Ocotlán para despedir a mi papá y ahí, antes de que se subiera al autobús, mi mamá, mis hermanos y yo lo abrazamos.

—Te queremos mucho, papá —le dijimos—. Que Dios te cuide.

Llorando, mi papá nos pidió que fuéramos fuertes. Cuando arrancó el autobús lo vimos al otro lado de la ventana diciéndonos adiós con la mano, y nosotros empezamos a hacer lo mismo, llorando.

Al ver cómo se alejaba el autobús de nosotros, sentí que me arrancaban la mitad del corazón...

Como mencioné, algunos de los familiares de mi papá ya vivían acá en ese entonces; entre ellos, mis tíos Nena y Manuel, quienes nos ayudaron mucho cuando llegamos a Estados Unidos.

Mi hermano mayor se vino poco después de que mi papá dejara Ocotlán porque quería ayudarlo a enviarnos dinero. Pero no pasó mucho tiempo antes de que mi tía Nena nos empezara a dar noticias tristes sobre mi hermano y a decirnos que había vuelto a tomar, y que lo hacía con bastante frecuencia. «Vénganse para acá —nos decía en sus cartas—, este muchacho anda muy, muy mal. Se va a perder». A mi mamá y a mí nos entristecía mucho leer eso y saber que era poco lo que podíamos hacer desde tan lejos. La afición de mi hermano al alcohol había empezado poco antes, cuando todavía vivía en Ocotlán, y eso, como mencioné, le había hecho perder buenas oportunidades para su futuro. Ahora, parecía ser que en Estados Unidos los problemas sólo habían empeorado.

Todo eso sólo hizo crecer en mí los deseos de estar con ellos, de ayudarlos a salir adelante y de cuidar a mi hermano. Cuando decidí irme de México, mi hermano Edgar tenía como cuatro años de edad, y yo quince años y medio. Conservaba mi empleo haciendo tornillos y en el estudio de fotografía, pero estos eran temporales y, aunque siempre estaba buscando otras oportunidades de trabajar en donde fuera, lo que ganaba era insuficiente para ayudar a mi familia. Tampoco alcanzaba con lo que mandaba mi papá. Mi mamá y yo solíamos escribirle para pedirle dinero porque cada vez resultaba más difícil salir adelante con los gastos.

Cuando recibíamos las cartas que mi papá mandaba y descubríamos que no venía el giro postal o *money order* que mandaba regularmente cada veintidós días, pues nos daba mucha felicidad recibir su carta y saber cómo estaba, pero tristemente no podíamos comprar comida con nuestra felicidad. En esas ocasiones en que nos mandaba sólo una carta, solía decirnos cosas como: «Estoy bien, pero no hay trabajo. Los extraño». Era realmente breve en sus explicaciones. A veces las cartas sí venían acompañadas de un *money order*, pero en muchas ocasiones este no pasaba de los veinticinco o cincuenta dólares. En aquel entonces mi papá trabajaba de vez en cuando en la construcción, cuando había trabajo, y por eso sus envíos de dinero no eran regulares.

Mucha gente piensa que quienes se van para Estados Unidos, automáticamente empiezan a hacer dinero y pueden mantener tranquilamente su vida en este país y la de sus familias en sus países de origen. Pero no es así, conseguir un trabajo y salir adelante en Estados Unidos también puede ser difícil y, aunque los salarios suelen ser más altos y el tipo de cambio es favorable cuando se manda dinero al extranjero, conseguir un empleo seguro y una fuente de ingresos constante pueden encontrarse con muchas dificultades y requerir de mucho tiempo.

Recuerdo que buscaba al cartero por la calle cerca de mi casa y, cuando lo encontraba, inmediatamente le preguntaba si había algo para nosotros. De hecho, a veces, saliendo de la escuela comenzaba a poner atención por las calles para encontrar algún cartero por ahí, no importaba si no era el que se encargaba de repartir la correspondencia en donde vivía mi familia. Siempre me ponía alegre cuando veía uno. A veces, el cartero pasaba por mi casa sin detenerse, y entonces yo lo seguía.

—Oiga, ¿no llegó una carta de mi papá? —le preguntaba—. A lo mejor se le olvidó y por ahí la tiene usted todavía.

—No, creo que no tengo una carta para ustedes. Pero déjame ver de nuevo —y se ponía a revisar otra vez, sólo por ser bueno conmigo.

El problema es que nuestra situación podía volverse algo desesperada en ocasiones. Aún más porque en sus cartas de respuesta, mi papá nos repetía, siempre breve: «No tengo trabajo. Por esa razón no les puedo mandar dinero». Entonces empecé a responderle: «Quiero irme a trabajar para allá, para poder ayudarte a mandarle dinero a mi mamá». Y pensaba: «Debería irme para allá, porque así, a veces, cuando él no tenga trabajo, yo quizá sí podría tener y además allá pagan más que acá. Así, podríamos mandarle dinero a mi mamá y a mi hermanito». Así lo veía yo, pensaba que tres personas buscando trabajo y encontrándolo, aunque fuera de vez en cuando, sería mejor que sólo dos.

La situación de necesidad y las malas noticias sobre mi hermano me impulsaron a tomar la decisión de irme. Quería ayudar a mi papá y a mis tíos a sacar a mi hermano de ese infierno horrible de alcohol en el que se estaba metiendo.

Pero también contó mucho el hecho de que a veces pensaba que mi papá y mi hermano se habían olvidado de nosotros. Era un sentimiento que crecía cuando no recibíamos cartas suyas, o cuando nos mandaban fotos de ellos en el parque, o de cuando mi hermano la hacía de chambelán en una fiesta de quinceañera, o de ellos en algún lugar especial. Yo pensaba: «Qué vida tan a toda madre la que llevan allá». Y concluía que poco a poco nuestro recuerdo comenzaba a borrarse en su mente.

Un día le conté a mis papás mi idea de venirme y no lo tomaron muy bien. Primero se lo dije a mi mamá, pero ella me dijo que no quería que me viniera para acá porque no quería ver partir a otro miembro de su familia y porque además sabía que cruzar la frontera era peligroso. Lo hablé también con mi papá por teléfono, y a él tampoco le gustó la idea. Estaba de acuerdo con mi mamá en que era muy peligroso pasarse sin documentos y no quería que yo pasara por esa situación. Por otro lado, no había otra manera de hacerlo porque pedir una visa no era una opción, ya que habría necesitado comprobar que o tenía dinero o un negocio o cualquier tipo de estabilidad económica, y nosotros no teníamos nada de eso.

Mi mamá tampoco quería. Finalmente, después de mucho pensarlo y sufrir, tomé una decisión. Sabía que dejaría solos a mi hermano más chico y a mi mamá en Ocotlán y de que quizá no volvería a verlos en muchísimo tiempo porque cruzar la frontera sin papeles me impediría regresar a México. Pero también tenía la corazonada de que podría ayudarlos mejor a ellos y a mi papá y a mi hermano Jorge si me venía para acá y probaba mi suerte. Sabía que en Ocotlán no tenía mucho futuro y que mi mejor opción era cruzar la frontera. Me armé de valor para hablar con mi mamá y le dije:

—Me voy con tu bendición. O me voy así, sin ella.

Yo quería irme con su bendición.

CAPÍTULO 7

TE LO PROMETO

Finalmente, mi mamá me dio la bendición. No tuvo más remedio porque vio que yo estaba muy decidido y no iba a haber manera de evitar que me fuera de casa rumbo al norte. De todas maneras, su aceptación no evitó que se enojara y que me preguntara por qué los iba a dejar solos, qué iban a hacer sin mí. Se quedaría sola con un niño pequeño, sin nadie que la ayudara a salir adelante con el día a día y las tareas de la casa. No puedo decir que sus argumentos no me hicieran pensar y sentirme mal por lo que iba a suceder, pero estaba convencido de que era lo mejor que podía hacer.

Llegó el día en que tuve que partir. Recuerdo que mi mamá y mi hermano Édgar estaban de pie frente a mí, afuera de la casa. Entonces nos abrazamos y empezamos a llorar. Mi jefa no podía soltarme y yo tampoco a ella.

Nunca olvidaría ese abrazo.

Lo recordaría siempre que me enfrentara a alguna dificultad aquí en Estados Unidos porque su memoria me daba fuerzas para seguir adelante, para encontrar soluciones, para no dejarme vencer.

Mientras me tenía entre sus brazos, entre sollozos, me dijo:

—No te olvides de nosotros.

—Te prometo que nunca los olvidaré, mamá. Te prometo que le echaré ganas trabajando en Estados Unidos para que pronto estemos juntos otra vez.

CAPÍTULO 8

LARGO VIAJE

*E*n cuanto emprendí el viaje a Tijuana, comencé a extrañar a mi mamá y a mi hermano. Recuerdo que iba con una mochila por las calles de Ocotlán, despidiéndome de mis amigos, diciéndoles que me iba «pa'l otro lado», a pasarme a Estados Unidos. Cuando todavía estaba despidiéndome de ellos fue que empecé a sentir mucha tristeza. Comencé a voltear hacia atrás, veía la calle por la que caminaba, al fondo estaba mi jefita y mi hermano más chico. Me iba alejando. Los iba perdiendo poco a poco, paso a paso.

En ese momento pensé: «Ahora sí va en serio». Y aunque antes había pensado en lo que significaría dejar a la otra parte de mi familia, a mis amigos y mi tierra, fue sólo hasta ese momento que me di cuenta de lo que se sentía dejarlos atrás e irme a una aventura que no sabía cómo resultaría. Es en momentos como ese que aplica el dicho: «Uno no sabe lo que tiene, hasta que lo ve perdido».

En Ocotlán tomé un autobús que me llevó a Guadalajara y ahí tuve que tomar otro que seguiría una larga ruta hacia Tijuana. Del camino a Tijuana no recuerdo gran cosa, sólo horas interminables de carretera y paisajes cada vez más áridos. Y la tristeza de dejar à la familia, que iba dando paso, poco a poco, a la incertidumbre de lo que iría a suceder, de si volvería a ver a mi madre, a mi papá y a mis hermanos. Eran cosas que no sabía, pero que deseaba con todo el corazón.

Cuando llegué a Tijuana, una señora amiga del pollero que mi papá había conseguido para que me ayudara a cruzar la frontera me recibió en la central de autobuses. Para identificarme, llevaba consigo una foto mía en la que yo aparecía con mi papá. Se presentó conmigo y me llevó a un hotel de mala muerte, sucio y destartalado, que olía a viejo. Cuando nos bajamos del carro, vi que mucha gente se asomaba por las ventanas de un cuarto, otras abrían puertas y me miraban con mucha seriedad. Como no conocía a nadie, empecé a sentir mucho miedo.

Entramos entonces a un cuartito del hotel en el que había más gente, y el pollero se levantó del suelo.

—Este es el muchacho del que te platiqué —dijo la señora al pollero.

—Está muy chamaco, y lo mandaron solo —le respondió él—. ¿Se va animar a cruzar?

—Sí —le dije—. Claro que puedo, señor.

—Ahí te lo encargo, mucho, mucho, mucho —le dijo la señora—. Ya sabes dónde los espero del otro lado.

Yo me limitaba a mirarlos a los ojos, volteando hacia arriba y tratando de entender qué era lo que estaba pasando.

—¿Y el dinero? —le preguntó el pollero. Nos había dicho que costaría trescientos dólares pasarme.

—No te preocupes por eso —le respondió ella—. En cuanto él llegue al otro lado se te entrega la cantidad, yo me hago responsable.

Cuando el pollero me entregó con mi papá, él le dio el dinero. En aquel entonces, los polleros tenían más confianza, pero ahora sé que exigen que el pago se haga siempre por adelantado.

Luego de hablar con el pollero, la señora nos explicó a todos los que estábamos en el cuarto lo que teníamos que hacer, lo que quiere decir cruzar una frontera y cómo debíamos caminar por el cerro. No debíamos separarnos del pollero por ningún motivo y debíamos evitar que el miedo nos ganara, tendríamos que caminar a oscuras, en medio del desierto y hacer todo lo que pudiéramos para que la migra no nos agarrara. En ese momento, aún no sentía miedo aunque sí un poco de temor porque estaba en una ciudad más grande que Ocotlán y me asustaba un poco cómo sucedían ahí las cosas. Había visto la ciudad en el camino de la central al hotel, y todo me parecía distinto, más rápido, había más gente.

La señora y el pollero siguieron hablando entre sí, secreteándose y poniéndose de acuerdo.

—No se preocupe, chamaco. Va a estar bien —me dijo el pollero cuando vio que yo estaba nervioso.

El resto del día lo pasamos ahí, amontonados en el mismo cuartito de hotel, y al caer la noche, nos dirigimos al cerro, por el lado de Tijuana. En algún punto de ese cerro estaríamos ya en territorio de Estados Unidos. Estaba tan cerca de cruzar que no podía creerlo.

Noté que la gente con quien iba a cruzar traía bolsas con ropa. Algunos, los más afortunados supongo, traían unas mochilas pequeñas. Yo llevaba una bolsa de plástico que tenía una torta de frijoles que me había dado el pollero.

—Cómetela, chamaco, porque el viaje es largo —me había dicho al entregármela.

Al llegar a la orilla del cerro, el pollero nos pidió que nos sentáramos unos momentos sobre unas piedras que estaban ahí, antes de que empezáramos a caminar. Recuerdo que pasaron unos señores que vendían atole y tamales, quienes nos ofrecían una última oportunidad de calmar el hambre antes de la travesía. Yo no comí porque me empezó a dar miedo, pero los tengo muy presentes porque era algo que no esperaba encontrar.

Sentado en la piedra, veía el paisaje por el que pronto pasaría, el terreno árido y sin vegetación que se extendía a lo lejos frente a mí. Y la ciudad de Tijuana detrás de mí, silenciosa como el desierto. A pesar de que durante el día había hecho mucho calor, ahora hacía un frío intenso, pero yo no podía sentirlo a causa del miedo que tenía.

Desde la piedra también veía a las personas que estaban a mi alrededor y notaba sus caras de ilusión. Algunos se veían cansados, porque seguramente ya habían intentado cruzar otras veces y no lo habían logrado. Recuerdo muy bien los rostros de cada una de las personas que estaban ahí conmigo, sus expresiones de esperanza y temor mezclados, el cansancio y la excitación por lo que estaban a punto de hacer. Muchos venían a reunirse con su familia, otros a probar suerte, todos en busca de un futuro mejor.

Mi grupo estaba formado por cinco personas además del pollero. Cuatro éramos hombres y la quinta era una señora. También noté que el mío no era el único grupo porque en el mismo lugar había diferentes polleros, cada uno con un grupo distinto. Todos cruzaríamos casi al mismo tiempo y atravesaríamos rutas parecidas. Hace poco estuve por ese mismo lugar, buscando el sitio donde había estado sentado y noté que ya pusieron una cerca, por lo que no es posible llegar al punto exacto donde nos encontrábamos aquella noche.

Entonces empezamos a caminar y mi miedo empezó a crecer. También la emoción de ver pronto a mi papá y a mi hermano. Sentía la aridez del suelo del desierto penetrando mis pulmones, el terreno arenoso debajo de mis tenis. Sé que muchos inmigrantes como yo tenemos recuerdos similares de nuestra llegada a este país, de toda esa mezcla de emociones e incertidumbres en el viaje a través del desierto, y de las ilusiones de lo que nos espera al final del camino. De ellas tomamos las fuerzas que nos impulsan a seguir caminando a pesar de los peligros de la travesía.

El pollero iba siempre delante de nosotros, guiando el camino e indicándonos por dónde ir. También nos daba instrucciones sobre lo que debíamos hacer en el camino.

—Cuando yo grite «¡sigan!», comiencen a caminar o a correr, dependiendo de la situación —nos dijo el pollero—. Cuando yo grite «¡corran!», significa que tienen que correr.

Tenía uno que estar alerta y preparado para cualquier situación que pudiera presentarse. Por supuesto que sus instrucciones no me hacían sentir más tranquilo porque me daba cuenta de que todo podía volverse difícil en cualquier momento. Veía a los lados para identificar el camino, el paisaje desértico, tratando de acostumbrarme a él. También veía a mis compañeros de grupo, quería saber qué pasaba por sus mentes, quiénes eran, por qué estaban ahí.

Recuerdo que estaba viendo a uno de los miembros del grupo, un señor algo mayor y muy alto, cuando el pollero empezó a gritar:

—¡El mosco, el mosco, el mosco!

«Este cuate está cuidándose de un mosco y yo me estoy cuidando de la migra», pensé y continué caminando tranquilamente, sin saber que «el mosco» es como le dicen al helicóptero de migración. Eso no lo explicó el pollero en su larga serie de instrucciones y la verdad es que no supimos bien cómo reaccionar.

Algunos corrieron y la mayoría trató de esconderse como pudo. Pero no había con qué cubrirse excepto unos arbustitos minúsculos, por lo que decidí meterme debajo de uno de ellos. Pero inmediatamente me di cuenta de que no era, ni remotamente, una buena idea porque se veía todo mi cuerpo. No tenía muchas opciones y estaba paralizado, por lo que tuve que quedarme así, sin saber lo que sucedería. ¿Debí haber corrido? ¿Debí haber seguido mi camino lentamente? ¿Podría haberme cubierto de arena? ¿O buscado una roca grande para meterme debajo? Nunca lo sabré, pero sé que en ese momento únicamente se me ocurrió lo que era más evidente, la primera reacción que vino a mi mente: no me moví, me quedé ahí, prácticamente al descubierto, a medio camino para reunirme con parte de mi familia y poder ayudar a quienes se habían quedado atrás.

Entonces sentí el aire de las hélices y oí un ruido que crecía cada vez más.

—No volteen hacia arriba, ¡todos con el cuerpo hacia abajo! —nos gritó el pollero—. ¡No volteen!

El miedo aumentó. «Ahora sé por qué mi papá no quería que yo me viniera sin documentos», dije hacia mis adentros. Empecé a sudar frío mientras sentía el peligro acercándose a mí.

—¡Si nos perdemos, trata de regresar o deja que la migra te agarre! —me gritó el pollero—. Es lo mejor... Es muy peligroso que te agarre otro coyote.

¿Por qué era mejor que me agarrara la migra a otro coyote? No tuve mucho tiempo de pensarlo porque pude sentir que el helicóptero se acercaba más hacia nosotros y empezaba a bajar hacia donde yo estaba.

El miedo y el aire que estaba sintiendo, con todo el polvo y la arena que me golpeaban la cara, me llevaron a hacer algo tonto: volteé hacia arriba en lugar de quedarme inmóvil, esperando pasar por una piedra ante los ojos de los oficiales de la migra.

Recordé entonces que mis abuelos siempre me decían que le pidiera a Dios cuando lo necesitara. Y en ese momento le pedí que me hiciera invisible. Para ese instante, el helicóptero estaba tan cerca que pude ver las caras de los oficiales de migración. El helicóptero era en parte de fibra de vidrio y ellos podían ver hacia donde yo estaba, y lo estaban haciendo, estaban viendo hacia el punto exacto donde me encontraba yo. Bajé la cabeza, lleno de miedo.

Me sentí perdido, pensé que me iban a agarrar y no sabía qué le diría a mi papá, quien se quedaría esperándome con mi hermano y mis tíos. ¿Se preocuparían mucho? ¿Qué harían? ¿Qué le diría a mi mamá cuando me viera de regreso en casa? ¿Qué sería de mi hermano más pequeño? ¿Cómo regresaría a casa? Definitivamente no quería que me agarraran. Tenía el estómago hecho nudos y sentía ganas de llorar.

Aunque era de noche, parecía que el sol había salido. Las luces del helicóptero lo iluminaban todo y era posible ver con detalle. ¡Y yo seguía justo debajo de él!

Recuerdo que volteé hacia arriba de nuevo y los vi una segunda vez. Volví a bajar la cabeza y le dije a Dios: «Pues que se haga tu voluntad».

Acababa de pronunciar esas palabras cuando comencé a escuchar que se alejaba. Muchas cosas pasaron por mi mente, pero una resonaba con más fuerza que todas las demás.

«No nos olvides», repetía mi mamá.

CAPÍTULO 9

EN MEDIO DE LA AUTOPISTA

Nunca sabré qué sucedió exactamente en ese momento, por qué se alejó el helicóptero si me parecía tan claro que había sido visto por la migra. ¿En realidad habrán pensado que se trataba de una piedra o un arbusto?, ¿me habría vuelto invisible?, ¿habían ido por refuerzos o para llamar a una patrulla para que nos detuviera? Sólo sé que debía estar agradecido con Dios porque había ocurrido un milagro y ahora tenía una segunda oportunidad.

En ocasiones, nos es fácil perder las esperanzas cuando estamos en problemas, y olvidamos que nunca debemos dejar de confiar en nosotros y en la ayuda que Dios pueda darnos. A final de cuentas, cualquiera que sea el resultado, será la voluntad de Él y será por nuestro bien. Lo que a nosotros nos toca es sacar el mejor provecho de ello guiándonos con Su sabiduría.

Inmediatamente después de que el helicóptero se alejó, me levanté y empecé a buscar a los demás miembros del grupo. Me di cuenta de que también había perdido mi bolsa con la torta de frijoles, pero no tenía tiempo de pensar en eso. Mientras caminaba, me iba sacudiendo la arena que se me había pegado por todas partes. Pero ahora, sin las luces, el paisaje había vuelto a quedar en la oscuridad, haciendo más difícil saber hacia dónde iba. Pronto, descubrí que las demás personas no estaban y no me quedó de otra que seguir hacia adelante. Lo peor que podía hacer era quedarme donde estaba porque seguramente la patrulla de la migra ya iba en camino y yo tenía que seguir caminando. Mientras pasaban los minutos, el miedo crecía de nuevo.

No pasó mucho tiempo antes de que me diera cuenta de que estaba perdido. ¿Hacia qué rumbo había estado caminando antes de que apareciera «el mosco»? Quizá estaba regresando a Tijuana sin darme cuenta, o yendo directamente hacia un lugar peligroso o donde la migra solía patrullar. Seguí así por algún tiempo, caminando a ciegas, hasta que oí que el pollero me gritaba.

—¡Ey, chamaco! Sígueme, acá estoy.

Sin dudarlo, empecé a correr hacia el lugar de donde venía su voz hasta que me topé con él y con los demás miembros del grupo. A pesar del frío que hacía, yo estaba sudando. Parece ser que afortunadamente no me había alejado tanto de ellos y pudimos volver a reunirnos. Seguimos nuestro camino, pero ahora tomábamos más precauciones, tratando de escondernos de vez en cuando entre las diferentes piedras que nos encontrábamos, que ahora eran de todos los tamaños y nos ofrecían mejores posibilidades para pasar desapercibidos en caso de que la migra se acercara a nosotros de nuevo, lo que no tardó en ocurrir.

—¡Cúbranse, cúbranse! ¡Ai' viene la migra otra vez! —oímos al pollero gritar.

Y pues, ¿con qué se cubría uno? Vi alrededor y en ese preciso lugar no había gran cosa, ya no estaban las piedras grandes de unos momentos atrás. Buscamos dónde escondernos y algunos nos metimos debajo de una especie de drenaje abandonado hecho de piedra que parecía la entrada de una cueva. Otros se dirigieron a arbustos que había por ahí cerca. Yo sentí que la camioneta de la migra pasaba por arriba de donde estaba escondido. Podía oír las ruedas avanzando por la arena sobre nuestras cabezas, el sonido del motor. Parecía que era el cuento de nunca acabar, que seguíamos encontrándonos con ellos a cada paso y que finalmente sería inevitable que nos atraparan. Empezaba a sentirme agotado del camino, del miedo, de los nervios, las emociones y las frustraciones. El vehículo avanzaba lentamente sobre nosotros y en un momento dado pensé que se detendría. Pero de nuevo nos libramos y la patrulla siguió su camino sin darse cuenta de lo cerca que había estado de encontrarnos.

Más adelante me di cuenta del gran conocimiento que tenía el pollero del terreno porque sabía exactamente por dónde había más opciones para esconderse y cuáles eran las mejores. Noté que a veces removía láminas del suelo y que debajo de ellas había unas especies de túneles u hoyos, donde nos metíamos.

El camino no estaba libre de más dificultades porque en más de una ocasión tuvimos que brincar cercas o pasarlas por debajo levantando los alambres, casi encajándonos las púas, o a través de pequeñas zanjas. Todo eso es borroso ahora en mi memoria porque para ese momento yo ya tenía mucho miedo, si tuve hambre ya no podía pensar en ello y sólo sentía un gran nudo en la panza. No era el único porque podía ver en los rostros de mis compañeros sensaciones similares a la mía y, de hecho, algunos empezaron a decir que preferían regresar. Estaban cansados, casi sin esperanza y muy asustados. El pollero trataba de mantener los ánimos cada vez.

—No, vamos, ya casi llegamos. ¡Adelante! —respondía cuando alguien decía que ya no quería seguir. Al final nadie se regresó.

Seguimos caminando, escondiéndonos y saltando cercas hasta que llegamos a una autopista. Ahí, el pollero nos pidió que nos detuviéramos y que nos tiráramos boca abajo sobre el suelo para decirnos lo que haríamos.

—Ustedes van a cruzar el *freeway* —dijo con tranquilidad, como si se tratara de algo muy normal.

¡Un *freeway*! Nunca había visto uno antes, lo único que conocía eran las carreteras cerca de Ocotlán y las que atravesé en autobús para llegar a Tijuana, ninguna de ellas tan ancha como el *freeway* que tenía frente a mí.

Teníamos que llegar a la mitad, a donde estaba la división de los sentidos de circulación, y acostarnos ahí hasta que viéramos que era posible continuar hasta el otro lado.

—No, pos ¿cómo? —recuerdo haberle dicho. Como era de noche, podías ver las luces de los autos en los dos sentidos, ¡y notar la velocidad a la que iban! Además, no sabía qué hacer con tanto movimiento. Para hacerlo más difícil, en este había muchos carros. Aún ahora, cuando lo recuerdo, me doy cuenta de que en realidad estaba cargado de autos.

—Sí —dijo el pollero sin alterarse—, lo voy a hacer yo primero para que vean cómo. Después, me voy a brincar el alambrado que está ahí

—señaló al otro lado de la autopista—, allá tengo un carro. Ustedes lo van a ver. Ahí nos vemos.

Y, sin más, se aventó a la autopista. Hizo exactamente lo que nos dijo que hiciéramos y después los demás lo siguieron, uno a uno. Yo estaba aterrorizado, no sabía si podría lograrlo o si siquiera debía atreverme, no quería ni pensar en la posibilidad de que un carro me atropellara a esa velocidad. Creo que nunca había visto pasar autos tan veloces y las luces que iban de un lado a otro me hacían sentir mareado. También el cansancio.

Cada que volteaba hacia la autopista veía las luces pasar a gran velocidad y los espacios entre una y otra me parecían demasiado cortos. Ahora entiendo por qué tantas personas mueren ahí mientras intentan cruzar hacia el otro lado.

Fui el último de mi grupo en atreverse a hacerlo. Al acercarme a la autopista pude sentir el viento de los carros que pasaban a un lado y, finalmente, me armé de valor y me lancé, corrí en una pausa de luces y llegué a la mitad, donde me quedé paralizado un buen rato, atemorizado aún por el paso de los carros. Lo que había logrado hacer no me sacaba aún del miedo y la inseguridad que sentía. Las luces me cegaban tanto que llegó un momento en el que ya no supe qué hacer, sólo escuchaba las voces de la gente del grupo y empecé a pedir a Dios que me diera fuerzas para saber en qué momento debería levantarme. Me armé de valor y tomé la decisión de hacerlo, de atravesar el *freeway* al tiempo que, dentro de mí, escuchaba una voz que me decía: «¿Qué esperas? Adelante, ¡tú puedes!». Comencé a cruzar con mucho miedo, corriendo, sintiendo el pavimento bajo mis pies y viendo las luces que se acercaban a toda velocidad, distrayéndome, haciéndome perder la concentración. Finalmente llegué sano y salvo a la cerca que estaba al otro extremo y que en la parte de arriba tenía alambre de púas. Al comenzar a escalar noté que me sudaban las manos, pero eso no me impidió seguir escalando y pasar al otro lado.

Entonces, comencé a oír que gente salía de sus casas, asustada porque sus perros estaban ladrando agitadamente. Algunos, incluso abrieron las puertas de sus garajes. No entendía lo que decían, por lo que supuse que se trataba de americanos y que podrían reportarnos a la policía. El miedo volvió a crecer.

Después de que llegué al otro lado del *freeway* y salté el alambrado, vi que el pollero se estaba cambiando de ropa dentro del carro, mientras nosotros estábamos escondidos a un lado del mismo. El pollero se quitó los pantalones de mezclilla y la camisa mugrosa y sudada que llevaba, y rápidamente se puso otra —que era blanca, de manga larga— y una corbata, se limpió la cara con un trapo y me dijo:

—OK, ahora lo que vamos a hacer es que se van a meter en la cajuela.

Al principio pensé que se trataba de una broma. Decía para mis adentros: «No, no es posible que entremos todos ahí». Pero pronto descubrí que hablaba en serio y que varios tendríamos que meternos a la cajuela, los cuatro hombres, para ser exacto. Acomodarnos fue más difícil de lo que pensaba porque realmente el espacio era muy limitado a pesar de que hacía falta la llanta de refacción. Supongo que alguien la había quitado pensando que eso ayudaría a que cupiera más gente.

Al final descubrimos que era imposible que entráramos los cuatro, no había manera de hacer caber en ese espacio ocho brazos, piernas, y cuatro cabezas y torsos. Por más que intentamos contorsionarnos, nos dimos cuenta de que sólo habríamos podido entrar ahí si nos hubieran licuado, por lo que el pollero nos dijo que uno de nosotros se tendría que ir con él en el auto, en el asiento de atrás. Era una situación arriesgada porque habría sido más fácil que el pollero y la señora pasaran desapercibidos, haciéndose pasar por una pareja que está yendo a su casa. Pero una pareja y un hombre podrían levantar sospechas fácilmente. Aún así, yo habría preferido ser el que se fuera en el asiento de atrás —o incluso en el de adelante aunque fuera aún más arriesgado—, en lugar de tener que estar aplastado entre dos personas en una pequeña cajuela de un auto. El pollero escogió al señor mayor que estaba en el grupo para que se fuera con él y con la señora. Quizá prefirió a ese señor porque su personalidad manifestaba seriedad y se veía menos sospechoso, no parecía que acabara de cruzar la frontera y, por otro lado, a los que se fueron adelante, el pollero les dio ropa limpia y presentable. En la cajuela quedamos los más flaquitos y pequeños.

Para hacer las cosas más difíciles, el pollero nos informó que aún no estábamos libres de ser descubiertos porque dentro de Estados Unidos, a millas de distancia de la frontera, hay controles migratorios donde los autos que transitan por las autopistas pueden ser revisados.

—Cuando yo me detenga, no se muevan... ni respiren —nos indicó—. Es la revisión de migración.

El pollero cerró la cajuela, se subió al frente con la señora en el asiento del copiloto y el señor que se había salvado de estar con nosotros, encendió el motor del auto y los seis continuamos nuestro camino. Los que íbamos en la cajuela estábamos demasiado apretados y sudando, a pesar de que teníamos frío. Recuerdo que tenía los pies de uno de ellos directamente pegados en mi cara. Y sentía el peso, el calor, el sudor, la respiración y el temor de los dos muchachos que iban en la cajuela conmigo.

Entre el miedo que estaba sintiendo, la falta de espacio y de ventilación y los olores, empecé a sentir que no podía respirar y alcé la alfombra del auto para poder recibir un poco del aire que se metía por los orificios de donde debía haber estado la llanta de refacción. Pero el oxígeno extra que entraba por ahí no logró tranquilizarme.

—No puedo respirar, ¡no puedo respirar! —empecé a decir, lleno de temor.

—Tranquilo, tranquilo, chamaco —me decían los otros dos jóvenes, quienes empezaron a ponerse cada vez más nerviosos al verme así. La situación no pintaba nada bien.

Es en momentos como estos, en los que estamos angustiados y el miedo nos invade, en que podemos perder el control de lo que hacemos y dejarnos llevar por nuestros impulsos, olvidando la meta a la que estamos tratando de llegar. En esa ocasión, dentro de la cajuela del auto, apretado entre el cuerpo de dos personas, al final y a pesar de la desesperación que tenía, logré encontrar dentro de mí y en Dios, la fuerza que necesitaba para resistir la tentación de gritar y llorar, lo que nos habría puesto en peligro.

En el camino paramos no una sino varias veces, y en cada ocasión escuchábamos a gente hablando en inglés y a perros ladrando al mismo tiempo. Y entonces, el temor de que abrieran la cajuela crecía, haciendo la situación adentro aún más difícil. Tenía muchas ganas de llorar, de gritar, de salir corriendo, pero, en lugar de hacerlo, empecé a orar y rezar, tal como hacían mis abuelos antes de ir a dormir. Cuando de niño me quedaba con ellos para pasar la noche, siempre me decían:

—Vamos a rezar.

Su recuerdo vino a mi mente y empecé a hacer lo mismo que hacía con ellos, a repetir mis oraciones como un niño bueno. Poco a poco me fui tranquilizando y ese contacto con Dios me ayudó a hacer más llevadero el resto del trayecto. Nada se impondría entre mi decisión de reunirme con mi papá y mi hermano, y yo.

Al final, logramos pasar por todos los peligros y llegar sanos y salvos a nuestro destino: la ciudad de Santa Ana, en California. Ahí me estaban esperando mi papá, mi hermano Jorge y mis tíos Nena y Manuel, quienes nos recibieron en su pequeña casa los primeros años y donde nos habían reservado un pequeño cuarto desde donde comenzamos a construir nuestro futuro en este país.

Cruzar hacia Estados Unidos nos había tomado muchas horas muy intensas, de esas que forman lazos de unión fuertes entre las personas que las experimentan juntas, y en ese momento nunca imaginé que no volvería a ver a quienes me habían acompañado cruzando la frontera porque cada quien tomaría caminos muy distintos que no volverían a cruzarse. Al menos, no hasta ahora.

Cuando pude salir de la cajuela, empecé a correr con todas mis fuerzas hacia donde estaban mis familiares, sentí un alivio y una felicidad enorme. Me sentía aliviado de saber que ya no estaría en esa cajuela, luchando por respirar y sin saber cuándo podría ver a mi familia, al menos a la que estaba en Estados Unidos. Y me sentía muy feliz de encontrarme con mis seres queridos. Abracé a mi papá y le dije:

—¿Sabes qué? Ahora entiendo por qué me quisiste dar a entender que esto era peligroso. Pero, ¿sabes qué, papá?, va a valer la pena porque no vengo a perder el tiempo. —E inmediatamente pensé: «Tiene que haber una razón que explique que haya expuesto mi vida de esta manera, porque pude haber perdido la vida cruzando la frontera». Después, continué con lo que estaba diciendo—: Mi mamá me dijo «No te olvides de nosotros» porque muchas veces pensamos que tú nos habías olvidado, papá. Que tú y mi carnal se habían olvidado de nosotros.

—No m'ijo, tú te vas a dar cuenta —me respondió con tristeza—. A veces, en realidad no hay trabajo, y por eso no les mandaba dinero. A veces tampoco les escribía por la misma razón... ¿qué les iba a decir?

Seguimos abrazados por un tiempo, sin decir más palabras. Era muy feliz en sus brazos. Los dos, como la gran mayoría de los inmigrantes indocumentados de este país, habíamos arriesgado nuestras vidas buscando un futuro mejor para nosotros y para nuestras familias. Se trataba de un futuro que construiríamos a base de trabajo duro y honesto en este país que nos recibía, y del que queríamos ser parte y al que queríamos poder retribuir por la gran oportunidad que nos ofrecía.

Luego comenzamos a llorar juntos y le conté todo lo que nos había sucedido en el viaje. Una vez que terminé el relato, le dije a mi tía:

—Quiero comenzar a trabajar, rápido.

—Pos tienes que juntar botes —me dijo.

SEGUNDA PARTE

ESTADOS UNIDOS

CAPÍTULO 10

ABRIENDO EL CAMINO

*H*abía llegado a Estados Unidos con la determinación de hacer lo que fuera para ayudar a mi familia, de trabajar en lo que pudiera y de empezar a hacer un camino aquí. Cuando dejé atrás el susto del viaje —lo que tuvo que suceder muy rápidamente, en menos de veinticuatro horas—, me preparé para hacer lo que había venido a hacer. Sabía que muy probablemente ya no podría regresar a México —algo en lo que pensaría mucho durante los siguientes años—, por lo que lo mejor que podía hacer era dedicarme a construir mi futuro aquí y ayudar así a mi familia, que era el motivo principal que me había traído a Estados Unidos.

Como mencioné capítulos atrás, desde que llegó a Estados Unidos, mi papá había trabajado en la construcción. Para cuando yo llegué a Santa Ana, trabajaba en una distribuidora de libros, donde preparaba cajas de libros y las cargaba en los camiones de envíos. El trabajo ahí era poco y el de la construcción no era muy adecuado para mí, que apenas era un adolescente. Así es que, tal como me había sugerido mi tía Nena, mi primer trabajo de este lado de la frontera fue juntar botes. Mi tía me enseñó lo que debía hacer, dónde encontrarlos, cómo prepararlos para el reciclaje, cómo hacer dinero y todo lo demás. Era tan generosa que también me daba las bolsas para cargar los botes que recolectaba.

Así es que todos los días me iba a los parques, a las partes de atrás de las tiendas, recorría calles y buscaba en bolsas de basura buscando botes. A veces, cuando estaba buscando botes en las tiendas, los encargados se asustaban porque quizá pensaban que me quería meter por la parte de atrás para robar algo. Cuando veía que se acercaban a mí, salía corriendo, no fuera a ser que llamaran a la policía. Después de que terminaba mi recolección, aplastaba las latas y me iba a la planta donde compraban latas y botes vacíos para el reciclado. En aquel entonces le pagaban a uno por el peso de lo que se entregara.

Mis tíos conocían muy bien el negocio porque también solían hacerlo, era una fuente de ingresos importante para ellos, pero no era su único trabajo porque además de recolectar botes, mi tío repartía tortillas para la panadería Ruben's de Santa Ana, California, y mi tía trabajaba en una fábrica.

Mis tíos fueron otra gran fuente de inspiración para mí y siempre estaré agradecido con ellos por la ayuda que nos brindaron cuando llegamos acá, por enseñarme con el ejemplo una fuerte ética de trabajo y por su extrema generosidad. Como mencioné anteriormente, mi papá y mi hermano vivían con ellos desde que llegaron. Aunque tenían más tiempo en Estados Unidos que nosotros y trabajaban arduamente, vivían modestamente, en una casa pequeña en un barrio en Santa Ana.

En aquel entonces, parte de mi agradecimiento solía mostrarlo barriendo el camino de entrada a la casa o lavando su carro de vez en cuando. Usaba refresco de cola con azúcar para que brillaran las llantas, aunque luego se hacía un panal de moscas, pero así se veían más negras las llantas —que conste que estoy hablando de las llantas del carro, no las de las panza—. Nunca les avisaba que iba a lavar el carro y, por supuesto, tampoco les pedía nada a cambio. Bastante hacían ellos por mí y por mi familia como para aprovecharme de ellos. Era mi forma de corresponderles.

Con mi tía también estoy muy agradecido porque fue justamente ella quien me insistió en que debía seguir estudiando.

—Eres menor de edad y en este país no puedes sólo trabajar —me dijo—, tienes que estudiar. Si no, te meten a la cárcel.

Esta última parte me asustó mucho, pero confieso que no fue lo único que me hizo ir a la escuela a inscribirme. También sabía que era bueno aprender de otras cosas, prepararme mejor, aunque me costara trabajo.

Una vez que mi tía me explicó los pormenores del oficio de recolector de botes, todos los días me iba yo solo a recorrer los parques, los basureros, la parte de atrás de tiendas y cualquier lugar donde creyera que podría haber latas vacías de refresco. Las sacaba, las apachurraba con el pie y luego las llevaba a vender a los lugares donde las recibían para el reciclado. Al final, todo el dinero que juntaba se lo mandaba a mi mamá.

La casa de mis tíos era muy pequeña y muy humilde y, como mencioné, nosotros nos quedábamos en un cuartito también muy pequeño. Para que se den una idea de la situación de la casa, piensen que el baño estaba afuera, en el patio trasero. Así es que, cuando salíamos de bañarnos, moríamos de frío. (Y peor cuando estaba lloviendo o cuando tenía que salir a las dos o tres de la madrugada para hacer mis necesidades fisiológicas). A veces ni siquiera salía agua caliente porque sólo había muy poca, y me acordaba del bóiler de casa de mis abuelos que a veces no calentaba y a veces calentaba de más. En cualquier caso, lo mejor era ser el primero en bañarse en casa de mis tíos porque al último casi siempre le tocaba agua fría. Ni modo, así eran las cosas, y eso siempre me impulsó a querer que mejoraran.

El barrio no era tampoco muy lujoso. De hecho, más bien era algo peligroso: era normal ver carros a los que les habían robado partes y, por las noches, solía escuchar balazos cerca de la casa. Me alegraba de no tener que estar en la calle a esa hora y, afortunadamente, ni a mí ni a mi familia nos pasó nunca algo que tuviéramos que lamentar.

Aunque la casa fuera muy pequeña y humilde, y el cuarto en el que nos apretábamos mi papá, mi hermano y yo quedara en un espacio fuera de la casa y fuera minúsculo, a pesar de que el vecindario pudiera ser peligroso, nunca olvidaré lo que significó contar con el apoyo de la familia y la calidez de los momentos que pasé con mi papá, mi hermano y mis tíos.

La convivencia se daba de vez en cuando porque la casa era tan pequeña, que ni siquiera cabíamos todos juntos en la mesa. Además, cada quién tenía horarios diferentes y llegábamos a horas distintas, pero nunca perdíamos la oportunidad de hablar y apoyarnos en lo que necesitáramos.

Esa es una de las grandes fortalezas de la familia: es el grupo en el que siempre podremos respaldarnos, donde encontraremos cariño y refugio cuando las cosas no estén bien, y donde podemos hablar de nuestro día y pasar momentos felices juntos.

Poco a poco me fui acostumbrando a mi nueva realidad y, con el tiempo, las cosas fueron mejorando, por lo que no tardé mucho en encontrar otros trabajos además de recoger y vender botes. Comencé a lavar carros en un *dealer* de autos usados que estaba por la calle Main en Santa Ana, cerca de la casa de mis tíos, y como si no fuera suficiente con lo que ya hacía, también empecé a trabajar de tiempo parcial en un laboratorio de fotografía en el que mi papá trabajaba de tiempo completo.

El laboratorio era de un señor de nombre Frank López y estaba también en la calle Main. Era pequeñito y se especializaba en revelar rollos de película de cámaras de fotografía. En aquel entonces las cámaras digitales prácticamente no existían y las fotografías eran capturadas en un rollo que después tenía que ser revelado en un cuarto oscuro, usando químicos y papeles especiales. El señor Frank fue muy amable conmigo y cuando le pregunté si podía ayudarlo trabajando, me dejó hacerlo. En el laboratorio me encargaba de revelar los rollos de fotografías que llevaban los clientes, de hacer ampliaciones de fotografías, de atender a los clientes cuando fuera necesario, de barrer y, cuando el trabajo estaba tranquilo, me ponía a limpiar las ventanas.

Con el primer dinero que gané lavando autos y un extra que me quedó de recoger botes, compré para mi mamá dos vajillas pequeñas que le guardé y se las entregué más o menos un año después, cuando llegó a Estados Unidos. Recuerdo que decidí comprarle dos cajas de cuatro juegos de platos para que se viera que era mucho. Quería sorprenderla. También me acordaba de los regalos que le hice a veces en Ocotlán para el Día de las Madres: en el mismo puesto donde vendían unas tortas que me gustaban mucho, vendían a plazos platos, cubiertos, vasos y tazas. A mí me gustaba comprarle cosas a mi mamá ahí, cosas que le fueran útiles.

A mi mamá la alegró mucho recibir las dos vajillas que le regalé, y comenzó a usar una de inmediato para servir la comida a toda la familia. Esa vajilla recibió tan buen uso —o quizá era de tan mala calidad— que ya no existe. Sin embargo, mi mamá no repuso esa vajilla con la otra que yo también le había regalado el mismo día, sino que decidió guardarla y nunca la usamos en casa. Muchos años después, cuando me casé con María, mi mamá se la regalaría pasada nuestra boda, contándole la historia. A María le hizo muy feliz enterarse de ella y estaba tan orgullosa que decidió usarla y, bueno, le dimos tanto uso que esa vajilla tampoco existe ya.

Fue en el cuarto oscuro de aquel estudio fotográfico donde mi papá me llamaría la atención una vez por haber llegado tarde. Es el episodio que cuento en el primer capítulo de este libro, cuando me dijo lleno de coraje que yo nunca haría nada en la vida. Su regaño fue muy hiriente, pero me hizo aprender mucho. Fortaleció mi carácter y mi decisión de hacer algo en la vida, de demostrarle que estaba equivocado.

Ese cuarto oscuro tiene un gran significado en mi vida no sólo por ese episodio con mi papá, sino porque fue ahí donde comencé a grabar demos en casetes mientras trabajaba. Para ese momento ya tenía algo de curiosidad de trabajar como locutor de radio, y veía esa como una buena opción.

Todo inició en una de las ocasiones en que mi papá estaba tomando fotos a actores en un teatro en Santa Ana —un trabajo para el que lo habían contratado—. Ahí conoció a Jaime Piña, un locutor de radio y alguien con quien estoy muy agradecido, y, como veía que me gustaba hablar con la gente y para ese entonces ya estaba yo trabajando a veces como maestro de ceremonias, a mi papá se le ocurrió decirle que yo tenía ganas de ser locutor. Jaime le dijo que él me podía dar clases de locución los sábados. Así es como empecé a ir a su estudio, donde él me ponía a leer comerciales en voz alta mientras acababa su show. Al ver cómo hacía el programa de radio y lo que hacían los que trabajaban con él, me empecé a sentir atraído hacia la radio. En el rato que pasábamos juntos, le pregunté a Jaime, sólo por curiosidad, qué tenía que hacer para convertirme en locutor. Él me dijo que tenía que hacer demos, grabaciones mías fingiendo que estaba conduciendo un programa de radio. Entonces —en el cuarto oscuro, o a veces en el baño en la casa—, grababa en casetes canciones de Los Bukis, Bronco, Vicente Fernández, Antonio Aguilar, Los Tigres Del Norte y de otros grupos de música y yo hacía la voz como si fuera el presentador de un programa de radio. Luego le mostraba esos casetes a mis amigos y a mi familia. A algunos les gustaba y otros hacían cara como de «ah, ¿qué onda con eso?». Pero eso nunca fue suficiente para desanimarme. Mientras más tiempo pasaba en la cabina o inventando programas de radio imaginarios, más me daba cuenta de que eso era lo que quería hacer en la vida. Seguí trabajando con todas las ganas y con el tiempo sentí que me había vuelto bastante bueno, y entonces empecé a llevar en persona esos demos a estaciones de radio.

Esta es una época de mi vida en la que también me invadió una necesidad grande de hacer muchas cosas. No sé si era el deseo de cumplir con el propósito que me había hecho de ayudar a mi familia a conseguir el dinero que necesitaba o si simplemente tenía demasiada energía o demasiada curiosidad o el apoyo y cariño de mis tíos y el empeño que veía que ponían todos los días ellos y mi papá en salir adelante, o todo eso combinado, pero cuando pienso en la cantidad de cosas que hacía en un solo día, a veces me sorprende pues me doy cuenta de que siempre se puede encontrar tiempo para realizar todo lo que uno quiere o necesita hacer. Lo único que se necesita es tener ganas.

De esa primera época en Estados Unidos sólo recuerdo puro trabajo, que vivíamos al día y que no nos podíamos dar lujos. Mis tíos se levantaban todos los días a las cuatro de la mañana para empezar su día. Yo me despertaba poco después para ir a la escuela a pie, y todos regresábamos a casa después de las diez de la noche. Llegaba temprano para estudiar y luego entraba a clases. Al salir, jugaba futbol en el equipo de la escuela. Salía como a las cuatro de la tarde y de ahí me iba al laboratorio fotográfico, donde trabajaba de seis de la tarde a diez de la noche. En el camino y en cualquier oportunidad que tenía, y los fines de semana, me ponía a recolectar botes. También ponía una bolsa en el laboratorio y pedía a todos que echaran ahí botes y latas vacíos. Con ese ritmo que llevaba de lunes a viernes me habría merecido parar para descansar el fin de semana, ¡pero ni eso hacía! El sábado y el domingo, además de juntar botes, me levantaba temprano para ir a lavar autos en otro trabajo que había conseguido.

Después también empezaría a trabajar de vez en cuando como

maestro de ceremonias, o en labores de limpieza en edificios, o como extra en películas, sin dejar de ser estudiante de *high school* o preparatoria...

En esos primeros tiempos en Estados Unidos recuerdo que extrañaba mucho a mi mamá y a mi hermano Édgar, a mis abuelos y a mis tíos que seguían en México. También extrañaba a mis amigos de Ocotlán.

La comida sabía diferente y extrañaba lo que comía en casa. Alguna vez mi prima Yolanda, hija de mis tíos Nena y Manuel, me preguntó qué comida extrañaba más y le dije que las enchiladas de pollo que me preparaba mi mamá. Ella se ofreció a hacerme unas, ¡y me enfermé! Estaban super grasosas y durante varios días anduve con dolor de estómago, pero siempre le he estado agradecido por el gesto que tuvo conmigo. Detalles como el de mi prima Yolanda, aunque salgan mal, nos ayudan a los inmigrantes a sentirnos mejor de ánimo, queridos y cuidados.

Además de extrañar a la gente que había dejado en México, era difícil acostumbrarse a vivir en un lugar nuevo donde no hablaba el idioma y en el que no sabía cómo llegar de un lugar a otro. Recuerdo que a veces me perdía dando vueltas por una misma cuadra, o pensaba que estaba en el mismo lugar que minutos antes. «Áchis, se me hace que por aquí ya pasé», pensaba a veces porque todas las casas y los edificios me parecían iguales.

Sin embargo, no todo era negativo. Cuando llegué por primera vez a la escuela y vi el edificio me quedé sorprendido. Aún más cuando vi que había *lockers* en los pasillos, algo que no teníamos en la escuela en Ocotlán. También me emocioné mucho cuando descubrí que, por ser miembro del equipo de futbol de la escuela, me daban un uniforme. Luego me desilusioné un poco cuando me dijeron que era prestado. Pero, bueno, ¡nos daban un uniforme para jugar! Eso era algo que tampoco tenía antes.

Ese tipo de ventajas que nos brinda el país que nos recibe hay que saberlas aprovechar porque pueden ayudarnos a hacer mejor las cosas y a salir adelante.

CAPÍTULO 11

« ESTE TRABAJO NO ES FÁCIL, MEJOR ESTUDIEN »

Si pusiera en mi hoja de vida todos los trabajos que he hecho, se encontrarían con que fui recogedor de botes, lavador de autos, ayudante de fotógrafo... y, además, maestro de ceremonias e incluso extra de películas. Pero, un momento, ¿cómo fue que me convertí en maestro de ceremonias? ¿O en extra de películas de Hollywood?

La historia de cómo me convertí en maestro de ceremonias comenzó porque a veces algunos clientes del laboratorio fotográfico preguntaban si había alguien que pudiera tomar fotografías en sus eventos. Como el laboratorio no tenía ese servicio, mi papá, que nunca deja pasar una buena idea, decidió ofrecerse para hacerlo y ahorró para comprar una cámara usada que consiguió en un *swap meet* junto con el equipo necesario para ir a bodas, quinceañeras, bautizos, cumpleaños y lo que se ofreciera. Entonces, a los clientes que preguntaban, él mismo se ofrecía para hacerlo. Dar el paso para que lo contrataran era sencillo porque los clientes ya conocían a mi papá y además, había una cuestión práctica: todo lo conseguían en un solo sitio y se ahorraban el tiempo que les tomaría contactar a otra persona. Al dueño del laboratorio también le convenía que mi papá ofreciera sus servicios de fotógrafo porque sabía que traería las fotos a revelar a su negocio. Y es que además los clientes también salían beneficiados: mi papá era un buen fotógrafo porque contaba con varios años de experiencia, desde que en su juventud había trabajado en distintas partes de México tomando fotografías y siempre todas las fotos que tomaba le salían muy bien y los clientes quedaban contentos. Entonces al final, todos salían ganando.

Yo lo ayudaba cargando el equipo. Además de la cámara, se necesitaba un tripié —así es como llamamos en México al trípode— y unas pantallas muy grandes para regular la luz. Ahí me veías llevando todo eso de la iglesia donde había sido un bautizo a la casa, y luego de la casa a una quinceañera y otro día a una boda... De fiesta en fiesta pero siempre trabajando.

Un día fuimos a tomar fotos en una quinceañera y el maestro de ceremonias no llegó. De inmediato mi papá, que, de nuevo, nunca deja pasar una oportunidad, le dijo a los papás de la niña que él podía hacerlo. Evidentemente él nunca había hecho nada semejante en Estados Unidos. La verdad es que le salió bastante bien. Al final, él ya tenía experiencia presentándose en público porque siempre participaba en las representaciones religiosas de la iglesia en Ocotlán, y solía ir también a la radio local para poner música. Además, mi papá siempre fue muy carismático y tiene un gran «don de gentes». De esa primera ocasión en que hizo de maestro de ceremonias emergente le salieron otras ofertas.

Como a veces yo lo acompañaba a las fiestas en que participaba como maestro de ceremonias para ayudarlo tomando fotografías, poco a poco me empezó a gustar eso de presentar a la gente y la música y cada uno de los actos de la fiesta, por lo que le pregunté si podía hacerlo. La oportunidad llegó un día sin que yo me lo esperara, porque mi papá se acercó a mí durante una fiesta en la que estábamos trabajando y me dijo:

—Ándele, m'ijo, presente a los padrinos.

Y de pronto estaba con el micrófono en la mano animando a la gente, diciéndoles cosas como:

—Pónganse a bailar, que esto es un bautizo, no un velorio.

Y funcionó, porque la gente se puso a bailar, reír y cantar.

Supongo que no hice un mal papel, porque poco después comenzaron a invitarme a mí también a ser maestro de ceremonias en otras fiestas. Aunque era un trabajo que disfrutaba mucho, no sacaba mucho dinero de ahí. O mejor dicho, solía no ganarme un solo centavo porque normalmente pagaban con birria y frijoles. No me pagaban así porque yo fuera muy joven o simplemente un novato, sino que era lo que se acostumbraba. De todas maneras no podía quejarme, no sólo me estaban dando la oportunidad de prepararme para actuar mejor frente a un micrófono y una audiencia —aunque, como ya mencioné, en ese entonces aún no sabía que terminaría como locutor—, sino que me permitían comer delicias que normalmente no comía todos los días, y también me divertía platicando y conociendo gente nueva.

Aunque se trata de trabajos distintos, ser maestro de ceremonias y ser locutor tienen algo en común: uno habla a través de un micrófono a una audiencia. En ambos trabajos, es importante poder improvisar. Por ejemplo, si un invitado a la fiesta se cae bailando, hay que ser veloz y decir algo gracioso que mantenga el espíritu de la fiesta, como «y nos sorprenden con un movimiento de *breakdance*», o algo así. Lo mismo pasa cuando uno está al aire y sucede algo imprevisto. Ser maestro de ceremonias era un reto y me daba mucho gusto hacerlo, casi tanto como el trabajo que hago de locutor.

En algún momento también comenzó a llamarme la atención la posibilidad de trabajar en el cine porque a veces veía películas y pensaba que me gustaría poder representar un personaje y divertir a la gente con ello. Y bueno, si además podía ganar un poco de dinero haciéndolo, mejor aún. Recuerdo que alguna vez vi que en el periódico anunciaban la contratación de extras para participar en una película y pensé que quería participar en una película y divertir a la gente. En esa ocasión no pude ir al *casting* porque tenía otras cosas que hacer, pero comencé a buscar más y más anuncios de trabajos o pruebas en el cine, la televisión o la radio.

De las películas en las que participé como extra en ese entonces, la que más recuerdo es la de *Terminator 2*. En ella salgo caminando entre la gente en el *mall* de Santa Mónica cuando una ventana enorme de un negocio es quebrada por Schwarzenegger. Trabajar cerca de un actor tan famoso me hizo desear más seguir presentándome para actuar en películas y me inspiró para mejorar y ser alguien en la vida. Arnold Schwarzenegger había llegado años antes a Estados Unidos como inmigrante, lleno de sueños y planes y, trabajando duramente y con empeño, había llegado a convertirse en un actor importante y una persona respetada. Además, era muy amable con los extras y no tenía ningún problema en acercarse a nosotros. Recuerdo que, cuando tenía que repetir alguna escena que había salido mal, nos decía: «Ya ven, por eso hay que estudiar. Este trabajo no es fácil, mejor estudien».

Participar como extra en películas significaba que tenía que destinar prácticamente un día entero a eso, y a veces la paga no era muy buena, pero vaya que me gustaba hacerlo y me divertía mucho. Aunque hasta el momento no me he dedicado al cine por completo, el deseo de participar en películas y aparecer en la pantalla grande es algo que no he abandonado.

También recuerdo haber aparecido una vez en un programa de televisión en español en esa época. Se llamaba «Hablemos de cine» y lo conducían Humberto Luna y Jorge Elías. A veces yo les pasaba mis reseñas de películas que había visto en el cine, y en una de esas ocasiones me pidieron que leyera una en vivo.

Pero trabajar y buscar opciones para hacer dinero y ayudar a mi familia no era lo único que tenía que hacer. Como mencioné, mi tía Nena me había convencido de que debía seguir estudiando y me dijo qué escuela me correspondía por el barrio donde vivíamos. Es así que fui y me inscribí en una escuela secundaria de nombre Saddleback High School.

Como no hablaba inglés, me integraron a las clases de ESL —English as a Second Language o inglés como lengua extranjera—, que no me sirvieron de mucho porque, como ya he contado, no era muy bueno para estudiar. Y ahora, en otro país donde se hablaba otra lengua, menos, por lo que todos los años que estuve ahí, tuve que tomar clases de ESL con otros estudiantes extranjeros, no sólo latinos, aunque nosotros éramos la mayoría. Es más, estuve a punto de no graduarme porque andaba muy mal con el inglés y con las demás calificaciones.

Por ser estudiante de ESL, algunas materias como Matemáticas tenía que tomarlas completamente en inglés, pero otras, como Inglés, Historia o Ciencias, las tomaba con otros estudiantes que no hablaban la lengua. En esas clases, un traductor nos explicaba el contenido de las materias. Es decir, había un maestro que daba la clase en inglés, y otro que traducía lo que el maestro decía. Esto hacía que las clases fueran lentas y tardáramos más en terminar cada uno de los libros de texto —¡y a veces ni siquiera los terminábamos!—, lo que nos dejaba muy mal preparados para los exámenes en comparación con aquellos que hablaban inglés. Me pregunto por qué nos va mal a los inmigrantes cuando estamos en la escuela. La mayoría llegamos en condiciones difíciles y sin hablar el idioma. Después vamos a una escuela donde necesitan que aprendamos inglés muy rápido, y muchas de las materias las tomamos a la mitad. Al final, hay que responder los exámenes generales, como todos los demás. Pero muchas veces llegamos mal preparados. Es verdad que hay muchos maestros que realmente hacen un esfuerzo y le ponen muchas ganas a su trabajo para que los inmigrantes aprendamos, pero el sistema necesita cambiar algunas cosas, asegurarse de que en verdad estemos aprendiendo bien y evitar que tantos jóvenes se cierren oportunidades al no poder completar sus estudios.

Recuerdo que seguido no entendía lo que me decían los maestros o los conceptos que explicaban. Un ejemplo que tengo muy grabado en la cabeza es el de la raíz cuadrada: apenas podía hacer sumas y restas —que nunca aprendí bien en Ocotlán porque nomás no me entraban los números— y ahora ya me estaban pidiendo que sacara raíces cuadradas ¡en inglés! En cualquier caso, lo importante era no desesperarse y seguir haciendo un esfuerzo para entender y sacar buenas notas. Aunque con frecuencia no lo lograba.

Por otro lado, quienes no hablábamos inglés, teníamos unos consejeros especiales, a quienes solía acercarme y plantearles mis inquietudes.

—No sé qué hacer en la vida. No sé qué hacer —les confesaba.

Ellos solían tratar de entender mi situación y mis dudas y me ofrecían consejos, pero yo seguía sintiendo angustia por lo que sería de mí en el futuro. A pesar de que trabajaba mucho y me gustaba hacerlo, no tenía claro cuál sería mi futuro en este país. No pensaba lavar autos, recoger botes o revelar fotografías para siempre. Sólo sabía que tenía unas ganas enormes de salir adelante y hacer algo. Pero, ¿qué sería?

Recuerdo que a veces, algunos maestros me regañaban. Uno en particular me llamaba la atención porque yo hablaba mucho con mis demás compañeros, además de que les contaba chistes en medio de las clases. Era una costumbre que tenía desde que era niño en Ocotlán y que ya me había traído problemas con los profesores. La diferencia es que aquí sólo me llamaban la atención o me imponían algún castigo, pero nunca me castigaron a palos.

—¡No te rías! —les decía en voz baja a mis compañeros cuando una broma los hacía reír.

En esos momentos era inevitable que el maestro me descubriera. Si ya me había llamado la atención anteriormente, me pedía entonces que saliera del salón.

—Vas a ver —recuerdo haberle respondido en más de una ocasión a mi maestro de inglés—, me vas a necesitar en la obra de teatro y no te voy a ayudar con ideas, para que se te quite.

La realidad es que eso no estaba lejos de ser cierto porque ese mismo maestro era quien organizaba las representaciones teatrales y yo era miembro del grupo de teatro de mi clase. No sólo me gustaba actuar sino que siempre estaba dando ideas y trabajando duro para los montajes.

Para ese entonces ya tenía un poco más de curiosidad por la radio, y las experiencias en el escenario y lo mucho que me gustaba hacer reír a mis compañeros en clase contándoles chistes fueron poco a poco haciendo que mi vocación se fuera haciendo más clara.

Con el transcurso del tiempo, me di cuenta de la realidad: sería muy poco probable que pudiera graduarme porque mis notas andaban muy bajas. Estaba un poco perdido pensando en qué hacer. Podía simplemente dejar la escuela y dedicarme de lleno a trabajar y a hacer dinero; al fin y al cabo nunca había sido bueno estudiando. Pero mi tía Nena me insistió mucho que era muy importante obtener el diploma de *high school*. Me dijo que eso me ayudaría a encontrar un mejor trabajo, con un sueldo más alto y en una posición estable. Yo en ese momento no sé si entendí del todo la importancia de ese diploma, pero mi tía Nena es muy convincente y terminé por hacerle caso y me puse como propósito obtener ese diploma, a como diera lugar.

Además de las ventajas que me daría obtener el diploma según lo que me había explicado mi tía, hubo una razón más que me impulsó a obtener buenas calificaciones: el equipo de futbol. Estoy hablando, por supuesto, del equipo de futbol soccer. Si hubiera querido jugar en el equipo de futbol americano, ¡por mi estatura sólo lo habría podido hacer como balón! En fin, lo importante es que era indispensable contar con notas más o menos decentes para poder formar parte del equipo.

Lo primero que hice para tratar de subir mis calificaciones fue empezar a pedir a mis amigos que me pasaran sus notas cuando yo no había entendido algo. Casi todos se comportaron siempre como verdaderos buenos amigos y me prestaban sus cuadernos. Algunos, durante los exámenes, incluso se ponían espejitos en la punta de los zapatos para que yo pudiera ver las respuestas, o me prestaban sus «acordeones», las notas escondidas o en clave que algunos hacían para poder encontrar fácilmente las respuestas del examen y engañar al maestro al mismo tiempo.

No siempre tuve buena suerte y en más de una ocasión me descubrieron haciendo trampa.

—No, profesor, pero no estaba viendo —les decía.

—Sí, estaba viendo, no me diga que no —me replicaban. E invariablemente terminaba en la oficina del *principal*, el director de la escuela. Por tramposo, solían ponerme a limpiar los baños el sábado como castigo.

Pero hacer trampa no era la única forma en que lograba salir adelante en la escuela. De hecho, era sólo el último recurso porque hacía el mayor esfuerzo por estudiar en cualquier momento que tuviera libre. De la casa me iba a pie a la escuela, pero después de clases agarraba un autobús y me ponía a estudiar, ya sea que fuera a casa o a uno de mis muchos trabajos. También estudiaba de camino de cualquiera de ellos hacia otro o hacia mi casa.

A veces también usaba el cuarto oscuro del laboratorio fotográfico para estudiar, cuando no había mucho trabajo que hacer. Aprovechaba además los momentos antes de ir a dormir para estudiar un poco más, aunque, con el cansancio de las diez de la noche de un día pesado, no era raro que me quedara dormido mientras lo hacía. Finalmente, en la mañana solía irme más temprano a la escuela y me ponía en la mesa de la cafetería a repasar mis apuntes y tareas. Recuerdo que mi tía me ayudó a conseguir que en la escuela me dieran un cartón de leche y galletas de chocolate, lo cual ciertamente era de gran ayuda para entender mejor lo que estaba leyendo. Poco a poco iba aprendiendo un poco mejor el inglés, aunque para hablarlo bien todavía me faltarían muchos años.

De todas maneras, a pesar de mis esfuerzos, estuve en riesgo de no terminar. No me quedó más remedio que comenzar a tomar clases extra para ponerme al corriente y me inscribí en la escuela Valley High School en el turno de la noche. Ahí repasábamos las materias en las que nos había ido mal, lo que nos daba otra oportunidad de presentar de nuevo el examen y aprobar. Fue una buena decisión porque, aunque realmente me costaba mucho trabajo no quedarme dormido después de los días tan agotadores que pasaba —iba a la escuela, participaba en las actividades extra, en el equipo de futbol y tenía más de un trabajo—, inscribirme a esas clases fue un salvavidas que me permitió obtener el diploma de *high school*. Cuando en mi graduación tuve el diploma en mis manos sentí que había alcanzado un sueño, el primero de muchos más que vendrían después.

Por eso es muy importante que nunca nos demos por vencidos, no importa lo difícil o inalcanzable que nos parezca algo. Al final, los esfuerzos rinden frutos.

Fue también en esta época cuando obtuve mi apodo de Piolín. Como es común a esa edad, los muchachos suelen darse muchos apodos unos a otros. Por ejemplo, en México, en la primaria, me decían «El Sope», por chaparro.

Aquí, mis amigos latinos me empezaron a decir «Piolín» porque estaba pequeño, delgado, ojón y cabezón —como el personaje de la caricatura que todos veíamos cuando éramos niños—, y hacía unas jetas muy grandes que provocaban que la cabeza se me viera aún más grande. Al principio el apodo me enojaba, pero después me gustó.

Pienso que aprender inglés no sólo me costó trabajo por tratarse de un nuevo idioma o porque tenía la cabeza metida en tantas cosas, sino que también en la prepa solía juntarme más con los demás estudiantes latinos que hablaban español. No quería extrañar mi tierra, mi gente, y con ellos me sentía más en contacto con lo que había dejado atrás. Pero lo que no entendía en ese entonces era que habría sido mejor acercarme a los de aquí, aunque no supieran español, porque eso me habría ayudado a entender mejor el país al que había llegado y me habría presionado a aprender mejor el inglés.

Además, juntándome sólo con latinos que hablaban español me mantenía en un mundo separado al de mis compañeros que hablaban inglés, y eso hacía más difícil que me integrara a este país.

Por otro lado, no entender bien el país al que llegaba podía dar lugar a malos entendidos, algunos de ellos, graciosos. O, mejor dicho, ahora me parecen graciosos. Por ejemplo, tenía poco tiempo de haber llegado a Estados Unidos cuando un día unos amigos me invitaron a comer hamburguesas. Todo iba bien hasta que algunas de las personas con las que íbamos empezaron a comerse las hamburguesas ¡con cubiertos! Entonces, aprovechando un momento en el que se distrajeron, sin que se dieran cuenta guardé la hamburguesa en una servilleta. Luego, después de que me despedí de ellas y de mis amigos, en el camino a casa, me la comí usando las manos.

CAPÍTULO 12

LA RADIO COMIENZA A SONAR

*C*uando era pequeño, mi papá solía visitar Radio Ocotlán, donde «hacía sus pininos» y a veces lo dejaban salir al aire presentando algunas canciones o segmentos de algún programa. Lo mismo hizo mi hermano mayor algunos años después, pero ninguno de los dos siguió el camino de la radio. Pienso que simplemente fue una especie de pasatiempo para ellos. Además, a mi papá terminó gustándole más el teatro y por eso nunca dejó de participar en México en el grupo de teatro de la iglesia.

En aquel entonces, cuando yo era niño en México, me imaginaba que cuando presentaban a Vicente Fernández en la radio, él estaba ahí, en persona.

—¡Llévame a la radio, papá, llévame! —le pedía yo siempre hasta que logré que me llevara y descubrí que había estado equivocado porque los músicos no estaban ahí.

En mi infancia, trabajar en la radio no era algo en lo que yo pensara, pero recuerdo muy bien que, cuando escuchaba la programación de la estación local, me llenaba de alegría. En el taller mecánico de mi tío al que le decíamos "El Chanclazo", poníamos la radio a todo volumen y eso nos ayudaba a trabajar mejor, y lo mismo sucedía en el taller de bicicletas.

Además, en la casa en Ocotlán escuchaba mucho la radio, como cuando me ponía a hacer alguna tarea casera. Mi mamá nos ponía como condición para salir a jugar futbol con los amigos que primero deberíamos barrer, trapear o lavar los trastes, o limpiar el baño o hacer cualquier cosa para ayudar en las labores de la casa. Entonces, para ayudarme a hacerlo con gusto, encendía la radio.

Mi música favorita era la de Bronco, la de Vicente Fernández, la de los Bukis, la de Pedro Fernández, la de Antonio Aguilar y prácticamente toda la música mexicana que transmitieran. Recuerdo que el programa que más hacía volar a mi imaginación era el de «La hora de las complacencias». Tengo aún hoy en día muy grabada en la mente la voz del locutor y lo que decía cuando entraban las llamadas.

—¿De dónde nos hablas?

—Hablo de Jamay —(o de Poncitlán o de Tototlán o de alguno de los lugares a donde llegaba la señal de aquella estación que, por cierto, aún existe).

Luego, la persona que llamaba decía qué canción quería que tocaran y a quién quería dedicarla. Entonces, el locutor le agradecía por haber llamado, ponía la canción y decía:

—Aquí va a cantar Pedro Fernández su tema «Coqueta», con cariño para todas las chicas que nos hacen voltear a verlas.

Ese era el momento en que me emocionaba pensando que ahí en el estudio estaban los artistas. «¿Cómo le hace para tener ahí a todos? ¡Qué bárbaro!», decía para mis adentros. No fue sino más tarde que me enteraría de la realidad.

Por supuesto, yo quería que pusieran las canciones que más me gustaban y llamé varias veces. Supongo que todo mundo quería lo mismo porque nunca entró mi llamada, pero eso no me quitaba el entusiasmo.

Cuando llegué a Estados Unidos comencé a familiarizarme con la programación de acá y en poco tiempo empecé a buscar con gusto el programa de Humberto Luna porque me divertía mucho escucharlo. Sus chistes y bromas me parecían muy graciosos, sobre todo los que hacía uno de sus personajes, Doña Kika, que me hacía reír mucho.

Poco después de terminar la preparatoria, cuando tenía diecinueve años, un día fui a un evento que organizó una estación local de nombre Radio Éxitos. En el evento conocí a varios locutores como Ricardo Manzanares, Ramón Valerio, Francisco Moreno, Renán Almendárez, Mario Fernando y Víctor Méndez, y rápidamente hice amistad con ellos. Algunos me invitaron a que los visitara en sus oficinas para que les echara la mano y aprendiera un poco, y en agradecimiento empecé a llevarles comida: unos burritos un día, unos tacos otro, un poco de pan otro día más... Yo sabía que no me darían oportunidad de trabajar ahí, pero me fui ganando su confianza y poco a poco me fueron permitiendo que les ayudara con la limpieza o sirviendo el café. A veces me querían pagar por la comida, pero yo siempre les insistí en que lo hacía por agradecerles la oportunidad que me estaban dando de aprender.

—También tengo hambre —les decía.

Y vaya que la tenía: quería aprender y crecer, ser mejor cada día.

Ahí conocí a un locutor de nombre Ramón, quien además tenía un negocio de servicio de limpieza para oficinas y apartamentos. Ramón es un hombre muy trabajador y movido a quien siempre he admirado y de quien aprendí mucho. Él me dio la oportunidad de trabajar en su empresa, que operaba en Irvine, cerca de Santa Ana, y donde estaba el hotel Hilton donde trabajaba mi hermano lavando platos.

Siempre le agradecí mucho a Ramón porque me dio la oportunidad de trabajar para él.

Una de las maneras en que solía mostrar mi gratitud era dándole aviso de las cosas que sucedían en los apartamentos, como cuando alguien se robaba el papel del baño. Quise convertirme en sus ojos dentro de la compañía, pero sin afectar a mis compañeros, por lo que primero trataba de convencerlos de que no hicieran cosas deshonestas.

A veces, los problemas o las urgencias que tenemos nos hacen olvidar lo importante que es estar agradecido con las personas que nos dan la mano y nos abren la puerta. Por eso me parecía importante recordarlo a mis compañeros de trabajo.

—No inventen, nos están dando trabajo —solía decirles—. Mejor pidan eso que quieren.

Y muchos así lo hacíamos. Ramón apreciaba mucho que le pidiéramos las cosas y no que las robáramos a escondidas. Por ejemplo, si yo le decía:

—Oye, Ramón, ¿me das chanza de llevarme un rollo de papel del baño?

Él me respondía que sí. Nunca hubo problema con ese tipo de cosas.

Por otro lado, varios de los trabajadores que poco a poco se fueron incorporando a la empresa de Ramón eran conocidos míos que yo había llevado ahí. Yo sólo recomendaba a los más trabajadores y siempre les insistía en que había que estar agradecidos por la oportunidad que se presentaba, por lo que no debían hacer nada deshonesto, y si veían algo indebido debían decirlo a la persona que lo estaba haciendo. Si esta no hacía caso, pues entonces debían informárselo a Ramón.

Recuerdo que a ese trabajo solía llegar bien desvelado, cargando mi bote para la limpieza —donde ponía mi aspiradora, mis trapos y el líquido para limpiar las ventanas—. Estaba tan cansado que a veces me quedaba dormido ¡parado! en el cuarto donde se guardaban las cosas del aseo. El cuarto era tan pequeño que sólo cabía el bote de la limpieza, y yo me metía de alguna manera para poder descansar un poco antes de seguir echándole todas las ganas. Cerraba la puerta para que no me viera la encargada de los apartamentos y ahí me quedaba un rato, después salía y encendía mi radio, que siempre me hacía compañía, y me ponía a trabajar tan rápido como pudiera para recuperar el tiempo que había usado para recargar las pilas.

En uno de esos edificios, mi trabajo consistía en aspirar los apartamentos que quedaban vacantes cada que un inquilino los desocupaba. En una ocasión, un perro se metió en uno de esos apartamentos cuando nadie estaba viendo e hizo un desmadre. Cuando llegué y vi lo que había pasado me enojé muchísimo. Tuve que pasar casi un día entero limpiando y desinfectando y desmanchando todo. Por supuesto, la encargada del edificio me preguntó por qué había tardado tanto limpiando un solo apartamento, pero tuve miedo de que me llamara la atención y no me atreví a decirle lo que había sucedido.

En ese mismo edificio vivía una pareja de personas mayores que siempre me miraban mientras yo esperaba a que mi hermano o algún amigo pasaran a recogerme después de que terminaba de trabajar. De vez en cuando, sobre todo en el verano, solían salir a darme un vaso de agua para ayudarme a resistir mejor el sol tan duro de la época.

Esa pareja tenía un Buick color azul cielo un poco viejo y quemado por el sol porque no lo movían de su lugar en el estacionamiento, que estaba al descubierto. Un día le pregunté a la señora si no les interesaría venderme el carro y, si era así, cuánto querían por él. Ella me dijo que le preguntaría a su esposo y así lo hizo, me pidieron mil dólares por él y decidí comprarlo usando dinero que tenía ahorrado.

Comprar el carro era una buena inversión porque ya no tendría que estar esperando los autobuses o a que pasaran por mí. Con el tiempo extra podría hacer más cosas y seguramente ganaría un poco de dinero extra, y poco a poco fui arreglando ese carro para que se viera mejor. También le compré un estéreo porque los señores habían mantenido el original, una radio muy simple y con mala recepción. Pero el estéreo que compré no era un típico estéreo de autos, sino uno portátil que ponía en el piso del Oldsmobile para escuchar música. Se escuchaba a todo dar.

El gusto y la alegría de tener mi propio auto no me duraron mucho porque poco tiempo después de haberlo comprado, un día fui a Oxnard y lo dejé afuera de la casa, estacionado en la calle. ¿Se acuerdan de la historia de la bicicleta? Pues fue como volver a vivirla, pero muchos años después.

Cuando regresé a casa empecé a preguntar por mi carro porque no estaba en el lugar en el que lo había dejado. Esta vez no tuve que esperar mucho para enterarme de lo sucedido porque mi hermano estaba en casa en ese momento.

—Me lo robaron —me dijo.

«No otra vez», pensé.

—No marches, no —le dije.

—Sí, me lo robaron.

—¿Lo reportaste a la policía?

—No.

—Carnal, de veras que no valoras. Me costó mucho comprar ese carro, ¿por qué haces eso? —le dije con mucho dolor. Me sentía muy decepcionado de él y también me dolía saber que ya no tenía el carro que había comprado y arreglado con tanto esfuerzo y que me servía tanto.

Mi hermano siempre insistió en que se lo habían robado, pero yo no quise escuchar muchas explicaciones ni averiguar más. Dejé de hablarle por un tiempo porque en verdad estaba enojado con él.

Pasó un tiempo y yo todavía sentía que no podía perdonar a mi hermano por lo que había hecho. Pero un día en que fui a la iglesia hablaron de la importancia del perdón y entendí qué era lo que debía hacer. Yo en realidad no soy una persona que guarde rencores y no tenía sentido que no le hablara a mi hermano. No esperé a que él me pidiera perdón, mejor le hablé por teléfono para saber cómo estaba y él se sorprendió por mi llamada porque sabía muy bien por qué estaba enojado con él y probablemente no se equivocaba. Ahora no recuerdo qué nos dijimos exactamente, pero no mencioné el carro. Simplemente le hablé para saludarlo, para saber cómo estaba. Fue muy bueno porque pudimos reconciliarnos. Cuando terminamos de hablar, sentí que se me había quitado un peso enorme de encima. Al fin de cuentas, no sólo somos hermanos, sino que los dos siempre habíamos sido muy cercanos y los dos apoyábamos mucho a nuestros papás.

En aquel entonces mi carnal estaba ya perdido en el alcohol, trabajaba de lavaplatos en el Hilton de Irvine y, cuando le pagaban, se iba a tomar con sus «amigos». En eso se gastaba su dinero, el cheque completo.

Yo también tenía algunos «amigos» que me invitaban a tomar licor o a drogarme, pero siempre les dije que no. Los rechazaba principalmente porque veía cómo se estaba haciendo daño mi hermano, a quien solía buscar en las cantinas a la una o dos de la mañana. Borracho, mi hermano me llegó a golpear varias veces porque yo me lo quería llevar a la casa, sacarlo de ahí. En esas ocasiones, sus amigos también se enojaban conmigo y me echaban pleito. Me querían golpear porque yo iba y le decía a mi hermano, a veces delante de ellos:

—Estos cuates nomás te buscan cuando te llega el cheque con el dinero que ganas, y mi jefa está allá en México y necesitamos ayudarla. ¿Qué estás haciendo?

La verdad es que no me importaba que sus amigos me amenazaran porque, aunque yo estaba más chaparro que ahora y era más bien flaco y débil a pesar de que hacía ejercicio, me dolía mucho ver a mi hermano así y quería hacerle entender que eso que hacía no estaba bien, que sólo se dañaba y nos hacía daño a nosotros.

Ojalá las cosas fueran tan simples como eso. Luchar contra una adicción como la de mi hermano es muy difícil, y su caso no fue la excepción.

Como mi tío Raúl —que estaba de viaje de negocios en Estados Unidos— vio que mi hermano seguía echándose a perder con el alcohol y eso no le gustaba, y mi hermano tampoco quería que mis tíos lo vieran tomado para que no le dijeran nada, entonces sugirió que nos fuéramos, mi hermano y yo, a un apartamento en el que ya vivían otros amigos suyos, todos paisanos de Ocotlán. De esa manera, mi hermano no preocuparía a mi familia con sus desmanes de borracho. Mi hermano estuvo de acuerdo y nos mudarnos. En total eran como seis, más mi hermano y yo, en un apartamento de dos cuartos. Era uno de esos departamentos en los que uno tenía que poner su nombre en su propio tarro de leche para evitar que otro se la tomara. Me tocaba dormir en el suelo de la sala cuando mi hermano tomaba con sus amigos. Yo era el único que no tomaba y recuerdo que tampoco podía dormir porque tenían música de Los Freddys, Los Caminantes, Los Temerarios, Los Bukis, Vicente Fernández, Los Yonics, José José, Ramón Ayala, Joan Sebastian y muchos más a todo volumen. Parecía cantina. Al día siguiente me iba todo desvelado a la escuela. También iba triste de ver cómo mi hermano no me hacía caso de dejar de tomar. Con el tiempo lo convencí de que regresáramos a vivir con mis tíos Manuel y Nena. Pero las cosas siguieron igual.

Otra cosa que hice después de terminar la prepa, fue meterme a una clase de actuación para comerciales en el Rancho Santiago College, en Santa Ana. Cursé sólo un semestre porque con tantos trabajos, simplemente no pude continuar. Y bueno, en realidad tampoco tenía dinero para pagar la clase. O comía comida, o comía letras... la opción era clara. Hasta la fecha esto es algo que me sucede seguido: quiero hacer demasiadas cosas al mismo tiempo y me cuesta trabajo decir que no a algo o a alguien que me pide que haga cualquier cosa para ayudarlo. De todas maneras, tomar ese curso, aunque no lo haya acabado, me fue muy útil porque me enseñó técnicas que después pondría en práctica.

Al mismo tiempo, seguí construyendo mi amistad con los locutores de Radio Éxitos mientras seguía sin que en esa o en otras estaciones me dieran la oportunidad de trabajar porque me decían que no tenía experiencia. A pesar de eso, no me desanimaba y continuaba grabando mis demos y enviándolos a distintas emisoras.

«No marches, se escuchan a todo dar, pero no tienen tiempo de atenderme porque están ocupados», pensaba yo cada que las secretarias me rechazaban. Después me di cuenta de que cada que las secretarias de las estaciones de radio de Los Ángeles, Riverside, Ontario, San Bernardino y muchos lugares más me decían que las personas que estaba buscando no podían atenderme porque tenían alguna reunión o se encontraban atendiendo otros asuntos, y me pedían que dejara los demos para que los escucharan y me hablaran si les interesaba, me estaban dando la oportunidad de grabar un caset nuevo que me quedaría mejor.

Esas son cosas de las que a veces no nos damos cuenta: cada rechazo nos permite aprender de nuestros errores y hacer mejor las cosas la próxima vez que lo intentemos. Ya para ese entonces, como se podrán dar cuenta, la radio, ahora sí, me gustaba mucho y la veía como una opción real para desarrollarme profesionalmente. Por eso no dejé de insistir y aproveché todas las oportunidades que me dieron para aprender.

Mi mamá y mi hermano Édgar —el menor— llegaron de México cuando yo tenía diecisiete años y todavía estudiaba la prepa. Después de un año de que llegaron, salimos de casa de mis tíos porque ya no cabíamos, y nos mudamos a un departamento. El vecindario era mejor y más seguro, estaba en el centro de Santa, por el Santa Ana Boulevard y la calle Spurgeon, como a tres cuadras de la calle 4. Mi papá había dado con ese departamento de camino al laboratorio fotográfico donde trabajábamos.

Además de la mejoría en el vecindario y de que nos permitiría contar con dos recámaras para toda la familia —una mejora enorme con respecto al pequeño cuarto que usábamos en casa de mis tíos—, tenía la gran ventaja de que quedaba cerca del trabajo de mi papá, lo cual le daba más tiempo para estar con nosotros y le evitaba llegar tarde porque se hubiera descompuesto su carro o porque el autobús no hubiera pasado. En ese departamento vivimos muchos años, hasta que entre mi hermano Jorge y yo juntamos para el enganche de una casa en Mira Loma para mis papás. Ahí viví como un año, pero mi hermano Jorge se quedó en la casa viviendo con su familia y con mis papás. Yo me fui a Oxnard a trabajar.

CAPÍTULO 13

RADIO MÉXICO

*T*engo muy grabado en la memoria el día en que me dieron la noticia. Fue el 23 de diciembre de 1990 y yo me encontraba por la calle 4 y la calle Main, en Santa Ana, adentro de una peluquería donde me estaban cortando el cabello. De repente, por la puerta entró mi papá.

—M'ijo, te acaban de llamar de una estación de radio que está en Corona. Se llama Radio México —me dijo.

No tuve ni siquiera tiempo de pensarlo porque, en ese mismo momento me quité la capa y volteé a ver al peluquero.

—No, ¿sabes qué?, déjame ir —le dije.

—Así está bien, no te preocupes —me dijo mi papá—. No vayas ahora, espera a que termine.

—No, sí voy a ir —respondí. De inmediato me levanté y salí casi corriendo.

Le pedí prestado el carro a un amigo y me fui esa misma noche a Corona. Salí de Santa Ana pasadas las siete de la tarde y llegué poco antes de las nueve de la noche a mi destino.

Radio México es una estación que transmite por AM. En aquel entonces estaba ubicada en una casita, cerca de la autopista 91 y la interestatal 15, en un terreno baldío, y tenía unas antenas enormes afuera. Hoy en día, esa zona es más bien de bodegas, pero en ese tiempo, el barrio estaba solo y era muy oscuro.

Estacioné afuera y me dirigí a la puerta principal. Al entrar, pregunté por el programador y me presenté con él. Su nombre era Sergio.

—¿Tienes experiencias en dar noticias? —me preguntó Sergio durante la entrevista.

—Sí —respondí sin pensarlo un instante. Nunca lo había hecho y sólo me había enfocado en practicar locución para tener mi propio programa musical, no para dar noticias. Pero, bueno, realmente quería obtener el trabajo.

—Necesito una persona que pueda cubrir al noticierista por una semana porque se fue de vacaciones a México.

—Yo me la aviento.

—OK, pero necesitas comenzar mañana a las cinco de la mañana, lo que significa que tienes que estar aquí a las cuatro para sacar las noticias.

—No, pues... sí, no hay problema. ¡Yo lo hago! —insistí.

No quise regresar a casa porque pensé que, si hacía eso, el amigo que me había prestado el carro ya no me iba a dejar agarrarlo de nuevo. Entonces, lo llamé para explicarle.

—Carnal, tú sabes que yo siempre he querido hacer esto —le dije—. Dame chanza de regresártelo mañana.

Lo pensó un momento antes de responderme.

—Órale, no hay problema, quédate con él.

Como no quería que me vieran afuera de la estación durmiendo en el carro, manejé hasta un parquecito que encontré cerca de ahí, estacioné y me preparé para dormir. Pero en realidad prácticamente no pude dormir porque estaba muy nervioso.

Unas pocas horas más tarde, me levanté para ir a mi primer día de trabajo en Radio México, me metí a un baño público, me puse agua en la cara y fui a comprar una docena de donas para granjearme al locutor que estaba haciendo el programa de esa hora —las noticias se transmitían durante una pausa de su programa, a la hora en punto—, y me fui a la estación.

Estaba muy nervioso.

—Hola, ¿cómo estás? —dijo Damián, el locutor que estaba en la estación.

—Mucho gusto, yo soy Eddie... voy a dar las noticias... —le dije y él se me quedó viendo con cara de «¿qué ondas?». Entonces, me metí a un cuarto pequeñito donde se preparaban las noticias que después se daban en vivo.

—¿Las noticias de qué horas? —me preguntó—. Hay noticieros a las cinco, seis, siete, ocho y nueve.

Yo estaba muy nervioso y cometí una cantidad de errores que quisiera no recordar. Confundí palabras, me comí otras, me trabé. Fue gachísimo, horrible.

—Vete al cuarto —me dijo el locutor después de varios intentos fallidos—. A lo mejor te pones nervioso porque estás conmigo.

Me fui al cuarto que me indicó, donde había otro micrófono. Dejé la puerta abierta para poder ver en cuanto me diera la señal para dar las noticias, e intenté grabarlas otra vez, pero no lograba mejorar. Menos aún porque, como había dejado la puerta abierta, intercambiaba miradas de vergüenza con el locutor, quien estaba del otro lado. Entonces él se enojó demasiado.

—¡Oye!, ¿de dónde te sacaron? —me dijo—. ¡Quién te dijo que eras noticierista!

—No, no te preocupes —le respondí—, ahorita le voy a echar más ganas, mira —y seguía tratando de mejorar.

Pero mientras más lo intentaba, más me atoraba, hasta que me di cuenta de que, si seguía leyendo, el asunto continuaría exactamente igual.

—¿Sabes qué? —le dije—, ya no hay más noticias.

Y empecé a repetir la anterior pensando que, como ya la había leído y practicado mucho, me sería más fácil porque sabía de qué trataba la nota. Pero ni aún así logré hacerlo bien y ese noticiero fue un desastre. Estaba seguro de que iban a despedirme de inmediato, en cuanto Sergio, el programador de la estación, se enterara de lo que había sucedido.

Pero eso no sucedió, Sergio no me echó y hasta ahora siempre he supuesto que debe haber sido que vio en mí las ganas que tenía de hacer el trabajo. Ese día me quedé ahí hasta el anochecer, ofreciendo mi ayuda en todo lo que fuera posible. Al final, terminé quedándome varios días, durmiendo en el mismo carro, y su dueño tuvo que resignarse a seguírmelo prestando. A veces regresaba a Santa Ana para limpiar algunos apartamentos porque aún conservaba el trabajo de mantenimiento de edificios, pero regresaba siempre a Corona y me quedaba en la estación todo el tiempo posible.

No puedo decir que a partir del segundo día haya leído las noticias muy bien. No, eso tomó tiempo y, cada que la regaba sucedía lo mismo: el locutor se enojaba y Sergio se acercaba a mí y me decía que le echara ganas, que no me desanimara.

—Sí, yo me quedo —le respondía. No hablaba sólo del trabajo, que sí quería conservar, pero que era algo que a él le tocaba decidir, sino que me quedaba todo el día para practicar. Y para ayudar en todo lo que necesitaran los demás locutores de la radio, y hasta barría y limpiaba la estación sin que me lo pidieran.

Además de ofrecerme de voluntario para distintas cosas, como había hecho en Radio Éxitos cuando iba de visita, todos los días les llevaba algo: pan mexicano, tacos, donas o cualquier comida que se me ocurriera. También les preparaba el café y hacía lo posible para que el locutor no se enojara tanto.

—Discúlpame, pero no me hallo —solía usar de pretexto, pero no lograba convencerlo de que se relajara.

Sin embargo, conforme pasaban los días, Sergio seguía viendo el interés que yo tenía en hacer las cosas bien, y por supuesto que se daba cuenta de la enorme cantidad de horas extra que me quedaba ahí y de todo lo que hacía. Vaya, ¡hasta los mandados les hacía! Por ejemplo, si comentaban entre ellos algo como:

—Necesitamos comprar un disco de Antonio Aguilar.

Les respondía:

—Yo voy.

Y me iba de volada a la tienda a comprarlo. Es más, muchas veces lo pagaba con mi dinero, a pesar de que me insistían que la dueña de la estación se encargaría de eso.

Una vez que me sentí más seguro y que ya no fue posible seguir durmiendo en el auto prestado, me pidieron que siguiera leyendo los noticieros todos los días, como noticierista de planta. El noticierista que estaba antes ya no regresó y nunca supe por qué. Tampoco me interesaba averiguarlo; yo había encontrado una oportunidad y no iba a dejarla ir.

Entonces, viajaba todos los días de Santa Ana a Corona, lo que me llevaba alrededor de una hora en cada trayecto. Me acuerdo de que iba todo desvelado no sólo porque, como mencioné, seguía trabajando en la limpieza de edificios, sino porque también conservaba mi empleo de tiempo parcial en el laboratorio fotográfico.

Recuerdo que en varias ocasiones me multaron porque me quedé dormido manejando el Buick Regal que le había comprado a las personas mayores que vivían en el edificio de apartamentos donde trabajaba, antes de que se lo robaran a mi hermano. En una ocasión en que estaba lloviendo, el carro empezó a dar vueltas sin control y me desperté justo cuando vi que iba derecho hacia el muro divisorio del *freeway*. Maniobré como pude para controlar el carro, esperando que otro coche no se fuera a estrellar contra mí. Afortunadamente no pasó nada, no choqué ni nadie chocó conmigo. Pero me asusté mucho.

También llegaron a multarme, una vez en dos ocasiones el mismo día, por ir «mordiendo raya». Claro, me estaba quedando dormido y no veía bien por dónde iba.

Ahora, cuando lo recuerdo, me doy cuenta de lo arriesgado que era conducir tan cansado, pero en ese entonces, la alegría y la emoción de haber conseguido ese trabajo, de finalmente estar detrás de un micrófono, no tenía comparación. Y, ciertamente, tenía muchísimos deseos de continuar trabajando en la radio.

Entonces, para evitar quedarme dormido o que me multaran por hacerlo, empecé a abrir la ventana del carro y a sacar la cabeza para que los ojos no se me cerraran mientras manejaba por la carretera o por el Freeway 91. Incluso, me llegaron a recomendar que me pusiera chile en los párpados, que eso evitaría que se me cerraran. Una vez lo hice y lo único que pasó fue que empecé a sentir que me picaban los ojos y se me salieron las lágrimas.

Seguí haciendo todo lo posible para ayudar y aprender en la radio hasta que un día Sergio se acercó a mí mientras estaba trabajando y me dijo que necesitaba a alguien que hiciera un show de música de dos horas, me preguntó si conocía a alguien.

—¿A qué hora es el show? —le pregunté.

—De doce de la noche a dos de la mañana.

—Pues yo me lo aviento —le respondí, nuevamente, sin dudarlo un instante. Me di cuenta de que era una gran oportunidad para empezar a hacer lo que durante tanto tiempo había estado grabando en los demos que llevaba a las emisoras.

—No, pero ¿cómo le vas a hacer si vives en Santa Ana y tienes que leer las noticias a las cinco de la mañana...? —me dijo sacado de onda.

—No, yo me lo aviento —insistí.

Estuvo de acuerdo. Y me lo aventé. En ese show fue en el que por primera vez me presenté al aire como «Piolín». Era el inicio de una aventura que nunca imaginé que me tocaría vivir y que me ha traído tantas satisfacciones, tantas bendiciones y tantos momentos duros que me han servido, cada vez, para aprender y tratar de ser mejor cada día.

Como tenía que leer las noticias tres horas después de acabado el programa, me sentaba en una silla y dormitaba un poco. Pero unos días después de haber empezado a hacerlo, llegué a pensar que me estaba muriendo porque mi cabeza se inclinó hacia atrás, se me tapó la garganta y no pude respirar por unos instantes. Cuando logré despertarme estaba todo asustado porque no sabía qué había sucedido.

«¿Qué ondas?», me dije.

Me acordé de que horas antes de que eso sucediera y justo a la mitad del programa, fui al carro por una bolsa de pan mexicano que había olvidado. En ese momento estaba haciendo complacencias para la audiencia y leyendo poemas románticos al aire. Eran poemas que a veces mandaban los radioescuchas, o que yo buscaba, y los leía ligados a una canción. Estaba tratando de afinar el estilo del programa.

Mientras tocaba una canción de Antonio Aguilar que alguien había pedido, decidí ir a buscar el pan. Cuando salí a la calle me di cuenta de que hacía mucho viento, pero no pensé mucho al respecto. Me dirigí al carro y, cuando llegué a él, oí que se cerró la puerta de la estación. Yo estaba completamente solo y lo primero que pensé fue: «'Ora sí me van a correr».

Pero casi de inmediato, otra preocupación vino a mi mente: mis compañeros solían decirme que tuviera cuidado porque el lugar no era muy seguro, no sólo por los delincuentes que rondaban por ahí, sino porque debía estar atento a los gatos monteses y demás animales salvajes de la zona.

Por un momento pensé en subirme al auto, pero, ¿qué habría

hecho ahí? Cuando mucho, podría haberme protegido de un gato montés, pero ¿de algún delincuente? Además había un asunto más importante: el programa, por lo que decidí que lo primero que tenía que hacer era encontrar una manera de entrar de nuevo a la estación de radio, a como diera lugar. Empecé a dar vueltas alrededor de ella y me llené de lodo porque era tiempo de frío y llovía mucho. Seguí así hasta que vi la ventana del baño y me dije: «Por aquí es». En realidad era mi única opción. Entonces le di un puñetazo y se quebró. Obviamente, lo hice sin pensarlo y no me protegí la mano, por lo que cuando terminé de meterme a la estación de radio tenía la mano y el brazo llenos de sangre. Además, en mi desesperación por entrar olvidé limpiar los restos de vidrio que quedaron colgando del marco de la ventana y terminé sangrando no sólo de brazos y manos, sino también del cuello y la espalda. Claro que en ese momento no me di cuenta porque lo que me urgía era llegar a la cabina y seguir con el programa.

Lo primero que hice fue quitar el disco que estaba tocando, que para ese entonces ya habían acabado todas las canciones y sólo se oía la estática del final. Inmediatamente después abrí el micrófono.

—Pues escuchamos los éxitos de Antonio Aguilar, espero que les hayan gustado —dije al aire pretendiendo que había puesto el disco entero a propósito—. ¡Qué bonitas canciones!

Y mandé a pausa. Fue en ese momento cuando me di cuenta de que tenía sangre en toda la ropa. «Y ahora qué voy a hacer —pensé—. Al rato va a llegar el locutor y ¿qué me va a decir?... ¿Qué voy a decir yo de la ventana?».

Seguí poniendo canciones al tiempo que trataba de limpiarme con papel del baño. Pero tenía muchas heridas y la sangre salía sin parar. Al final, comenzó a disminuir y, como traía una camisa oscura de manga larga, traté de disimular con ella cerrándome bien los puños de las mangas para que nadie se diera cuenta de lo que había pasado.

Cuando llegó el locutor, y para evitar que entrara al baño y me hiciera preguntas, le dije que me parecía que alguien había tirado una piedra a la ventana porque todos los vidrios estaban en el suelo.

—Sí, te digo que hay que tener cuidado, que es mejor que no salgas en la noche —me respondió.

• • •

Trabajar en Radio México era muy emocionante, era la primera oportunidad que tenía de probar si mi vocación como locutor era de verdad. Pero en realidad no me costó trabajo descubrirlo porque, sin importar todas las horas que dedicara, las desveladas, manejar por tantas horas para llegar ahí y todos los errores que cometía estando al aire, nunca me desanimó hacerlo, nunca sentí de verdad el cansancio y eso hacía que nunca quisiera rendirme.

CAPÍTULO 14

PRIMEROS PROBLEMAS CON LOS DOCUMENTOS

Al año siguiente, 1991, me dijo Ramón —el mismo que me había permitido trabajar en su compañía de limpieza en Irving—, que en Radio Éxitos, la empresa a la que tantas veces había ido para aprender de los que trabajaban ahí, necesitaban a alguien que hiciera «las medias noches», es decir, que estuviera al aire de doce a cinco de la mañana. No lo pensé mucho y fui a hablar con Sergio, el programador de Radio México.

—Dame chanza —le dije—. Mira, queda cerca de mi casa... yo estoy bien agradecido contigo... pero, dame chanza, es una estación más grande...

—Órale, dale —me respondió. No hubo sentimientos ni mala onda de su parte, él siempre fue muy bueno conmigo y siempre estaré agradecido con él.

Fue así que empecé a trabajar en Radio Éxitos. Duré unos meses trabajando para las dos estaciones porque no eran competencia. De todas maneras, en cuanto salía de trabajar en las mañanas, muchas veces me iba a limpiar apartamentos. Unos pocos meses después —duré sólo seis meses trabajando para Radio México— le di las gracias a Sergio por todo su apoyo y por haber creído en mí, y decidí enfocarme en mi trabajo en la estación de Santa Ana.

Después de dos años de trabajar en el turno de medianoche a siete de la mañana, tuve la oportunidad de transmitir mi programa en el turno de dos de la tarde a siete de la noche, el cual era mucho mejor no sólo porque evitaría desveladas, sino porque el índice de audiencia es más alto en ese horario. El locutor del programa de esa hora se había ido de la estación y nos llamaron a los demás locutores para que hiciéramos una prueba. Los jefes decidieron que yo debía quedarme en ese horario, y entre todos decidimos llamar a ese programa «Piolín por la Tarde». Fue el primer programa que llevó mi apodo, con el que toda la gente que conocía me identificaba. Decidí ponerle mi apodo porque quería que el programa fuera mío y llevara mi sello; yo soñaba en grande y quería lograr cosas importantes en la radio.

En el programa poníamos música, hacíamos comentarios y bromas, dábamos las noticias del tráfico, las noticias locales, invitábamos a la gente a los eventos de la zona y dábamos el reporte del tiempo.

La audiencia principal de este programa estaba conformada por inmigrantes como yo que hablaban español y que estaban en una situación similar a la mía: no tenían mucho de haber llegado a este país y estaban buscando cómo abrirse camino.

De todas maneras, aún cuando mi situación empezaba a mejorar, yo no dejaba de preparar el café para los demás, llevarles comida, hacer encargos y quedarme tantas horas extra como fuera posible porque quería mostrar mi agradecimiento con las oportunidades que me estaban dando y disfrutaba mucho estar ahí, haciendo lo que más me gustaba.

Pero, sobre todo, porque uno no debe dejar de dar el cien por ciento siempre, sin importar que a uno le esté yendo bien. En todos los momentos y en todo lo que hacemos es muy importante que nos entreguemos y que siempre tratemos de hacer mejor las cosas. Hay que hacerlo por pasión y, sobre todo, por la satisfacción de saber que uno puede ser aún mejor.

Fue en el programa de dos a siete de la tarde cuando comencé con los clubes de las bandas musicales de la época, en los que junto a miembros de grupos de música preparábamos comida para vender y recaudar fondos para ayudar a la comunidad. También formé los clubes de chistes, un segmento del programa en el que, además de hacer bromas, contábamos adivinanzas y lanzábamos «piolibombas», inspiradas en las «bombas» yucatecas, una especie de dicho típico del estado de Yucatán, en México.

Otro de los clubes era el Club de Piolín, y a través de él organizábamos eventos para recaudar fondos y llevar comida a gente que la necesitaba. Para hacer este club me inspiré en lo que siempre me habían enseñado en mi familia: ser solidario con los que más lo necesitan. Porque, si damos la mano a los demás, eso nos ayudará a que todos estemos mejor. Si ayudamos a alguien a pagar sus estudios, significa que tendremos una comunidad más preparada, con mejores oportunidades.

En ocasiones, también leía poemas y hacía un segmento al que llamaba «Piolín Cupido» para reunir a parejas que se habían separado o para que dos personas se conocieran. Por lo general, los problemas eran menores y fácilmente se arreglaban al aire. Incluso, algunas de las parejas que participaron en ese segmento terminaron casándose después de haber hablado por teléfono al aire.

En otras ocasiones, el problema era un poco más complicado y, una vez resultó que había habido una infidelidad y ahí sí, la situación se puso candente. Luego yo ya no hallaba qué hacer para que se calmaran cuando se empezaron a decir cosas fuertes al aire y tuve que emitir pitidos rápidamente para que no se oyeran las palabrotas:

—¿Quieres pedirme perdón? Pues ¿por qué no le dices primero a esa tipeja con la que te acostaste que se vaya a...

Y mejor ahí le paro porque si no el libro se va a poner rojo.

Tenía, además, un segmento de complacencias y también llamaba gente para mandar saludos a familiares y amigos.

Por mi parte, solía dedicar algunas canciones. Por ejemplo, cuando conocí a María, mi ahora esposa, años después solía poner mucho una canción de «La Mafia» que decía algo así como «vida yo te amo». Nunca dije al aire que fuera para ella, sino simplemente que la estaba dedicando a «una muchacha especial». María la escuchaba y sabía que se la dedicaba a ella porque yo se lo había dicho, pero también le gustaba decirme que no era cierto que se la dedicaba a ella, que seguramente era para otra muchacha que debía tener por ahí. En el fondo, los dos sabíamos que no era así.

También dábamos el reporte del tráfico, el del clima y noticias del espectáculo, pero el programa se centraba en echar relajo y ayudar a la gente que lo necesitaba y, como se darán cuenta, ya tenía una forma más clara que la que había tenido mi primer programa, unos meses atrás, en Radio México.

En Radio Éxitos trabajaría durante varios años, entre ellos 1994, cuando sucedieron dos cosas que recuerdo muy bien.

La primera fue un temblor muy fuerte que ocurrió el 17 de enero de 1994 en Northridge, California. Duró alrededor de veinte segundos, su magnitud fue de 6,7 grados y se expandió rápidamente causando muchos daños. El terremoto pudo sentirse, aunque levemente, hasta en Las Vegas, a 220 millas de Northridge. En el terremoto murieron cincuenta y siete personas y los daños materiales se calcularon en veinte mil millones de dólares.

Después de que conocimos la devastación que había causado, decidí invitar a la gente de los clubes para que lleváramos comida a quienes se habían quedado sin casa y ahora estaban durmiendo en la calle, en parques y en cualquier lugar público. No era la primera vez que hacíamos algo similar porque ya en algunas ocasiones me había organizado con los radioescuchas para llevar comida y agua a la gente que la necesitaba. Sin embargo, era la primera vez que lo hacía por algo tan específico y tan grande como un terremoto.

La otra cosa que recuerdo bien es que en 1994 el tema de la migración había comenzado a dar mucho de qué hablar. Fue en ese año que, un día como cualquier otro, el dueño de la estación me preguntó por mis papeles. Tuve que confesarle que no los tenía, que era indocumentado.

—Si no tienes documentos, tengo que dejar que te vayas porque el INS me los está pidiendo —me dijo fríamente—. Si no lo hago, me pueden cerrar la estación.

Yo no sabía qué decir. Me encantaba mi trabajo pero sabía que no podía poner al dueño de la estación en peligro de perder su empresa. Lo triste de la historia es que más adelante me enteré de que unos colegas que querían mi turno le dijeron a su jefe que yo no tenía documentos y aprovechándose de la situación dijeron que por eso ellos deberían de ser contratados. Bueno, lograron su objetivo porque así, sin más, en ese momento me quedé sin trabajo y tuve que salir de la emisora. No hubo más explicaciones ni pude despedirme de mis radioescuchas, y entonces, los miembros de los clubes que había creado fueron a las oficinas de Radio Éxitos y se manifestaron, con pancartas y todo. Querían que yo volviera y que alguien les explicara por qué me habían corrido. Pero la empresa no dijo nada a pesar de que el programa ya tenía una audiencia grande; para esa época ya recibíamos muchas llamadas y teníamos mucha interacción con el público.

Cuando la gente me encontraba en la calle, me preguntaba por qué había desaparecido el programa y yo simplemente les decía que me habían sacado por falta de papeles. Eso era un poco arriesgado porque la voz podía correrse y caer en manos de gente con malas intenciones, lo que habría hecho las cosas más difíciles. Pero lo que a mí más me interesaba era que mis radioescuchas supieran la verdad de lo que había ocurrido.

Poco a poco se regó la voz y algunos radioescuchas comenzaron a pedir al dueño de la estación que me ayudara para conseguirlos. Pero nada de eso sucedió y yo nunca regresaría a trabajar ahí.

Este asunto de la falta de papeles ya me había causado muchos dolores de cabeza. Nunca me había gustado no tenerlos y, prácticamente desde que llegué aquí, había tratado de regularizar mi situación. Ese año que crucé la frontera, 1986, fue el mismo en que el presidente Reagan firmó la amnistía para los inmigrantes indocumentados. Mucha gente me aconsejó que comprara una carta de trabajo agrícola, es decir una carta falsa en la que se dijera que yo tenía muchos años aquí, trabajando en el campo. Yo tenía dieciséis años y nos dio mucho miedo a todos hacer eso. Más adelante hubo momentos en los que llegaría hasta a arrepentirme de no haberme arriesgados con esa opción porque el camino a la legalización de mi situación se haría más complicado de lo que pude imaginar. La verdad es que el camino para conseguir los papeles siempre es complicado para cualquier inmigrante indocumentado y si bien hay opciones, también hay muchos peligros y es importante tomar las decisiones adecuadas en los momentos adecuados.

En cualquier caso, cada que tenía una oportunidad, consultaba con consejeros de migración, principalmente en iglesias, que solían ofrecer ese servicio de consultoría. También llamaba a abogados de migración que se presentaban en la radio, pero la respuesta en todos los casos siempre era la misma: «No tienes opción».

Además había, como los sigue habiendo ahora, muchos estafadores. En más de alguna ocasión me habían ofrecido que por una suma pequeña de dinero me arreglarían mis documentos y yo había caído en la trampa. Pero así pasa con estas cosas, muchas veces nos dejamos llevar por el deseo que tenemos de que las cosas se arreglen y no queremos ver que cuando no se tiene papeles, no hay ninguna solución mágica para el problema. Pero en 1992 caí en una trampa mayor porque estaba desesperado por encontrar una salida, una luz de esperanza que me permitiera regularizar mi situación. Tenía mucho miedo de lo que podría pasarme si seguía así y ni siquiera quería llenar una solicitud para inscribirme en un gimnasio porque temía que se fueran a dar cuenta de que no tenía papeles y dieran aviso a inmigración. No quería ni siquiera pensar en la posibilidad de que me deportaran, el miedo que me daba imaginarlo me retorcía el estómago. Para ese entonces, Estados Unidos ya era mi país. Todo lo que quería, lo que hacía y lo que quería ser estaba acá.

Un día, mientras caminaba, vi una oficina que tenía una manta afuera donde se leía: *Aquí te arreglamos tus papeles*. Inocentemente, decidí entrar. Las personas que me atendieron me dieron muchas esperanzas, me dijeron que había una manera para conseguir un permiso para trabajar y me pidieron algunos documentos: comprobantes de renta, del dinero que le enviaba a mi mamá, del trabajo, de la escuela y otros más. Y, por supuesto, dinero. Salí de ahí muy animado y me fui a casa a conseguir lo que me habían pedido.

Volví poco después a llevarles copias de los papeles y el dinero que necesitaban y que había juntado con mucho esfuerzo, alrededor de mil dólares. Me dijeron que mi proceso podría tardar algo de tiempo, pero que no debía preocuparme porque el permiso llegaría. Como pasaron muchas semanas, el permiso no llegaba y yo para ese entonces ya había empezado a trabajar en Radio México, donde todo mundo me advertía que no podía estar sin papeles, decidí regresar y averiguar en qué estaba el trámite.

¡Qué sorpresa me llevé cuando me di cuenta de que ya no estaban y nadie sabía de ellos! Denunciar el fraude a la policía era impensable porque tenía mucho miedo de que también me agarraran a mí y me regresaran a México.

Por eso siempre es importante que tengamos mucho cuidado con los falsos abogados que lo único que están buscando es aprovecharse de la necesidad de la comunidad. Antes de dar dinero o papeles, es muy importante que nos informemos bien y pensemos si lo que nos ofrecen es realista.

Después de eso, y contra mi costumbre, me di por vencido de seguir tratando de regularizar mi situación y preferí obtener otros papeles chuecos. No sabía cuántos problemas acababa de conseguir con ellos y el primero sólo fue perder un trabajo que me gustaba y apasionaba mucho.

Después de que me corrieron de la estación, hablé otra vez con Ramón. Había muchas cosas que me preocupaban. Pocos meses antes mi hermano Jorge y yo habíamos comprado una casa para mis papás en Mira Loma y aún nos hacían falta muchas mensualidades para acabar de pagarla. Jorge trabajaba todavía en el hotel Hilton de Irvine donde para entonces era repostero. Él contribuía con una parte del pago de la hipoteca y yo con el otro, por lo que quedarme sin trabajo de repente nos ponía en riesgo de no poder cumplir con los pagos.

Y tampoco sabía cómo contarle a mis papás lo que había pasado ¿Cómo lo tomarían? ¿Qué pasaría con mi trabajo, con mi futuro? El miedo a la deportación se hacía cada vez más real y durante mucho tiempo no pude dormir de pensar en todo lo que estaba en riesgo: el pago de la hipoteca de la casa de mis papás, mi carrera que apenas empezaba, mi familia a la que muy probablemente no podría volver a ver si tenía que regresar a México en esas condiciones. Sentía miedo, angustia, tristeza, impotencia... Todo eso daba vueltas en mi cabeza como sé que muchos pensamientos similares pasan todos los días por las cabezas de millones de inmigrantes que están en peligro de ser deportados y que viven cada día con incertidumbre.

CAPÍTULO 15

UNA NUEVA LUZ

*L*a vida muchas veces nos pone en situaciones difíciles y la mayoría de las ocasiones no sabemos qué hacer. Nos sentimos atrapados e inmóviles y pensamos que aquello por lo que hemos luchado se puede desmoronar, y no nos damos cuenta de que la respuesta a nuestros problemas puede estar más cerca de lo que esperamos o en los lugares en que menos pensamos.

El problema en el que me encontraba no era pequeño, estaba en un verdadero lío: por un lado había perdido un trabajo que me gustaba mucho, que me hacía inmensamente feliz y en donde quería seguir creciendo. Y por otro lado, me había quedado sin una fuente de ingresos. A final de cuentas esto último, en el fondo, no me preocupaba tanto porque sabía que rápidamente podría salir adelante recogiendo botes, lavando autos, revelando fotografías, limpiando edificios y haciendo cualquier otra cosa. Trabajar y encontrar una manera de ayudar a mi familia nunca había sido un obstáculo.

Sin embargo, lo que más me preocupaba era el hecho de haber llegado al punto en que mi situación legal en este país se había vuelto un problema, de darme cuenta de que quizá me sería muy difícil seguir adelante con mis sueños y mi carrera por no contar con un camino que, para mí, como para millones más, estaba cerrado.

Llegué a pensar que tendría que cambiarme el nombre o hacer algo para esconder mi identidad. Irme a otro estado donde nadie me conociera e iniciar de nuevo en la radio, desde abajo. Pero, ¿hasta dónde sería posible antes de que volviera a suceder lo mismo? Por el trabajo que hacía, mi visibilidad era mayor que si trabajara detrás de un escritorio o en el campo o cobrando en un supermercado. Posiblemente, si volvía a tener éxito y la gente comenzaba a reconocerme, más de alguno se podría dar cuenta de quién era y quizá volvería a estar en problemas.

Me sentía impotente, frustrado y lleno de temor. Sin embargo, pienso que uno debe siempre confiar en Dios, entregarse a él, a su voluntad. Y también debe confiar en uno mismo, aprovechar lo aprendido y ser agradecido. Eso fue lo que hice.

Ramón volvió a apoyarme mucho y generosamente me prestaba su celular para que pudiera hacer llamadas en busca de trabajo —en aquel entonces era muy caro hacer llamadas por celular—. Yo me comunicaba con estaciones de radio en distintos lados porque en eso quería seguir trabajando y, antes de empezar a buscar trabajo haciendo algo distinto, quería agotar todas las opciones.

Finalmente, después de muchas llamadas y de ir a varias estaciones de radio, un día, Óscar Gabriel, el programador de origen salvadoreño de una estación en Oxnard, California, me dio una luz de esperanza.

—Ven, date una vuelta por acá, a ver qué ondas —fue lo que oí al otro lado del teléfono, y me fui de inmediato.

La estación se llama Radio Lazer y transmite en FM, a diferencia de las estaciones donde había trabajado hasta entonces, que transmitían por AM.

Cuando llegué, m e entrevisté con Óscar. Me hizo varias preguntas hasta que llegó a la parte de la entrevista que yo más temía.

—¿Por qué saliste de allá? —me preguntó.

—No, pues hubo cambios —le respondí, simplemente. Ni en broma le iba a decir que no tenía papeles. Estoy seguro de que en ese momento le parecí muy tranquilo y en control pero por dentro el corazón me latía rapidísimo—. Ya ves cómo es cuando hay cambios.

El programador no dijo nada y me prometió llamarme si había algo. Me fui de ahí sin saber qué pasaría, pero pensando que, al menos, una puerta podría abrirse. Al final me ofrecieron trabajar con ellos, en el horario de dos a siete de la noche con mi propio programa, y lo acepté. Era una buena oportunidad y me permitiría seguir llegando a mis radioescuchas al tiempo que crearía una nueva audiencia y podría volver a trabajar duro para seguir ayudando a mi comunidad.

Pero, como ya había aprendido de la experiencia que acababa de vivir, pensé que necesitaba contar con un plan B en caso de que volviera a suceder algo. Es muy importante estar siempre preparado para cualquier imprevisto porque nunca sabemos cuándo podemos quedarnos sin trabajo. ¿Qué tal si se regaba la voz en el medio acerca de mis papeles y me volvían a correr? Y no sólo eso, ¿qué haría si se me cerraban todas las puertas en la radio?

Como desde hacía tiempo me había dado cuenta de que las computadoras ocupaban cada vez un espacio más importante en la vida diaria de las empresas —en las recepciones, en los cubículos de las oficinas y en las tiendas cada vez veía más de esos aparatos—, decidí meterme a clases de computación ahí mismo, en Oxnard. Quería aprender lo suficiente de computadoras y de programas informáticos para tener habilidades de trabajo en una oficina. Por si acaso lo de la radio volvía a fallar, tendría otra habilidad que quizá me podría ayudar a encontrar otro trabajo.

Por otro lado, Oxnard quedaba muy lejos de Mira Loma, donde vivía con mis papás, por lo que comencé a rentar un cuarto en la casa de una familia. Con el nuevo trabajo, tendría dinero para seguir pagando mi parte de la hipoteca de la casa de mis papás y podía rentar un lugar pequeño para mí en Oxnard.

El lugar que renté, literalmente, era sólo un cuarto: vacío, sin muebles y chico. Pero, como siempre he estado convencido de que es muy importante ahorrar para formar un futuro seguro, no compré prácticamente nada para arreglarlo. Vaya, ¡hasta dormía en el suelo! Tenía unas cuantas cobijas que colocaba sobre el piso y me envolvía en ellas. Dormir así no era un problema para mí, no sólo porque siempre llegaba agotado del trabajo y no me costaba trabajo conciliar el sueño, sino porque una superficie dura me ayudaba a descansar y a dormir mejor. Además, al fin y al cabo, los fines de semana que visitaba a mis papás podía dormir en una cama.

En Oxnard hay mucha agricultura, y cuando pasaba por el campo, miraba cómo nuestra gente sufre y lucha trabajando bajo el sol, con temperaturas altas, y se me ocurrió comenzar a llevarles agua, burritos y tacos.

Siempre me había impactado el trabajo agrícola, desde que vivía en Ocotlán y veía a Jesús, mi abuelo paterno, esforzarse día tras día en la pequeña parcela que rentaba. Recordé su trabajo duro cuando iba a la estación y comencé a pasar manejando cerca de algunas granjas. Veía a los trabajadores y pensaba: «Qué trabajo más cansado». En varias ocasiones me detuve a hablar con ellos.

La verdad es que no me detenía simplemente para hablar, sino que es algo que sucedía como resultado de que el auto que tenía en ese entonces era de esos que se calentaban y se apagaban o, dicho con otras palabras, era una chatarra. Entonces tenía que salir de la carretera y acercarme a alguna granja, donde preguntaba a los trabajadores si tenían agua para poder enfriar el motor, y mientras estábamos en eso empezábamos a platicar. Ellos me contaban sus experiencias y sus condiciones de trabajo, lo que hacían para sacar adelante a sus familias y cómo, los que no habían nacido acá, habían llegado a Estados Unidos. Me hablaban de aquellos a los que habían dejado atrás y de lo que extrañaban. En fin, siempre se armaba una buena plática.

Esas pláticas también me recordaban a mi abuelo Bartolo, el papá de mi mamá. Algo que extrañé mucho cuando llegué a Estados Unidos fue cómo pasaba los domingos en Ocotlán, cuando mi abuelo nos llevaba a la iglesia y luego a jugar a la unidad deportiva. Recordé cómo siempre estaban ahí todos mis primos y todos mis tíos, y cómo él buscaba complacer a cada uno: con unos jugaba béisbol, con otros futbol, con otros voleibol. A veces, para aumentar la emoción, jugábamos apuestas y el equipo que perdiera debía pagar los jugos que nos tomábamos después. Además de eso, cada fin de semana mi abuelo invitaba también a todas sus hijas con sus familias. Cada quien llevaba algo de comida: pozole, carne asada, lo que fuera que se nos ocurriera y hacíamos unas reuniones grandes y muy divertidas. Eso formó un sentido de comunidad en mí.

Fueron esas cosas, las pláticas con los trabajadores del campo y los recuerdos de mi familia y mi infancia, y la generosidad y solidaridad con quien lo necesita que siempre me enseñaron, las que me hicieron pensar que podría ser una buena idea llevar comida a todos y organizar una especie de reunión, aunque fuera breve. Al principio lo hacía por mi cuenta, pero después empecé a involucrar a la estación para poder proveer de más ayuda.

Una vez que tomé esa decisión, empecé a ir a las los campos agrícolas, pero ya no sólo a pedir agua para volver a echar andar mi chatarra de auto o a llevarles un poco de comida. Cuando hablaba con los trabajadores les decía: «Échenle ganas... Miren, yo trabajo en una radio y voy a hablar con el encargado de aquí a ver si me da chanza de traerles comida». Ellos siempre estaban de acuerdo y empezaban a hablarlo entre ellos. También hablaba con el encargado de la radio y, en poco tiempo pasó de permitirme llevar comida y organizar esos eventos a involucrarse en la organización. Así fue como empezamos a hacer juntos ese tipo de promociones que beneficiaban a nuestra comunidad.

Pasado un tiempo de estar trabajando en Radio Lazer, me cambié a otro cuarto de renta y me fui a vivir con otra familia, una que vivía en Camarillo, a veinte minutos de Oxnard. Armando y Lourdes, la pareja que me rentaba el cuarto, siempre fueron muy generosos conmigo y nos hicimos cercanos. Rápidamente comenzaron a darse cuenta de lo mucho que yo trabajaba para ayudar a mis papás.

Siempre hacía cosas extra para ellos porque siempre me enseñaron que uno debe ser agradecido en la vida. Eso no sólo muestra a las personas que han sido bondadosas contigo lo mucho que significó para ti lo que hicieron, sino que te hace feliz y te brinda un sentimiento de satisfacción hacerlo. Te conecta más con las personas y con Dios.

Al final, en Radio Lazer trabajé sólo cerca de seis meses porque un día, en medio del programa, después de una sección de chistes, entró una llamada. Nunca pensé que mi paso por esa estación acabaría de esa manera, pero uno nunca puede saber con certeza qué va a suceder en su vida. Meses atrás, cuando había salido de mi empleo anterior, mis preocupaciones con respecto a mi carrera se centraban en mi situación legal en este país. La verdad es que cuando entró esa llamada, fue una sorpresa saber que quizá esta vez dejaría un trabajo que me gustaba tanto por una razón que no tenía que ver con mis papeles.

Quien llamaba ahora entre un segmento y otro era José, un programador de Sacramento que trabajaba para una estación en español que apenas se iba a estrenar. Hasta ese momento, la estación de la que me hablaba, la Super X, había transmitido sólo en inglés, pero habían decidido dar un giro y hacer la programación completamente en español.

—Oye, me recomendaron que hablara contigo porque necesitamos crear un equipo para una estación nueva —me dijo.

No tenía idea del cambio que mi vida estaba a punto de dar.

CAPÍTULO 16

<< ¿VERDAD QUE ESTÁN MINTIENDO? >>

Para aquel entonces yo ya había comenzado a notar envidia y celos entre algunas personas en el medio de la comunicación, por lo que cuando recibí la llamada de José, el programador de Sacramento, le respondí con timidez.

—Pues estoy bien aquí —le dije—. Además, soy muy cercano a mi familia y pues tú sabes, mi papá y mi mamá viven en Mira Loma, en Riverside County. Sacramento está como a siete horas de Los Ángeles... no voy a poder venir a verlos y...

Por más que lo intentó, no logró convencerme. Yo tenía miedo de que los dueños y el programador de Radio Lazer se hubieran dado cuenta de la llamada, por lo que decidí hablar con este último. Bueno, es verdad que sabía que tenía que cuidarme las espaldas, pero también mis papás significaban mucho para mí y la sola idea de irme a vivir tan lejos me ponía la piel chinita.

Después de la llamada y poco después de que terminó el programa, fui a la oficina de Óscar, el programador de Radio Lazer, y pedí hablar con él.

—Estoy muy agradecido contigo —le dije—, y por eso quiero ser muy honesto: me acaba de hablar un programador de otra estación y me dijo que hay una oportunidad de trabajo con ellos, pero yo no me quiero ir. Sólo quiero mantenerte al tanto porque luego la gente empieza a chismear y no quiero que lo vayas a malinterpretar. Cualquier cosa que haya, te la voy a decir. Es importante que lo sepas.

—Ah... OK, muy bien —me dijo con indiferencia.

Como yo me negaba a irme, poco tiempo después el programador de La Super X vino en persona a Oxnard para tratar de convencerme. Y siguió sin lograrlo. En realidad yo estaba muy feliz donde trabajaba: el dueño de la estación, Alfredo Plascencia, siempre había sido muy amable conmigo y me había apoyado mucho; el programa iba muy bien, estaba encariñado con mi público, con mi equipo y con la gente con quienes vivía. Además, yo tenía presente que me habían dado una oportunidad muy buena después de haber sido corrido de otra radio por tener papeles chuecos. No quería ser malagradecido. Tampoco podía ignorar la posibilidad de que se tratara de una estrategia de alguien para sacarme del juego porque ya me estaba yendo bien, empezaba a atraer a mucha gente a los eventos y los niveles de audiencia iban en aumento.

Fue entonces que me llamó el gerente, Jeff Holden, quien no era latino sino anglo, y entre inglés y español —él no hablaba español muy bien y yo no hablaba inglés muy bien— medio nos entendimos.

—Yo soy gringo, pero quiero mucho a los latinos, a la comunidad... —me dijo—. Yo tenía esta estación en inglés, pero la voy a hacer en español.

—Pues, ¿sabes qué?, mi familia es lo primero —le contesté—. Entonces... voy a tener que decirte que no, muchas gracias.

—¿Por qué no me dejas ir para allá y platicamos? O ven tú para acá, te pago el vuelo, para que conozcas Sacramento.

—No, muchas gracias. Mira, yo estoy bien agradecido con esta gente que me ha tratado muy bien.

Como no logró hacerme cambiar de opinión, Jeff Holden voló hacia Los Ángeles para hablar conmigo en persona. Era un tipo rubio —ahora ya más bien es canoso—, delgado y le gusta hacer ejercicio y eso nos conectó desde el principio. Es, además, un hombre muy educado, viste impecablemente y sabe escuchar. También sabe cómo y cuándo hablar.

La verdad es que sus argumentos eran buenos y había buena química entre los dos, por lo que casi me convenció y decidí que debía hablar de nuevo con el programador de Radio Lazer. Sabía que los dueños de la empresa estaban planeando comprar más estaciones en ese entonces y pensé que quizá de ahí podían surgir buenas oportunidades para mi programa.

—Mira, quiero serte honesto, ya hablé con el gerente de la otra estación —le expliqué—. Yo, la verdad es que no me quiero ir, pero quiero saber cuál es el siguiente paso que puedo dar aquí, sé que quizá compren otras estaciones de radio y no sé cuáles sean sus planes. También sé que en la mañana no puedo estar porque tienen un programa muy bueno. No quiero, ni deseo que lo quiten porque es muuuy bueno. Además, no quisiera hacer a alguien algo que no me gustaría que me hicieran a mí... Me están hablando de la otra estación... y no sé...

Él me insistía en que me quedara, pero también sabía que no podía darme las oportunidades que me ofrecían en la otra estación, donde querían que condujera el programa matutino. Radio Lazer tenía un programa matutino muy bueno, con un conductor al que yo admiraba y al que le iba muy bien. Yo no quería presionar para que se deshicieran de él. La verdad es que también tenía miedo de lo que podría pasar.

Por otro lado, decidí que una decisión así debía hablarla con mi papá y con mi hermano Jorge, y ambos se enojaron pues lo vieron como algo personal.

—Te quieres ir para allá porque prefieres estar lejos de nosotros —me dijo mi papá—. Lo que quieres es irte para poder tomar y estar en la parranda.

—No —le respondí. No podía creer que me hubiera dicho eso, él sabía muy bien que yo no tomaba y no solía andar en las parrandas. Supongo que el miedo de que me pasara lo mismo que a mi hermano lo hizo decir algo tan ofensivo, por lo que decidí no tomármelo a mal y le expliqué mis razones—: Quiero aprovechar que ahorita estoy soltero para ir formando una mejor vida para mi futura familia y para ustedes. Ese es mi deseo, ahora puedo aventarme.

De todas maneras no los convencí, pero para ese momento yo ya casi había tomado la decisión de irme.

Para terminar de convencerme, Jeff Holden me llevó a Sacramento por avión, me paseó por toda la ciudad, me acercó a donde estaba mi gente, a las taquerías de la ciudad y a las tiendas mexicanas. Me sentí a gusto y, por fin, después del viaje y de hablar conmigo y contarme de las condiciones del programa, que sería en la mañana, me convenció. Pero le dije:

—Te soy honesto, soy un hijo que quiere seguir ayudando a su familia. Y pues también estoy tomando algunas clases de computación allá.

—Acá puedes hacerlo —me respondió—. Yo te ayudo.

Eso fue lo que prácticamente terminó de convencerme. Pero antes necesitaba hablar de nuevo con el gerente de Radio Lazer, saber qué tenía en mente y ver si quizá me daba algún motivo para quedarme ahí.

—No me quiero ir —le repetí cuando por fin nos reunimos—, pero también quiero saber dónde puedo tener un mejor futuro aquí mismo. No quiero sacar provecho de esto, pero quisiera saber algo. En verdad, estoy muy feliz con lo que me das. La única diferencia es que allá voy a hacer un show por la mañana, por primera vez.

Para quienes no lo saben, el mejor horario en la radio es el matutino, de seis a diez de la mañana. Gran parte de la facturación de una estación de radio suele provenir de ese turno porque es el que suele tener los índices de audiencia más altos. Tener mayores índices de audiencia significa que los espacios comerciales pueden venderse mucho más caros que en otros horarios con menos público. El siguiente horario por orden de importancia es el de dos a siete de la tarde, que es el que yo tenía para mi programa en Radio Lazer.

—Mira, yo no quisiera que te fueras, pero la verdad es que no tengo cómo retenerte —me dijo.

Yo no quería salir mal de ahí, lo que le había dicho hasta ese momento era completamente cierto, pero él se veía un poco molesto. Pienso que supuso que yo estaba buscando obtener algo de la situación, sacar ventaja. Y, aunque en realidad estaba buscando algo que me hiciera quedarme con ellos, tampoco quería sacar ningún provecho que no me correspondiera, por lo que su respuesta me hizo entender que mi futuro en esa estación no sería muy largo.

Era lo que hacía falta para que la balanza se terminara de inclinar.

—Muy bien, pero quiero dejar las puertas abiertas porque estoy agradecido contigo.

Al final quedamos en buenos términos y me pude ir de la estación tranquilo.

Fue así como llegué a Sacramento, a iniciar una nueva etapa de mi vida que sería fundamental y me cambiaría para siempre. La emoción de la mudanza, del nuevo programa en el horario estelar, del reto que significaba formar parte de un proyecto completamente nuevo y hacerlo crecer y triunfar, ocupaban gran parte de mis pensamientos y de mi tiempo.

Pero todavía tenía un problema: seguía sin papeles. Esa realidad tampoco la compartí con Jeff Holden, ni con nadie dentro de La Super X. Lo único que hice fue lo mismo que ya había hecho antes: les entregué mi mica chueca y mi número de seguro social falso.

Y abrimos la estación.

En aquel entonces casi no teníamos presupuesto, apenas estábamos tratando de hacernos camino, de demostrar que el proyecto funcionaría. Por eso, agarraba el vehículo de la estación y me iba por mi cuenta a las iglesias, a las federaciones de futbol, a los parques y a cuanto lugar se me ocurriera, para convocar a la gente, para ayudarla a recabar fondos o a organizar eventos. También me iba al campo y a las construcciones a llevar agua y comida a los trabajadores.

En Sacramento nunca dejé de trabajar con tanta intensidad como lo hacía antes, por ejemplo: continué con mi costumbre de dormir en la oficina —ahora en el suelo, para que no se dieran cuenta los jefes—, y trabajaba tantas horas extra como fuera posible. No exagero cuando digo que mi única diversión era ir a la lavandería.

Y hasta en esos momentos, la falta de papeles podía convertirse en una amenaza.

Un día, mientras esperaba que mi ropa estuviera lista, me acerqué a una tienda cercana en la que estaban rifando tazas. Pensé que sería divertido participar, por lo que agarré un número y resultó que me gané una taza. Antes de dármela, la persona encargada me pidió mis datos, incluido mi número de seguro social.

Por supuesto que el propósito de la rifa era obtener información de la gente que participaba para después poder mandarles propaganda. Yo cambié los números y también mi nombre, me puse a escribir chueco para que no se entendiera y cosas así, todo por miedo a que descubrieran que no tenía mis papeles en regla. Pero la encargada se dio cuenta.

—Ah, no, si no tienes papeles, no te podemos dar la taza de café —me dijo.

—Aquí está tu taza, con permiso —se la regresé y me fui lleno de temor de que le fuera a llamar a la migra. Recuerdo que pensé: «Guau, no puedo creer que por una taza de café me estén pidiendo papeles». Entonces fue que empecé a tener miedo incluso de salir del apartamento.

En la estación me la pasaba hablando de cómo ayudaba a mi familia, y supongo que a Jeff le pareció sospechosa tanta insistencia en ello y decidió averiguar si lo que decía era verdad porque un día me dijo que quería ir a Los Ángeles a conocer la casa de mis papás. También me invitó a que fuera con él, pero yo decidí quedarme en Sacramento porque, como siempre, tenía miedo de que me fueran a agarrar en el camino. Le dije que no podría acompañarlo, pero que mi familia estaría muy feliz de conocerlo y recibirlo en casa.

Esa fue la primera vez que a Jeff le dieron a probar un chile de árbol. Mi papá lo arrancó directo de la planta y le dijo: «¡Pruébalo!». Jeff se moría, se puso de todos los colores y el aire le hizo falta. Pero también disfrutó de la comida que mi papá les preparó y de la compañía de mi familia, y se dio cuenta de que somos muy unidos, de que yo no exageraba cuando hablaba de ellos. Jeff regresó contentísimo a Sacramento.

—¡Guau!, qué linda familia tienes —me dijo—. Ahora comprendo por qué dices que los ayudas tanto.

En poco tiempo el trabajo duro, la promoción intensa y las horas extra en la estación rindieron frutos porque llegó a ser la número uno, primero en español y en pocos meses más la número uno en general, en el área de Sacramento a través del programa que yo conducía. Recuerdo que buscaba por todos lados cómo atraer más radioescuchas, me iba a todas partes, me presentaba en todos los eventos locales y todos los clubes y asociaciones que se me ocurrieran. Le dedicaba muchas horas a la programación y, si tenía que decidir entre ir al cine o al night club o quedarme a mejorar la programación de la siguiente emisión, siempre prefería esto último porque siempre he creído que, en todo lo que hagas o quieras llevar a cabo, y en todo momento, tienes que dar el extra. Esto es importantísimo si quieres salir adelante.

El trabajo extra y el esfuerzo se notaban y los radioescuchas lo sabían porque se daban cuenta de lo bien preparado que estaba el programa.

Llegar a ser la número uno en poco tiempo era, además, un gran logro, especialmente cuando se toma en cuenta que nadie creía en nosotros porque no teníamos la experiencia de las estaciones en español que ya tenían muchos años de haber sido establecidas y porque, además, nuestra señal no era muy buena.

Obviamente, este éxito inesperado provocó muchas envidias y alguien de la competencia me reportó a las autoridades de migración. Un amigo que trabajaba en la competencia me comentó que un compañero suyo había investigado por qué yo había salido de Radio Éxitos y luego lo informó a la migra.

Recuerdo que estaba en el estudio, viendo a través de la ventana que daba al pasillo cuando noté que Jeff se acercaba hacia donde yo estaba. Entró. Eso era inusual.

—Oye, quiero hablar contigo —me dijo. Su cara estaba completamente roja. Lo primero que pensé fue: «¿Qué dije? ¿Dije algo malo?... quizá fue un chiste subido de color...». Pero estaba equivocado. Lo que me dijo a continuación hizo que se me helara la sangre—: Están aquí unos oficiales de migración... ¿verdad que están mintiendo?

—¿De qué? —respondí asustado.

—Están diciendo que tienes una mica chueca, que no es tuya. Pero yo tengo copia de tus documentos y ahí está, ¿verdad que es auténtica? Los señores me están diciendo que no coincide el número de tu seguro social con tu nombre.

—Tienen razón, Jeff.

—No me digas eso. ¿Cómo es posible? Si estás ayudando a tus papás...

Él no entendía nada de lo que estaba pasando, de lo que implica ser migrante indocumentado, de la manera y las razones por las que uno llega a este país sin documentos, cruzando la frontera por el desierto. No lo culpo. Jeff conocía a la comunidad, pero no se había metido de lleno a entender sus problemas. Él era un hombre de buenas intenciones, comprensivo y abierto, pero desconocía lo complicado que era obtener papeles para trabajar en este país.

—Explícame, ¿cómo está esto? —repitió Jeff.

—Mira —le dije—, lo que pasa es que yo sí metí papeles, pero no me pueden dar un permiso porque todavía no hay una ley, una reforma, nada. Entonces, tengo que esperar.

—Me están esperando en la oficina, vamos para allá. No quiero que vayan a pensar que te vas a escapar.

No lo podía creer, mientras caminaba hacia su oficina pensaba que en unos momentos estaría frente a unos oficiales de migración que podrían arrestarme y llevarme de ahí en un instante. Cuando llegamos, Jeff empezó a hablar con ellos, a explicarles quién era yo y lo que representaba para él y para mi familia, para la comunidad.

—Es un hijo muy bueno —les decía—, ayuda a sus papás... acaban de comprar una casa en Mira Loma.

—Eso puede ser cierto, pero yo simplemente estoy haciendo mi trabajo —respondió uno de los agentes de migración—.

—¿Qué podemos hacer, entonces? —preguntó Jeff—. Él es un líder en la comunidad, una voz muy importante para sus miembros. Si se lo llevan, la comunidad perderá a un miembro fundamental y será impactada negativamente.

El oficial de migración se quedó pensando un momento.

—Mire, yo me lo podría llevar ahora mismo —le dijo sin rodeos—. De hecho, tendría que llevármelo ahorita, subirlo al vehículo y deportarlo. Pero no lo haremos —¿estaba yo escuchando bien?— porque de todas maneras ya tiene una orden de deportación —me entregó una hoja que decía que tenia noventa días para presentarme frente a un juez en una audiencia—. Búsquenle como quieran, si logran ustedes que él arregle sus papeles y se pueda quedar, muy bien. Pero si lo veo en la calle, como ya les dije, me lo llevo porque tiene como máximo tres meses para dejar el país.

Y se fueron.

Me solté llorando. Después me di cuenta de que casi toda la oficina se habían detenido y de que mucha gente también estaba llorando por lo que estaba sucediendo.

Era la primera vez que me encontraba en esa situación, que veía tan de cerca la posibilidad de ser sacado de ahí a la fuerza y de perder, ahora sí, todo en un instante. Me habían descubierto y había estado a punto de que me llevaran. Pensé inmediatamente en mis papás: ¿qué iba a hacer con ellos?, ¿qué iban a hacer con la casa? Jorge —mi hermano mayor— y yo todavía no habíamos terminado de pagarla.

Estaba metido en esos pensamiento cuando Jeff me informó de que me había quedado sin trabajo. Era la segunda vez que me sucedía lo mismo y con sólo un año de diferencia: esta vez el año era 1995 y el tema de la migración crecía cada vez más en los medios y entre la opinión pública.

—Jeff, perdóname, por favor, perdóname —repetía una y otra vez—. No sabía que lo que estaba haciendo era tan malo. No sabía que era un delito. Estoy muy agradecido contigo... voy a buscar la manera de seguir adelante.

—Tranquilo —me respondió. En su voz no había reproche—. Voy a hablar con el dueño de la compañía, Luis Nogales, para ver si tenemos alguna opción... pero por el momento, tienes que irte.

Entonces le expliqué a Jeff lo difícil, vaya, lo prácticamente imposible que es arreglar tus papeles cuando llegas sin documentos. Pero él insistió en que hablaría con los dueños de la empresa para buscar una solución.

Recogí todas mis cosas, me fui a mi apartamento y guardé mis cobijas, que prácticamente eran lo único que tenía porque seguía sin comprar una cama: ¡había que ahorrar! Tenía el programa número uno en el área, pero había que construir un futuro, uno mejor, pensar en él y tener una meta clara. Ahorraba todo el dinero que pudiera aunque en ese entonces no fuera mucho. Mi auto era muy viejo y su antena era un gancho de ropa, mis zapatos los compraba en Payless, comía sopas instantáneas y cosas así pensando en construir una vida mejor. Y ahora, de nuevo y de manera repentina, todo estaba en riesgo de interrumpirse. El sueño se estaba esfumando y no veía una salida clara, una esperanza. Además, esta vez no sólo había perdido el trabajo: tenía una orden de deportación y un mes para salir del país.

El asunto era verdaderamente complicado porque había usado una tarjeta de residencia y número de seguro social falsos.

Me despedí de Benito, mi compañero de trabajo y con quien compartía un apartamendo de dos recámaras, y le dejé mi única otra pertenencia en ese apartamento: un escritorio viejo, pesado y enorme que había comprado en una venta de garaje, una ganga que me sirvió para estudiar para mis clases de computación. Recuerdo que él trató de convencerme, me dijo que buscara la forma de quedarme en Sacramento, que debía haber una solución.

—No, *brother* —le respondí—. Yo tengo que regresar con mis papás porque si estos cuates me agarran aquí, me llevan. Voy a pensarla muy bien... quizá me vaya a otro estado y me cambie el nombre... no lo sé.

—No creo que sirva que te cambies el nombre, ya eres conocido.

Tenía razón: para ese entonces ya había publicaciones en las cuales habían aparecido mi nombre y mi cara. Iba a ser más difícil pasar desapercibido.

CAPÍTULO 17

DE NOCHE, CON LENTES OCUROS

Salí a las ocho de la noche de Sacramento, en medio de la oscuridad porque pensaba que eso me ayudaría a evitar que me reconocieran. Tenía tanto miedo de que me llevaran que recuerdo haberme puesto unos lentes oscuros para manejar y bajé las viseras del coche para el sol.

Me regresé a Los Ángeles manejando por la Carretera Interestatal Cinco, llorando todo el camino, con la cabeza llena de pensamientos: «¿Qué le voy a decir a mis papás?»... «¿Cómo les voy a ayudar?»... «¿Qué va a pasar conmigo?»... «Qué tristeza saber que estoy buscando una manera para hacer algo de bien para mi familia y para mí, y que me esté pasando esto»... «¡Qué hice!».

Mi mayor coraje era conmigo mismo porque sabía que de alguna manera podría haber prevenido que sucediera esto. Si hubiera seguido trabajando en algo que no me expusiera a la luz pública, en donde sólo poca gente me conociera, esto no habría pasado. Pero no, había decidido seguir mi sueño, pensé que podría alcanzarlo y no me había dado cuenta de que estaba prohibido para mí, que nunca podría llegar a él. A pesar de que sabía lo mucho que me estaba arriesgando, había decidido seguir adelante sólo para toparme otra vez con lo mismo.

Cuando finalmente llegué a la casa, en la madrugada del día siguiente, seguía sin saber qué decirle a mis papás. Quería evitar a toda costa encontrarme con ellos, irme directamente a mi cuarto y esperar a que mi mente se calmara para poder pensar con claridad.

Entré a la casa haciendo el menor ruido posible, caminando de puntitas y abriendo la cerradura despacio. Adentro todo estaba oscuro, excepto por un foco encendido en el baño de mi papá. La curiosidad me atrajo y me dirigí hacia allá.

Entreabrí la puerta muy lentamente y vi a mi papá poniéndose crema en unas quemaduras que tenía en la espalda. Yo sabía que se las había causado el calor excesivo de su carro, que no tenía aire acondicionado y tenía asientos de plástico. Mi papá solía manejar de Riverside a Los Ángeles todos los días para dar clases de fotografía a gente que había quedado severamente lastimada y que por lo tanto no podía trabajar. Con esas clases de fotografía, aquellas personas podían contar con una opción más para salir adelante.

Cuando vi su espalda con sangre, cerré la puerta y me fui lentamente a mi cuarto mientras las lágrimas regresaban a mis ojos. «No puedo creerlo, Señor —murmuraba en mi cuarto—. Mi papá es una de esas personas que ayuda a todo el que lo necesita, pero nunca dice "tengo necesidad... tengo un problema", siempre se guarda las cosas y es sólo cuando noto alguna cosa e investigo, que me doy cuenta de que algo no anda bien... ¿por qué no dice nada?».

—¿Eres tú, hijo? —oí la voz de mi papá del otro lado de la puerta.

—Sí, papá...

—Ah, canijo, ¿qué estás haciendo aquí? —me dijo.

—Ahorita, jefe... espérame. Es que... traigo dolor de estómago... —no quería que me viera llorando por el dolor tan grande que me había causado verlo llagado, que ahora se había mezclado al dolor que me causaba lo que me había sucedido horas antes—. Mira, me voy a ir a dormir ya, jefe. Mañana hablamos, lo que pasa es que me dieron unos días de vacaciones.

—Ah, qué bueno —dijo aliviado.

Entonces abrí la puerta, pero mantuve la luz apagada. Quería verlo, abrazarlo, decirle lo mucho que lo quería y, sin embargo, me quedé ahí parado.

—OK, jefe, pues ya me voy a ir a dormir porque me duele bien gacho el estómago. No prendas el foco porque me duelen lo ojos, venía que ya no podía.

—Ah bueno, no, duérmete —dijo en voz baja.

Pasé el resto de la noche muy enojado conmigo y con Dios porque no podía alejar de mi mente y de mi corazón la incomprensión de lo que estaba viviendo. «¿Acaso tampoco ves por lo que mi padre está pasando? —le reprochaba—. ¿Acaso no te das cuenta?».

Pensé nuevamente en la posibilidad de mudarme a otro estado para iniciar una nueva vida desde allá. Y en que no sabía qué decirle a mis papás. No pude dormir.

En la mañana de ese mismo día, me levanté antes de que ellos se despertaran, y me fui a juntar botes para vender y poder comprarles un tarro de leche. Aunque tenía un poco de dinero ahorrado, no quería gastarlo, especialmente ahora que sabía que no tenía trabajo y que tendría que arreglármelas de alguna manera. Además, el tarro quería llevarlo no sólo para que pudieran beber la leche, sino porque no quería que se dieran cuenta de que me había ido a recoger botes. Quería que pensaran que simplemente había salido a comprar algo para comer.

Pero mis papás no son tan ingenuos.

—Oye, hijo, pero antes nunca podías venir... —me interrogó mi papá de nuevo cuando regresé.

Él sabía que a mí no me gustaba dejar de trabajar ni un instante, que nunca me ha gustado faltar al trabajo, aun cuando estoy enfermo. No exagero: no es raro que después de años me de cuenta de que tengo muchos días de vacaciones que nunca he tomado y que nunca tomaré porque para mí no es una opción faltar al programa. Cuando mi papá me hizo ese comentario, me inventé un pretexto de supuestas vacaciones para no decirles la verdad.

Pero poco después Jeff llamó a casa de mis papás y preguntó por mí, lo que aumentó sus sospechas de que algo no andaba bien.

—Ah, muy bien, pásamelo—dije yo muy casualmente, pero veía que mis papás me volteaban a ver mientras hablaba por teléfono. Trataba de ser discreto—: ¿Qué pasó, Jeff?

—Pues estamos hablando con un abogado para analizar qué podemos hacer, es probable que tengas que venir a hablar con él en los próximos días. Alguna solución vamos a encontrar. Pero lo malo es que por el momento no te vamos a poder pagar nada.

—¿Entonces cómo voy a manejar para ir Sacramento a reunirme contigo y con el abogado?

—Es que no puedo. Si se dan cuenta de que te di dinero, no me la acabo.

—Entiendo.

Después de esa llamada, tuve que hablar con mi papá una vez más para explicarle que debería regresar por unos días a Sacramento y que luego estaría de vuelta en Mira Loma. Aún en ese momento, pasados unos días desde que llegué de manera inesperada y a pesar de sus indirectas para que les dijera algo, yo seguía sin atreverme a decirles la verdad. Sé que mis papás se preocupan demasiado y tenía miedo de que se me fueran a enfermar a causa de la angustia.

Se trataba de la posibilidad —la certeza, prácticamente— de que su familia se viera dividida de nuevo, de que fueran a perder a un hijo porque sería mandado de regreso a México sin posibilidades de regresar al país donde para ese momento habíamos echado raíces, donde ya nos habíamos establecido como familia y donde estábamos en contacto con una comunidad. Todas esas eran preocupaciones que seguramente pasarían por sus mentes, causándoles una profunda angustia.

—Mira, ¿sabes qué, jefe? Voy a ir a una reunión con Jeff porque va a haber una junta.

Pensé que con esa explicación vaga había logrado alejar cualquier preocupación, ganando tiempo para encontrar una explicación más convincente o una solución que me evitara tener que pasar por la tristeza de enfrentarlos con la realidad de lo que quizá me sucedería.

Reuní el poco dinero que me quedaba, tomé el carro y me fui manejando por la Interestatal Cinco. A la altura de Magic Mountain, después de subir la pendiente de Grapevine, puse el carro en neutral y lo apagué para aprovechar la bajada y seguir hasta donde fuera posible. Pensaba que con eso ahorraría gasolina y fue algo que hice cada vez que tuve que ir a reunirme con Jeff para tratar de arreglar mis papeles.

Al llegar a San Francisco, donde estaba la oficina del despacho legal, me encontré con Jeff y con su abogado.

—Pues no hay muchas opciones —me dijo el abogado directamente—. He estado hablando con Jeff, él me informó que tienes una cita de deportación...

Y continuó explicando el caso. En resumidas cuentas, me dijo que no había muchas esperanzas de encontrar una salida, pero de todas maneras decidimos seguir intentándolo. Quería basar la defensa en mi récord en este país, en mi compromiso y mi relación con la comunidad. En total tuve que hacer alrededor de tres viajes más. Mientras tanto, seguía recolectando botes a escondidas de mis papás para hacer dinero y toreando sus preguntas con alguna que otra explicación.

—Ya, Jeff, olvídalo —le decía yo a veces—. Olvidémonos de esto porque no puedo estar así. Mis papás se van a dar cuenta. Tengo que irme a otro estado a trabajar... Te agradezco por lo que estás haciendo...

En verdad que estaba a punto de tirar la toalla y darme por vencido. Pero Jeff no me dejaba hacerlo y me llamaba todos los días para darme palabras de aliento.

Jeff había visto que yo era una persona sana y disciplinada, que nunca fallaba al trabajo y que actuaba siempre con responsabilidad. Eso también lo ayudó a entender que la falta de papeles no era un descuido o deseos de saltarme las reglas, sino un problema más complejo que no necesariamente quería decir que yo fuera una persona con malas intenciones ni mucho menos. Sé que muchos estadounidenses piensan que los inmigrantes que no tienen documentos vienen aquí porque no saben respetar las reglas o porque tienen intención de romperlas. Pero las razones por las que uno cruza la frontera sin papeles son mucho más complejas: uno llega aquí porque quiere un mejor futuro para su familia, porque quiere contribuir al sueño americano y porque hay una gran oferta de trabajo que no podría ser satisfecha sino con la mano de obra de inmigrantes. El problema es que conseguir un permiso de trabajo es increíblemente complejo y suele estar cerrado para muchos de los trabajos que desempeñan los inmigrantes. Y en los casos en los que hay posibilidades, la cantidad y el costo de los trámites simplemente lo hacen imposible para, por ejemplo, un campesino que apenas sabe leer y escribir y que vive en una zona remota en México y cuya mano de obra es necesaria en este país.

Sentir el apoyo incondicional de Jeff, de este ángel que Dios me había mandado, me ayudó a mantener la determinación para seguir adelante. Siempre le estaré agradecido.

CAPÍTULO 18

<< ¿A QUÉ VENIMOS? >>

Cuando recibo llamadas telefónicas en el programa de radio, suelo hacer esa pregunta.

—¿A qué venimos?

—¡A triunfar! —me responden mis radioescuchas.

Es una frase que prácticamente se ha convertido en el lema de mi programa, y con ella suelen identificarme. En alguna ocasión incluso imprimimos unas camisetas con esa pregunta y con su respuesta. Aún sigo viendo algunas por las calles, de vez en cuando.

Al principio, la respuesta que daba se refería a este país, a que venimos a Estados Unidos a triunfar. Pero en una ocasión una radioescucha me corrigió.

—No, a este mundo, ¿a qué venimos? —me dijo.

Yo estuve de acuerdo con ella: no sólo venimos a triunfar a este país, sino a este mundo. Eso es lo más bonito de estar en contacto con la gente: me corrigen y me hacen aprender mucho.

La frase surgió cuando viajaba de Sacramento a casa de mis padres por la Interestatal Cinco, después de haber perdido de nuevo mi trabajo, y en medio de la tristeza y el dolor de saber que iba a ser deportado. En un momento dado, tuve que detener el carro porque no podía más y porque estaba muy triste por no saber qué le diría a mis papás cuando llegara a casa.

Recuerdo que mientras esperaba en el auto apagado, miré las luces nocturnas de la ciudad de Los Ángeles y reflexioné: «Lo que me está pasando, estoy seguro de que también le está pasando a mucha gente más... ¿Por qué viene uno aquí? —le pregunté a Dios. Yo estaba muy molesto. Y la respuesta vino a mí casi de inmediato—: venimos a triunfar, ¿no?». Ahí fue donde nació esa frase que mucha gente ha adoptado y que quise poner de título a este libro.

También en ese viaje encontré otra respuesta, aunque tardaría algo de tiempo en poder asimilarla y entenderla. Muchas veces, cuando algo nos nubla la vista de nuestras metas, del significado que damos a nuestros actos y del cariño y amor de Dios, solemos negarnos a ver las señales que se nos presentan, que nos dicen que encontraremos una solución a nuestros problemas, que nos dan la respuesta que estamos buscando. Para ese entonces ya había yo comenzado a meterme un poco más en la palabra de Dios, a ir a la iglesia, pero eso es algo de lo que hablaré un poco más adelante.

Recuerdo que en el camino, y antes de detener el auto cerca de Los Ángeles, hablaba en voz muy alta y lloraba y golpeaba el volante del carro con mucho coraje. Estaba completamente desesperado.

—Quisiera hacer algo, ¡pero ya! —decía—. Quiero solucionar el problema... ¡Ya estoy hasta la madre de esto!... Dios mío, mándame una señal, dime que me estás escuchando. Mira, no me drogo, no consumo alcohol, no hago nada de eso... ayudo a mi familia... ¡qué más quieres!

Fue en ese momento que vi una antena de una emisora de radio. La antena tenía una luz en la punta que se encendía y se apagaba. Esa fue la señal que necesitaba, la respuesta que esperaba de Dios. «Si eso no se apaga es porque hay una esperanza —pensé, aunque como expliqué, tardaría un poco de tiempo en realmente apropiarme de su significado—. Quiere decir que voy a regresar y a demostrar a los que me denunciaron a migración quién soy yo, y vamos a ser otra vez número uno».

TERCERA PARTE

NUEVOS HORIZONTES

CAPÍTULO 19

INVÍTALO DE CORAZÓN

*E*s en los momentos más difíciles de la vida, cuando nos encontramos ante problemas que parecen imposibles de solucionar, que sentimos la necesidad de buscar refugio en la espiritualidad, de acercarnos a Dios para encontrar las respuestas que necesitamos.

Sé que si lo espiritual no existiera en mi vida, en muchas pruebas me habría estancado, y si Dios no estuviera en primer lugar en mi lista de prioridades, entonces mi vida estaría fuera de orden. Por eso, cada día aprendo más sobre la palabra de Dios, para mi día a día y para mi vida en familia.

Sin embargo, mi acercamiento a la verdad espiritual fue dándose poco a poco y de una manera que nunca habría sospechado. Les explico cómo empezó todo.

Es cierto que había nacido en una familia católica que iba a misa todos los domingos y, aunque Dios siempre había sido importante en mi vida, nunca había ocupado el puesto central que tiene hoy en día y que me ha ayudado tanto a salir adelante. Durante mi infancia y mi adolescencia, mi relación con Dios había sido algo que asumía como parte de mi vida, pero sobre lo que nunca reflexionaba realmente y, definitivamente, nunca la vi con la profundidad con la que la vería más adelante, cuando se convirtió en una parte fundamental de mí y en algo que me acompaña todos los días.

La historia de cómo me acerqué más a Dios comienza aquí en Estados Unidos. Comienza en enorme medida gracias a Fermín, un amigo que mi papá había conocido unos años antes afuera del estudio fotográfico donde trabajaba en Santa Ana. Y a un día en que hice un berrinche.

Mi papá nunca dejó de ser estricto con nosotros, incluso cuando ya éramos mayores de edad. Después de que cumplí dieciocho años, cuando le pedía permiso para ir a una fiesta —sí, le pedía permiso a esa edad—, siempre me decía que tenía que regresar a las nueve de la noche. ¡Pero a las nueve de la noche apenas empezaba la fiesta! No había manera de hacer que mi jefe cambiara de opinión y lo único que pasaba era que ir a la fiesta ya no tuviera sentido y yo terminara quedándome en casa.

En una de esas ocasiones, casi a punto de terminar la preparatoria, estaba tan frustrado y enojado con mi papá por la hora en que me había pedido que regresara de la fiesta que lo amenacé con aventarme del balcón para mostrarle cuán importante era para mí poder ir a una buena hora. Antes de continuar, tengo que decirles que vivíamos en un segundo piso y que abajo del balcón había un jardín y eso yo lo había calculado y sabía que, cuando mucho, me rompería algún hueso, pero no me iba a morir. Supongo que mi papá también lo había calculado y sabía que, aunque me aventara, no me pasaría gran cosa. Pero eso no impidió que se preocupara porque se dio cuenta de que yo estaba dispuesto a hacerme daño si él no me dejaba llegar más tarde a casa.

Desesperado porque no sabía qué hacer y cómo tranquilizarme, se decidió a llamar a Fermín, su amigo, y le pidió que viniera a hablar conmigo. En ese entonces Fermín era amigo únicamente de mi papá. El resto de la familia no lo quería porque siempre estaba hablando de Dios y trataba de convencernos de encontrar la verdad. No desaprovechaba oportunidad para invitarnos a la iglesia y para tratar de mostrarnos las formas en que Dios se manifestaba en nuestras vidas. Nosotros también creíamos en Dios y en Cristo, y no estábamos acostumbrados a escuchar a gente que hablara tanto de su fe y, bueno, estábamos felices como estábamos. O eso creíamos.

Fermín y mi papá se habían conocido en la calle, cuando mi papá salía a barrer la banqueta que quedaba frente al negocio de fotografía en el que trabajaba, en la calle 4 de Santa Ana, California. Fermín trabajaba para el ayuntamiento en la limpieza de las calles y solía pasar frente al negocio de fotografía. Como mi papá es muy amiguero, pronto estuvo hablando con él, y con el tiempo su relación se volvió muy cercana.

Casi desde el primer momento, Fermín habló con mi papá de la palabra de Dios y empezó a invitarlo a la iglesia a que asistiera a eventos para tomar fotografías. Mi papá, al igual que yo haría tiempo después, empezó entonces a conocer más de la palabra de Dios. Él y Fermín iban con frecuencia a la iglesia, donde eran parte del grupo musical, que sólo cantaba alabanzas a Dios. Mi papá parecía disfrutar mucho de la compañía de Fermín y de estas reuniones a las que iban, pero la realidad es que, cada que Fermín se aparecía por la casa y empezaba a hablar de Dios, los demás pensábamos: «Ya vino este cuate otra vez, a dar lata», y nos daban ganas de correrlo. Con el tiempo tuvimos oportunidad de conocer su generosidad.

Por ejemplo, cuando mi hermano mayor tomaba demasiado, hablaba con él para convencerlo de que lo que estaba haciendo sólo le hacía daño a él y a su familia. Habló también conmigo ese día en que quise aventarme del balcón.

Poco después de que mi papá marcara el número de teléfono de Fermín, este le respondió y mi papá empezó a explicarle lo que estaba sucediendo.

—No puedo contenerlo —oí que le decía.

—¡Tráelo! —le grité—, ¡yo también a él, y a ti, les rompo el hocico!

Para ese entonces, yo ya había empezado a hacer más ejercicio y sentía más confianza en mi fuerza física, por lo que no me asustaba pensar que mi papá o cualquier adulto quisiera golpearme. Estaba tan furioso con la situación que no le temía a nada.

A los pocos minutos llegó Fermín a nuestro apartamento. Entró con calma y fue hacia donde me encontraba yo, en la sala. Cuando lo vi entrar me enojé aún más. Ya tenía suficiente con lo que estaba sucediendo con mi papá, no necesitaba que otro señor viniera a decirme qué debía y qué no debía hacer. Simplemente no me caía bien y no quería hablar con él.

—Así es que te quieres aventar—me dijo—. Muy bien, dale.

No sé por qué, pero en ese momento sentí que me había quedado paralizado y ya no quise arrojarme, pero seguía sintiendo mucho coraje y amenacé a Fermín con golpearlo. Él me pidió que lo acompañara a mi cuarto y lo seguí.

—Muy bien, si quieres, dame —me dijo una vez que estuvimos dentro—. Yo no voy a meter las manos porque tú y yo no vamos a pelear.

—No, tranquilo —repuso mi papá tratando de evitar los golpes. Él se había quedado afuera del cuarto, viéndolo todo.

—Déjelo que me golpee —le dijo Fermín sin dejar de verme.

Y ¡pues no pude! Me imagino que él ya tenía al Espíritu Santo y a Dios de su lado.

—Dale, dame el primer golpe —insistió Fermín—. ¿Cuál es tu coraje?

—Que mi papá no me deja salir —le respondí sintiendo que el enojo volvía a crecer.

—No te dejo salir porque hay muchos peligros —intervino mi papá, conciliador.

—¿Y qué hay de mis demás compañeros? A ellos sí los dejan ir —le dije tratando de convencerlo.

—Cada papá es diferente —me dijo él—. Yo deseo que tú tengas una mejor vida y tengo que cuidar lo que tanto amo, por esa razón no te dejo ir. Además, ya es tarde...

Fermín me dijo que oró mucho en el camino hacia nuestro apartamento desde el suyo, que quedaba en un edificio a unos quince minutos del nuestro. Yo lo miraba con incredulidad pero a medida que empezó a hablarme y a explicar su punto de vista, me vi escuchando sus palabras con muchísima atención.

—¿Acaso no valoras todos los sacrificios que tus padres han hecho por ti? —me dijo—. La palabra de Dios dice que si honras a tu padre y a tu madre, tus días serán prolongados y te irá bien sobre la Tierra.

»La mayoría de los jóvenes como tú son rebeldes y groseros con sus papás, les gritan, les contestan de mala manera, les rezongan. Y luego hay unos que hasta los golpean y maltratan. Pero cuando los pierden, entonces lloran con lágrimas de sangre porque se acuerdan de todo el mal que les hicieron. Y luego, cuando a los hijos les toca ser padres, pagan con creces todo lo mal que se portaron con los suyos. Así lo dice Dios: si tú como hijo ahora deshonras a tu padre y a tu madre, el día de mañana tus propios hijos te pagarán de igual manera como tú lo hiciste con los tuyos...

Yo lo veía sin creer lo que me estaba diciendo, no podía moverme ni hablar porque seguía muy molesto. Por un lado no podía dejar de pensar: «Aquí está este, otra vez hablando de Dios, ya chole», y puse los ojos en blanco. Pero por otro lado, empezaba a sentir que sus palabras eran verdaderas, que quizá tenía razón.

—Búrlate si quieres —continuó Fermín—, si aún no entiendes que Dios en cualquier momento se llevará a tus papás cuando menos te lo imagines. Y si la últimas vez que los viste discutiste con ellos, vas a sentir un gran arrepentimiento.

»Es importante que honres a tus papás. Honrarlos significa hacer caso de lo que te pidan, excepto que traten de alejarte de Dios. No importa que te griten, recuerda que como seas con ellos, así serán tus hijos contigo. Tenles paciencia y trata de entenderlos, pide a Dios que los ayude a cambiar poco a poco. Te aseguro que eso funciona y que ellos, con tu ejemplo, cambiarán y serán mejores. Igual que tú. Y así, cuando seas padre, un día comprenderás por qué los papás corrigen a los hijos. Porque los aman, como Dios nos ama a todos, y porque quieren que sean mejores.

Cuando acabó de hablar, me di cuenta de que tenía razón, de que era importante hacer caso a mi papá y de que todo lo que hacía, lo hacía por mi bien. Además, pensé en que algún día yo también tendría una familia —una idea que cada vez fue creciendo más en mí— y que entonces iba a querer que todos estuvieran bien.

También entendí que Fermín siempre había querido el bien para nosotros, que no era sólo un enfadoso sino un amigo de verdad de mi papá y, por eso, también de la familia. Sus palabras me habían conmovido mucho y me habían dejando reflexionando sobre mi relación con mis papás y sobre mí mismo. También me sentía muy agradecido con Fermín por haberme ayudado a ver las cosas desde otro punto de vista y sentirme en paz conmigo y con mis padres.

Fue así como, poco a poco, comencé a aceptarlo en nuestra vida, a escuchar lo que me decía y a dejar que, a través de Fermín, Dios me permitiera irme acercando a Él.

Después me tranquilicé y salí del cuarto. Abracé a mis papás y les pedí perdón y, sin darnos cuenta, Fermín salió unos momentos para dejar que nosotros lloráramos abiertamente y luego regresó. Volví a mi cuarto y me di cuenta de que ya no quería aventarme o golpear a alguien. Me quedé llorando solo en el cuarto y luego salí. Fermín me volvió a hablar de la palabra de Dios, de su importancia, y comenzó a invitarme a ir a la iglesia.

O a engañarme para que fuera: sabía que me gustaba el ejercicio y a veces venía al apartamento y me invitaba a usar su máquina para hacer ejercicio. Yo me iba con él y cuando ya estaba usando la máquina, me proponía que saliéramos a hacer deporte en otro lado.

—No, aquí —me oponía porque ya sabía lo que él quería—. Mira, aquí está la máquina y con esto basta.

—Mejor vamos afuera y luego pasamos a cenar —me insistía.

De camino, se detenía con su carro afuera de la iglesia.

—Nomás déjame pasar rapidito aquí a la iglesia, tengo que recoger unas cosas —y abría la puerta para bajarse.

—Aquí te espero —le respondía yo.

—Vente, vamos, no tardamos.

A veces iba con él y al entrar empezaba a escuchar a todo el mundo cantando sus alabanzas y orando. «A'jijo de su madre, no marches, este cuate me engañó otra vez», pensaba yo. La verdad es que los feligreses me parecían un poco fanáticos porque la forma de alabar a Dios que me habían enseñado en mi infancia era algo distinta a la de los Cristianos. Pero fui muy afortunado de que Fermín Villaseñor me empezara a acercar a la iglesia porque me permitió conocerla mejor y acercarme a Dios cada vez más e ir aceptándolo en mi corazón.

Alrededor de esa misma época, por tomar demasiado, mi hermano Jorge comenzó a tener problemas de salud, su hígado empezó a fallar y se hizo necesario operarlo cuando le descubrieron una mancha grande en ese órgano. Nosotros no teníamos dinero para la operación. Bueno, en realidad no teníamos dinero para casi nada. El día en que lo iban a operar, Fermín se presentó en el hospital.

«Uf, otra vez ese cuate aquí. Qué metiche», pensé. Y me salí del cuarto cuando empezó a orar para pedir por la sanación de mi hermano.

Después de que terminó, Fermín se fue y al día siguiente en la mañana, antes de que entrara al quirófano, llevaron a mi hermano a tomarle una nueva radiografía para prepararlo para la operación. ¡La mancha había desaparecido! «Ay, carambolas», pensé.

Entonces llamamos a Fermín para darle la noticia.

—Es la obra de Dios —dijo—, que está actuando en él para que sirva de testimonio ante su familia, y para que ese mismo testimonio se riegue en más gente.

Yo todavía era incrédulo, pero al ver lo que le había sucedido a mi hermano, le di el beneficio de la duda y un poco más de confianza. A partir de entonces empezamos a invitarlo a que nos viera jugar futbol y a que pasara más tiempo con nosotros.

Después de esto y de que logró tranquilizarme el día en que me quise arrojar por el balcón, ya no me fastidiaba ver a Fermín en la casa y, a veces, yo también buscaba su compañía. En las ocasiones en que me invitaba a ir con él a hacer ejercicio, poco a poco, empecé a hablarle más de mí y empezamos a conocernos mejor.

Pero aún así, pasarían varios años antes de que la palabra de Dios me fuera revelada. Sucedió en uno de los momentos más difíciles que he pasado en mi vida, cuando perdí por segunda vez mi empleo por no tener papeles y me vi forzado a regresar a casa de mis papás atravesando el estado de California en medio de la noche porque me iban a deportar.

Como les he contado, Dios se había manifestado ante mí en el largo y angustiante camino, cuando me dio señales de esperanza y me empezó a dar a entender qué significaba todo lo que estaba pasando. En ese entonces no lo veía así porque mi relación con Dios era menos cercana. Pero ahora, cuando recorro todo lo que me ha pasado en la vida, me doy cuenta de que Él siempre estuvo a mi lado, acompañándome en cada paso que di: en la frontera, cuando casi me descubren los oficiales de la patrulla fronteriza; en personas como Ramón Valerio o como Sergio o como Jeff Holden, quienes creyeron en mí y me invitaron a trabajar con ellos; en mi familia, que siempre estuvo ahí para apoyarme en los momentos más difíciles y en una infinidad de momentos y personas más con las que me había topado en la vida.

Pero el momento en que conocí Su palabra fue poco después de que llegué a casa de mis papás en Mira Loma, después de que había perdido mi trabajo en Sacramento y había recibido una orden de deportación, años después de que Fermín hablara por primera vez conmigo y de que yo empezara a aceptar, poco a poco, a Dios en lo más profundo de mi ser.

Fue ese día triste en Mira Loma cuando tomé el teléfono y llamé a Fermín para contarle lo que me estaba sucediendo.

—Ya no aguanto —le dije desesperado, sollozando—. Estoy... enojado... con Dios.

—Invítalo a tu corazón —me respondió—. Pero hazlo de corazón. Él va a hacer cosas que nunca pensaste, y va a ponerte en lugares en los que nunca te imaginaste estar.

De nuevo, Fermín tenía razón. Necesitaba confiar más en Dios, ponerme en sus manos porque Él es el único que me puede mostrar el camino. Sentí un gran alivio. Ese fue el momento en el que definitivamente me di cuenta de que Él era quien guiaba mis pasos y a quien debía encomendar toda mi vida, que sólo con Él podría salir adelante y encontrar las paz y la sabiduría necesarias para enfrentar cualquier tipo de dificultad.

—¿Sabes qué? —le respondí—. Creí que ya lo había hecho, pero quizá no. Quizá estaba yo equivocado. Ahora sí, en este momento, le entrego mi vida a Cristo, lo quiero hacer, y que se haga su voluntad. Que me disculpe por haberme enojado, que me perdone.

Y empezamos a orar los dos juntos.

Mientras escribo este libro estoy leyendo un pasaje de la Biblia que me recuerda ese momento, y quiero compartirlo con ustedes.

Jeremías 29:11-13
Nueva Versión Internacional (NVI)

Porque yo sé muy bien los planes que tengo para ustedes —afirma el Señor—, planes de bienestar y no de calamidad, a fin de darles un futuro y una esperanza. Entonces ustedes me invocarán y vendrán a suplicarme, y yo los escucharé. Me buscarán y me encontrarán, cuando me busquen de todo corazón.

Fermín es un ángel que nunca se dio por vencido a pesar de que lo rechazábamos, y que puso la semilla de la palabra de Dios en nosotros. Primero en mi papá, luego en mí, después en mis hermanos y finalmente en mi mamá. Pero no se detendría ahí porque su amor y bondad se derramarían en más personas con el paso del tiempo.

Una vez que decidí recibir a Jesús como mi salvador y empecé a tener una relación personal con Él, noté cómo mi vida cambiaba, cómo estaba aprendiendo a vivir mejor y cada día me corrijo gracias a Él, quien me trata como a un hijo, me llama la atención cuando hago algo que no debo hacer y después me abraza otra vez y me sigue amando.

Si no fuera por Dios, tampoco conservaría mi matrimonio. La vida en el medio de la radio es muy difícil porque hay que estar fuera constantemente, trabajando largas jornadas, muchas veces sin poderlo prever. Eso dificulta atender a la familia, pero gracias a que ambos, mi esposa María y yo, estamos en el Evangelio, hemos podido sortear los mayores problemas de la vida y ya llevamos dieciocho años de casados. Pero de eso hablaré más adelante.

Por ahora, basta con que les diga que si no fuera por la palabra de Dios, muchas cosas positivas en mi vida simplemente no ocurrirían. Hay mucha gente que puede tener muchos talentos, pero sólo en Dios puedes desarrollar tu potencial, es en Él que encuentras la fuerza para seguir adelante. Y eso sería fundamental en la prueba que tendría que enfrentar poco después de haberlo aceptado en mi corazón: mi deportación.

CAPÍTULO 20

UNA LUZ DE ESPERANZA

A pesar de que el abogado de inmigración, Jeff y yo intentamos encontrar una solución, finalmente llegó el día de la audiencia de mi deportación. Normalmente olvido las cosas malas que me han pasado, trato de borrarlas de mi memoria y de quedarme sólo con lo que aprendí, con lo bueno que pude sacar de ellas. El día de la audiencia es borroso porque fue muy estresante y sufrí mucho pensando que podría ser expulsado del país y que dejaría atrás a mi familia y el futuro que estaba luchando por construir. No recuerdo la fecha exacta, pero sé que fue en el verano de 1995, sólo ocho meses después de que hubiera comenzado a trabajar en La Super X.

Ese día, antes de ir al juzgado en San Francisco, estuve reunido en la oficina con los abogados de Jeff. Ellos me explicaron lo que podría suceder en la audiencia: el juez podía confirmar la deportación o permitir que tramitara un permiso de trabajo. Ellos veían pocas posibilidades de que sucediera esto último, pero me dijeron que harían todo lo posible porque así fuera. A pesar de que sentía que me moría del miedo de lo que me esperaba en ese juzgado, puedo decir que también me sentía tranquilo porque sabía que estaba en manos de un equipo de abogados.

Jeff, los abogados y yo salimos de la oficina y nos fuimos caminando al juzgado, que quedaba a unas pocas cuadras. Afuera me estaban esperando mis papás y mi hermano Édgar, a quienes finalmente había decidido contarles lo que estaba sucediendo. Pasamos por el detector de metales, la revisión de seguridad y, al entrar al edificio, entregamos mis papeles. Recuerdo que era una carpeta muy gruesa llena de documentos que los abogados habían reunido y escrito. Adentro del edificio había mucha gente y el ambiente era extraño: unas personas estaban muy tristes y otras muy alegres. Otras más estaban formadas esperando su turno delante de alguna ventanilla, supongo que en espera de poder tramitar sus papeles o recibir alguna respuesta. Era un lugar donde todo el mundo estaba esperando una decisión, una decisión que determinaría sin duda el curso de su vida futura.

Caminamos hasta la antesala del juez y esperamos mi turno. Para ese momento yo ya estaba demasiado nervioso y no podía ni siquiera pensar bien. Cuando nos mandaron llamar, entramos. Respiré profundo y me dije que ya nada estaba en mis manos y que lo mejor que podía hacer era encomendarme a Dios.

El lugar era como en las películas: una sala amplia con un estrado hasta el fondo y dos escritorios enfrente. Detrás de ellos había bancas para los asistentes al juicio. El lugar estaba vacío y, no sé si fue por mis nervios o por el aire acondicionado, pero a pesar del calor del verano sentí mucho frío.

Después entraron la fiscal y luego el juez. Yo estaba sentado con los abogados frente al juez y Jeff se sentó detrás de nosotros. Pronto, tanto los abogados como la fiscal comenzaron a exponer sus argumentos.

Jeff le explicó al juez quién era él y le dijo que estaba ahí para apoyarme porque mi presencia era muy importante para la empresa y para la comunidad.

Llegó el momento en que me pidieron que hablara y le conté al juez mi historia, le dije cómo había llegado a Estados Unidos y cómo, sin éxito, había intentado arreglar mi situación prácticamente desde que entré al país. Le conté también de cómo, poco a poco y con base en el esfuerzo y gracias a gente que creyó en mí y me dio la oportunidad, yo había ido saliendo adelante para ayudar a mi familia. Para cuando terminé de hablar no pude contener más las lágrimas.

El juez me dijo que le llamaba mucho la atención que Jeff estuviera ahí conmigo en la audiencia, que eso hablaba bien de él y de mí. Pero después continuó:

—Tu historia es muy linda. Te veo, además, llorando. Pero no me convences.

Cuando terminó de hablar, me preguntó si tenía algo que decir. Le dije que sí.

—No quiero que mi familia me vea salir de aquí como un criminal porque no lo soy —respondí, llorando aún—. Sé que cometí el error de usar papeles falsos, pero no sabía qué tan grave era, jamás pensé que podría llegar a esto. Pensé que sólo haría que me dieran una multa. Pero ¿deportarme?, ¿como si fuera un criminal? No quiero que mis padres vean esto, los mataría.

Me dijo que aún no lo convencía la explicación que le estaba dando porque había hecho algo muy grave. Los abogados y la fiscal continuaron exponiendo argumentos y recuerdo que en un momento dado el juez comenzó a decir que lo que yo había logrado siendo tan joven —tenía sólo veinticinco años de edad y ya conducía un programa de radio muy exitoso— y lo involucrado que estaba con la comunidad hacían que valiera la pena darme una oportunidad. Incluso, me dijo que si decidía darme la oportunidad, quería que contara mi historia a mi gente, para que aprendieran de mí y no hicieran lo mismo que yo había hecho.

En ese momento, la fiscal pidió acercarse a él y vi que empezaron a discutir y a subir el tono de voz. No escuchaba bien todo lo que decían —y tampoco entendía muy bien no sólo porque muchos términos legales los desconocía, sino que aún no hablaba inglés muy bien—, pero alcancé a entender que la fiscal insistía en que lo que yo había hecho —usar una tarjeta de residencia y un número de seguro social falsos— era muy grave.

La discusión se volvió más acalorada y yo empecé a ponerme más nervioso porque veía que el juez le daba la razón a la fiscal. Recuerdo que en un momento me pidieron que saliera de la sala y adentro se quedaron el juez, la fiscal, los abogados, Jeff y mi familia. Yo le agradecí al juez por haberme escuchado y a Jeff por haber estado ahí. Le di un abrazo con mucho cariño y salí.

Por la expresión del juez cuando me pidieron que saliera, me quedé con una mala sensación. Sabía que aunque me deportaran, yo buscaría la manera de salir adelante, como siempre lo había hecho, y que aprendería algo bueno de todo esto. Pero, de todas maneras, me llenaba de mucho dolor pensar que estaría lejos de mi familia.

Después supe que el juez le preguntó a mi papá si yo tenía familiares en México. Quería saber si, al deportarme, habría alguien a quien yo podría acudir allá.

—Sí —le respondió mi papá—. Pero verlo ir sería terrible para la familia porque sus papás y sus hermanos estamos todos aquí. Y eso nos separaría para siempre.

Jeff tomó la palabra y le dijo al juez que había reunido muchas cartas de gente de la comunidad y de clientes de la empresa en las que testificaban que yo era una buena persona, importante para la comunidad. Se las entregó al juez.

—Muchas gracias —dijo el juez—. Les comunicaré mi decisión pronto.

Y les pidió que salieran de la sala. Jeff, los abogados y mi familia se reunieron conmigo.

Mientras tanto, yo estaba sentado en una banca en el pasillo y lloraba como un niño. Oraba. Deseaba y creía que Estados Unidos sería el lugar donde desde muy pequeño había pensado que mis sueños podrían hacerse realidad, y desde el primer día en que estuve aquí me había esforzado por alcanzarlos. Que sería también el lugar del que Fermín me había hablado, aquel en el que Dios me llevaría a donde nunca había imaginado. Pero las esperanzas parecían estarse apagando muy rápidamente. Mientras más pensaba en la situación, más veía que lo que había hecho era muy grave y por más bien que hubiera hecho en mi vida, aquel juez tenía mi futuro en sus manos.

Entonces, un oficial de inmigración se acercó a nosotros.

—Párate —me dijo—. Preséntate a la ventanilla número tal. Te van a dar un permiso de trabajo temporal.

Simplemente no podía creer lo que estaba escuchando. ¿Se trataba de una broma? ¿Había entendido bien? No quise preguntar y fui directamente a la ventanilla que me había indicado. Mi sorpresa fue aún mayor cuando descubrí que, en efecto, el juez había decidido que podría tramitar el permiso y ¡que tenía una segunda oportunidad! En la ventanilla, por supuesto, no me dieron el permiso, sino que me dieron el comprobante de que este estaba en trámite y que me lo enviarían a casa cuando estuviera listo.

Las personas que me atendieron también me dijeron algo que me sacó de onda.

—No hay muchos permisos de trabajo como el que te vamos a dar —me dijeron—. No los hay. Además, tienes una marca en este permiso de trabajo, aunque no la puedas ver. Si te alejas de tu casa o de tu trabajo o de la escuela en un radio de más de sesenta millas, te vamos a agarrar para deportarte. No puedes ir a ningún otro lado, ¿entiendes? —¡No podía ni siquiera ir a visitar a mis papás! Continuaron—: Eso no lo puedes ver en el permiso, pero en la base de datos lo tenemos todo y nosotros podemos ver esa marca. No se te ocurra hacer algo para lo que no tienes permiso porque aún puedes ser expulsado del país.

Ahora, cuando recuerdo esto, pienso que quizá simplemente me querían asustar para que entendiera que debía portarme bien y obedecer las leyes. No sé cómo habrían podido «ver» la marca especial que tenía en mi permiso ni cómo iban a poder vigilar si me movía lejos de mi casa. Pero por si acaso, decidí cumplir al pie de la letra sus indicaciones y no salir del área de Sacramento

Nunca supe ni pregunté cómo fue que los abogados convencieron al juez, cuáles fueron sus argumentos finales, pero siempre estaré agradecido, con ellos y con Jeff, y sobre todo con Dios, por lo mucho que hicieron por mí.

Contar con el permiso resolvía casi todos mis problemas: mi estancia en este país, mi trabajo, mi fuente de ingresos, mi carrera.

Entonces, inmediatamente mi familia, mis amigos, María —a quien conocí poco después de la audiencia— y yo comenzamos a recolectar cartas escritas por gente que aseguraba que yo era un buen ciudadano. Queríamos tener documentos para solicitar la residencia que mostraran que yo era una persona valiosa para la comunidad y que mi ausencia causaría un impacto negativo en ella.

También, a los pocos días de la audiencia, regresé a mi trabajo, después de prácticamente tres meses de ausencia. Rápidamente me reuní con mi equipo y decidimos hacer una campaña para anunciar mi regreso y escogimos como lema las siguientes palabras que serían transmitidas en promos, o mensajes promocionales, a lo largo del día:

Pronto regresará el corazón de la estación. De fondo, se escuchaba un corazón latiendo.

En el primer programa después de mi ausencia conté lo que me había pasado, la razón por la que había desaparecido por tanto tiempo. Quería que, como me lo había pedido el juez, mis radioescuchas tomaran mi historia como experiencia propia para que no hicieran lo que yo había hecho. También les dije:

—Esto no nos va a detener de seguir trabajando y luchando por nuestros sueños, para seguir adelante.

La respuesta de la audiencia no se hizo esperar. Había mucha gente que se sentía identificada con lo que me había sucedido y lo mostraron, las llamadas no paraban de llegar y la gente quería contar historias similares a la mía al aire, decirnos que estaban sufriendo lo mismo o que conocían a alguien que había pasado por el mismo calvario, o que ellos mismos habían estado en situaciones similares. Mucho nos hablaron de sus familias separadas por alguna deportación. Todas estas historias me hicieron ver que no estaba solo e hicieron crecer en mí la convicción de que debíamos seguir luchando para alcanzar nuestros sueños.

La gente, además, respondió muy bien al regreso del programa: en poco tiempo ya éramos de nuevo el programa número uno en audiencia.

Pensé que mi audiencia no se podía quedar sólo con mi historia para no verse en los mismos problemas migratorios en los que yo había estado. Sabía que era muy importante que mi gente supiera los riesgos en los que se metía cuando compraba papeles falsos, por lo que decidí hacer un segmento nuevo en el programa en el que abogados de migración pudieran orientar a los radioescuchas. Hice una lista de abogados que había conocido en eventos de la estación y los invité a que participaran. La mayoría estuvo de acuerdo y comenzó a asistir con regularidad para responder a las inquietudes y las dudas de la audiencia.

Invitar a abogados a mi programa me dio también otra idea: hacer un segmento nuevo con doctores a quienes los miembros de la comunidad que no pudieran pagar una consulta les pudieran preguntar gratuitamente sus dudas. Incluir estos segmentos fue muy positivo porque no sólo pudimos ayudar a miles de personas que nos llamaban con dudas, sino que sabíamos que una sola pregunta de un solo radioescucha podía ayudar a miles de personas más que estaban escuchando el programa y que se encontraban en situaciones similares, o que conocían a alguien en una situación similar. Incluso, a mí también me ha ayudado mucho tener estos segmentos porque aprendo cada día de las respuestas que dan los expertos.

Pero mientras esto ocurría, yo seguía luchando mi propia batalla para encontrar una manera de quedarme en el país. El permiso que tenía era temporal y el trámite de la residencia avanzaba lentamente.

Recuerdo que varias compañeras del trabajo y amigas de la familia ofrecieron casarse conmigo para que yo obtuviera la residencia más rápidamente. Pero, aunque estaba muy agradecido, siempre les dije que no quería perjudicar a su familia y su futuro con eso. Además, habría hecho algo ilegal, por lo que no era una opción para mí.

Ser inmigrante en cualquier lugar es siempre un reto: uno tiene que acostumbrarse a nuevos lugares, a formas distintas de hacer las cosas, muchas veces a un nuevo idioma. Hay que hacer nuevos amigos, encontrar un trabajo y hacerse camino. Y muchas cosas más. Sin embargo, los inmigrantes que no cuentan con documentos tienen un camino aún más difícil en frente porque, además de todo lo anterior, tienen que vivir con miedo a ser descubiertos, con menos oportunidades de desarrollo y de integrarse a la sociedad que los recibe, de la que quieren formar parte y a la que contribuyen con su trabajo y con sus impuestos.

Por eso, y por muchas razones más, es que resulta fundamental que se lleve a cabo una reforma migratoria que reconozca que los inmigrantes indocumentados no son criminales, sino que la gran mayoría de ellos son personas de bien que están buscando un mejor futuro para ellos y para sus familias, y que, al hacerlo, contribuyen a la grandeza de este país.

No crean que estoy sonriendo a la cámara, ¡le tenía miedo al agua! ▌
Don't think that I'm smiling for the camera . . . I was afraid of water!

Con mi mamá en el campo, cerca de Ocotlán, comiéndome una galleta. ▌
With my mom in the country outside Ocotlán, eating a cookie.

¡Estate quieto, Jorge! ▌
Lie still, Jorge!

All photos courtesy of the author unless otherwise indicated.

Celebrando un cumpleaños con el saco y el moño de mi hermano Jorge. ▌ Celebrating a birthday in my brother Jorge's jacket and bow tie.

¿Por qué me están tomando una foto? ▌ Why are we taking this picture?

En el patio de la casa de mis papás. Esos son los zapatos gastados que le llaman la atención a mi hijo Daniel. ¡Pero qué feliz era! ▌ On the back patio at my parents' house. Those are the hand-me-down shoes that fascinated my son Daniel. But how happy I was!

El taller de bicicletas «Martín», en Ocotlán. ¡El original! ▍ Martín's bike shop in Ocotlán. The original!

La escuela pública en la que «estudiaba» y donde me comía unas deliciosas tostadas con chile. ▍ At the public school where I "studied" and ate a lot of delicious tostadas con chile.

Recién llegado a Estados Unidos,
en Santa Ana, California. ▌
Newly arrived in America,
in Santa Ana, California.

Con mi papá y con mi hermano Jorge
al poco tiempo de que llegué a Estados
Unidos. ▌ With my dad and my brother
Jorge, shortly after I came to America.

El día de mi graduación de la preparatoria Saddleback. Me costó mucho trabajo,
¡pero lo logré! ▌ Graduation day at Saddleback High School. It was hard work,
but I did it!

La foto típica que uno se toma y envía a la familia en México. ▌ The typical photo you take and send to family in Mexico.

Relajándome después de un duro día de trabajo. ▌
Chilling out after a hard day's work.

Me veo muy feliz en la cabina de Radio Éxitos. ▌ Looking excited in the Radio Éxitos broadcasting booth.

Otro de los momentos más felices de mi vida: el día en que obtuve la ciudadanía estadounidense. ▌ Another one of the happiest moments in my life: the day I got my American citizenship.

Orange County Register/Cindy Yamanaka

Al final de la Caravana a Washington, escuchando al senador Robert «Bob» Menendez hablar a favor de la reforma migratoria. ▌ At the conclusion of the Caravan to Washington, listening to Senator Robert "Bob" Menendez speaking in support of comprehensive immigration reform.

Luz Gallegos, TODEC-Perris

¡A hacer lagartijas en público! | Doing push-ups in public!

Con el noticierista José Armando Ronstadt, apoyando a la comunidad en el lavado de autos. | With the news anchor José Armando Ronstadt, helping out the community at one of our car wash fund-raisers.

¡A darle bien, papuchón! Que quede muy limpio. | Work that brush, Big Daddy! Get it nice and clean!

En la Casa Blanca, hablando sobre inmigración. *De izquierda a derecha*: Emilio Estefan, yo, Lili Estefan y Don Francisco. ❚ At the White House, talking immigration (*from left to right*): Emilio Estefan, me, Lili Estefan, and Don Francisco.

Los senadores Edward Kennedy y Mel Martínez fueron algunos de los legisladores que nos recibieron en Washington al final de la Caravana. Antes de participar en una rueda de prensa sobre inmigración, el 14 de junio de 2007, platicamos amigablemente. ❚ Senators Edward Kennedy and Mel Martinez were among the legislators who welcomed us at the end of the Caravan. Before joining a news conference on immigration reform, on June 14, 2007, we had a friendly chat.

En la oficina Oval de la Casa Blanca, presentando una lista para conformar el equipo de trabajo en beneficio de una reforma migratoria. ❙ In the Oval Office, presenting a list of team members ready to work toward comprehensive immigration reform.

Compadre, le traigo un balón de futbol. ❙ Hey, *compadre,* I brought you a soccer ball.

Fue un honor haber sido recibido en la Casa Blanca por dos grandes anfitriones: el presidente Barack Obama y la primera dama, Michelle Obama... ¿Son muy altos o yo soy muy chaparro? ▌ It was an honor to be welcomed into the White House by two wonderful hosts: President Barack Obama and First Lady Michelle Obama. . . . Are they really that tall, or am I really a dwarf?

En 2010, después de nuestra entrevista en la Casa Blanca, el presidente Obama regresó a mi programa de radio. ▌ In 2010, after our meeting at the White House, President Obama returns to my radio show.

Letra D: Todas las anteriores. ▮ Letter D: All of the above.

La primer dama, Michelle Obama,
en la cabina de radio cuando nos
visitó y habló sobre nutrición infantil
e inmigración. ▮ The First Lady,
Michelle Obama, in the studio, where
we talked about nutrition
and immigration.

Listo para la entrevista con el expresidente de México, Vicente Fox, en la que hablamos sobre la importancia de escuchar las necesidades de nuestros paisanos. ❙ Ready for the interview with former Mexico President Vicente Fox, during which we would talk about the importance of listening to the needs of our fellow countrymen.

Con Emilio y Gloria Estefan, grandes y sinceros amigos. ❙ Emilio and Gloria Estefan, my dear friends.

En la cabina de radio, con mi amigo el periodista José Díaz-Balart, quien también formó parte del grupo de ciudadanos por la reforma migratoria. ▌ In the studio with my friend, the journalist José Díaz-Balart, who was also part of the group of citizens supporting immigration reform.

Con la gran cantante Ana Gabriel. ▌ With the great singer Ana Gabriel.

Angélica Vale y Angélica María, dos leyendas mexicanas del espectáculo. ❙ Angélica Vale and Angélica María, two legendary Mexican stars.

El día que ingresé al Salón de la Fama de la Radio, en noviembre de 2013. Junto a mí están el gran comunicador Larry King y mi amada esposa María. ❙ The day I was inducted into the National Radio Hall of Fame, in November 2013. With me is the great communicator Larry King and my loving wife, María.

Familia de turistas en Tierra Santa: queríamos recorrer los mismos caminos por los que anduvo Jesucristo. ❙ A family of tourists in the Holy Land: We wanted to walk the same paths that Jesus had walked.

Edward y Daniel, mis dos grandes alegrías. ❙ Edward and Daniel, my two greatest joys.

CAPÍTULO 21

EL AMOR DE MARÍA

*C*uando llegué a Estados Unidos me concentré mucho en salir adelante. Pero eso no impedía que saliera con amigos y conociera gente. Tuve algunas novias, amores de juventud con quienes duré poco tiempo. Pero al final de la preparatoria me hice de una novia más formal y seguimos saliendo cuando yo comencé a trabajar en la radio. Como recordarán, pasaba muchísimas horas en la estación para aprender y ganarme un lugar. A ella —no les voy a decir su nombre por respeto—, no le gustaba que yo pasara tanto tiempo en la estación y que me fuera a los clubes nocturnos o *nightclubs* para que me dieran oportunidad de ser maestro de ceremonias, y un día me dijo:

—O la radio o yo.

Y pues... como saben sigo teniendo un programa de radio.

Recuerdo también que después de que terminó conmigo, llamó a mi mamá.

—Ahora que terminé con su hijo —le dijo—, él se va a perder en el alcohol. Sin mí no va a ser nadie.

Mi mamá se preocupó mucho y empezó a rogarme que no fuera a tomar. A mis papás esto les preocupaba mucho porque, aunque yo nunca he tomado, habían visto cómo mi hermano se había perdido en el alcohol. Por supuesto, mi mamá se dio cuenta pronto de que no había nada por qué preocuparse porque en los días después de que cortamos, no sólo no tomé una gota de alcohol, sino que tampoco hice ninguna cosa negativa. No puedo negar que me haya dolido mucho que le dijera a mi mamá que sin ella me iba a tirar al alcohol y que no lograría mi sueño de ser locutor, pero cuando alguien me dice que no voy a poder hacer algo, me da mucha energía y más motivos para lograr lo que quiero, por lo que dejar atrás esa relación fue definitivo para mí.

Con el tiempo, como ya les conté, mi trabajo me llevaría a Sacramento, donde pasé una de las etapas más intensas que recuerde. Esa ciudad trajo a mi vida muchas de las cosas que más aprecio y que más me han ayudado a crecer y a encontrar mi camino en la vida. Hablo no sólo del trabajo y de las experiencias que me llevaron a encontrar grandes oportunidades, como cuando comencé a trabajar en La Super X, y otras que me llevaron a sentir la angustia más profunda o mi mayor acercamiento a Dios hasta ese momento cuando me dijeron que sería deportado. Hablo también de mi esposa, mi compañera de vida, la madre de mis hijos y quien ha estado conmigo en las buenas y en la malas. Hablo de María.

Un día, mientras estaba en La Super X en el otoño de 1995, poco después de que había regresado a mi programa después de la audiencia de deportación, me avisaron que una radioescucha había dejado una carta para mí. Cuando abrí el sobre me di cuenta de que era una invitación del sacerdote de una iglesia para que fuera a un evento de recaudación de fondos para reparar el techo de su templo. Normalmente las invitaciones a ese tipo de eventos las recibía por teléfono, o al aire, o porque alguien en la calle me pedía que fuera a tal o cual lugar.

El sacerdote era un radioescucha muy fiel y pensó que la mejor forma de invitarme era escribiendo una carta él mismo, y una feligrés se ofreció a llevarla. La carta no era especial, sólo me invitaba al evento de recaudación y me explicaba qué tenía que hacer y por qué se necesitaba el dinero. Lo extraño para mí era que me hubiera mandado una carta y no me hubiera llamado, como pasaba siempre. Cuando terminé de leerla, sin duda alguna decidí que debía participar en el evento porque siempre me ha gustado apoyar a la comunidad en este tipo de eventos de recaudación de fondos para buenas causas. Tomé el teléfono y llamé al sacerdote para confirmar que iría.

Además, anunciamos el evento por la radio y algunos de mis compañeros me dijeron que me acompañarían. Cuando llegamos, el sacerdote me dijo que quería presentarme a la señora que había llevado la invitación a la estación. Platiqué con ella un poco y luego nos despedimos. Yo no sabía que ella era de Ocotlán, pero ella sí sabía que yo había nacido ahí, aunque en ese momento no me lo dijo.

Más adelante me enteré que después de que nos despedimos, la señora llamó a su hija para pedirle que fuera a la iglesia. Su hija le dijo que no quería ir porque tenía mucha tarea, pero la mamá insistió e insistió y le dijo que había conocido a un buen muchacho, que además era de Ocotlán.

—Ah, qué bien —respondió ella—. Pero no voy a ir.

La mamá no dejó de insistir hasta que la hija accedió y fue. Cuando llegó, la mamá nos presentó, me dijo que su hija se llamaba María.

Va a sonar muy de película pero inmediatamente me enamoré de sus ojos, vi que era muy guapa y se veía muy bien en el vestido verde que llevaba puesto y con el chongo que había hecho con su cabello. No llevaba maquillaje, lo que me gustó todavía más.

A pesar de que en la radio parezco muy extrovertido, siempre haciendo chistes y hablando sin parar, en la vida real soy más bien tímido. Y añádanle a eso el hecho de que estaba frente a una chica que me gustaba... Pues me puse nervioso, no podía ni hablar. Para mí, fue amor a primera vista. Intercambiamos pocas palabras porque yo no dejaba de tartamudear. Hablamos de cualquier cosa, un poco de la iglesia y de las reparaciones y les dije que me parecía muy bien que estuvieran organizando ese evento para recaudar fondos. Luego seguimos cada quien con nuestros asuntos.

—Ese muchacho es especial —le dijo su mamá, cuando yo ya no estaba escuchando.

—Ah, ¿sí? ¿Qué es? —le preguntó ella.

—Quiero que te fijes en él.

—A ver —le respondió, y se me quedó mirando. Unos veinte minutos después de estarme observando, María concluyó que no había nada de especial y se lo dijo a su mamá.

—¿No encuentras la diferencia? —le respondió ella.

—No.

—Vuelve a ver.

—Ya lo hice —respondió María muy directa.

—Pues fíjate que todos los muchachos que están alrededor de él, o traen un cigarro en la mano, o traen un trago —observó la mamá—. Él trae una botella de agua y no ha tomado alcohol.

María se me quedó viendo y se dio cuenta de que era cierto. Observó también cuando yo me terminé la botella de agua y pedí otra. Y sí, bebo mucha agua porque por alguna razón mi cuerpo funciona como el radiador de un carro y necesito tomar agua todo el día.

Minutos más tarde nos volvimos a ver. Ninguno recuerda quién fue el que dio el primer paso, pero la cosa es que nos pusimos a bailar. Al final intercambiamos nuestros números de teléfono y de *pager* o *beeper*, aquel aparato que se usaba en esa época a donde uno podía mandar mensajes. Como a las dos semanas, después de estarla buscando sin éxito porque yo le mandaba mensajes a su *beeper* y ella pensaba que se trataba de otra persona, un día por fin coincidimos por teléfono y la invité a un evento que estaba organizando el cónsul de México en Sacramento. María escogió con mucho cuidado el vestido que se puso ese día: negro y largo y muy bonito. Se veía increíble. Yo, a diferencia del día en que nos conocimos, que llevaba unos pantalones blancos, botas vaqueras y una camisa roja chillante, ahora me vestí con corbata.

Esa noche, algunas compañeras de la emisora quisieron ponerla celosa, pero no lo lograron. Se acercaban a mí coquetándome o se sentaban muy cerca. María se mantuvo todo el tiempo tranquila, riéndose con naturalidad de las cosas que hacían mis compañeras y esa calma y seguridad me gustaron mucho de ella. Sé que María se comportó así porque en parte no es celosa y es segura de sí misma, y en parte porque era obvio que mis compañeras estaban jugando. Les llamaba la atención que yo nunca hubiera llevado a una chica a un evento del trabajo y que ahora, de repente, apareciera con María. Y es que bueno, se me debía notar lo mucho que me gustaba. Al final todos la pasamos muy bien y después de eso, María y yo comenzamos a salir más seguido.

Recuerdo que en una de nuestras citas la invité a un jaripeo cerca de Sacramento, donde iba a trabajar como maestro de ceremonias. En el evento, los organizadores estaban llamando a los que quisieran participar en un concurso que consistía en montar un toro. El que estuviera más tiempo encima del animal ganaría. Yo quería hacerlo y le dije a María que me iba a inscribir. Ella no estaba muy de acuerdo, prefería que hiciéramos *sky diving* y me dijo que no quería que me subiera al toro, que era muy peligroso. Pero como soy muy necio, aproveché un momento en el que nos separamos para inscribirme al concurso sin que se diera cuenta.

Al final resultó que María tenía razón porque no duré nada en el toro, al poco de subirme salí volando y me metí un trancazo, además de que el toro alcanzó a acomodarme un patadón en la espalda.

«N'ombre, ¿cómo hacen los cuates que se dedican a esto para no caerse?», pensé cuando estaba en el suelo todo atarantado por la golpiza. Es más, quedé tan adolorido que casi no podía moverme y María tuvo que manejar de regreso a Sacramento. Moraleja: tu pareja siempre tiene la razón.

Pero en realidad siempre he sido muy atrevido: años después me metí a la jaula de un león. Me habían contratado para que fuera a presentarme en el Circo de los Hermanos Vázquez como maestro de ceremonias; también querían que participara en una escuela de payasos que se presentaba durante las funciones. Como yo a todo decía que sí, a todo le entré.

Y todo iba muy bien hasta que me pidieron que me metiera en la jaula del los leones. Me dijeron que no habría problema porque estaría con su domador y que él se encargaría de mantenerlos tranquilitos. «¿Por qué no?, será una buena aventura», pensé.

Mi mamá me había acompañado y, antes de entrar, volteé a verla. Vi su rostro completamente pálido y lleno de miedo, y me empecé a asustar un poquito. Justo antes de que ingresara a la jaula, oí que el domador me decía en voz baja:

—Nomás no enseñes miedo.

Pero ya era muy tarde porque para ese momento ya le había mostrado miedo y mucho más a los leones. Cuando entré a la jaula, noté que el león me veía con cara de «a'jijo, voy a agarrar bufet». Yo me quedé helado.

—No le muestres miedo —me repitió el domador—. Ellos olfatean y pueden percibirlo. Si lo detectan se te tirarán encima.

No supe qué pasó luego porque me bloqueé por completo, sólo sé que salí ileso porque aquí sigo y no tengo ninguna cicatriz de aquel día. Tiempo después vi el video y me pregunté muchas veces «¿qué hice?». Moraleja: no entres a la jaula de los leones.

Pero las aventuras en el circo ese día no acabaron ahí porque me hicieron subir al trapecio. ¿Cómo no aprendí la lección con la jaula de los leones? Dije otra vez que sí y ándale que me subí. Al hacer las acrobacias que me pidieron que hiciera —que, por cierto, yo nunca me había subido a un trapecio—, algo no salió como debía y caí mal. Tenía que agarrar al otro trapecista en pleno vuelo, cosa que logré hacer. Luego el trapecista me dijo que me soltaría y eso yo no lo esperaba. Caí sobre la red, que resultó ser más dura de lo que esperaba. Cuando uno va al circo ve a los acróbatas caer ahí y rebotar muy a gusto, como si nada, pero para eso se necesita mucho entrenamiento. En fin, la cosa es que salí de ahí asustado y adolorido. Moraleja: pregunta bien qué vas a hacer antes de decir que sí.

Después del jaripeo donde me subí —y bajé a las malas— del toro, María y yo nos vimos de nuevo otras veces y siempre la pasamos bien. Si íbamos a eventos de la estación, nos divertíamos juntos, platicábamos mucho y nos íbamos gustando cada vez más. Si la invitaba a dar una vuelta o a comer algo, era igual.

Pero lo que más me gustó de esas primeras veces y que me sigue gustando ahora de María, son dos cualidades de ella: la primera es su inteligencia. María tiene la capacidad de ver más allá, de entender muy bien a la gente, y sabe cómo tratarla. La otra es que vi a una mujer de familia, alguien con quien podría felizmente construir un hogar, un futuro y una sólida educación para nuestros hijos. Ese sueño de contar con una familia, que se había empezado a formar cuando Fermín me convenció de que no me arrojara por la ventana y que había crecido con el paso de los años, ahora empezaba a tomar forma.

Al final, a María le pedí que fuera mi novia un día en que ya no pude más guardarme lo enamorado que estaba de ella. Estábamos en el auto y simplemente fui muy directo y le pregunté si quería ser mi novia. Estaba nervioso, con el estómago hecho nudos y el corazón a todo lo que daba.

María me dijo que sí. No lo podía creer. Me sentí inmensamente feliz, no sabía ni qué decirle. En eso, me di cuenta de que no había llevado nada para ese momento, que lo había hecho en un impulso. Entonces me detuve en la primera gasolinería que me encontré y le compré una rosa, la más linda que pude encontrar y se la entregué a mi nueva novia.

Poco después de que nos hicimos novios, decidimos presentar a mis papás con mi suegra. Los papás de María estaban divorciados desde hacía muchos años y en ese momento no se comunicaban con el papá.

Lo habíamos preparado mucho y yo estaba algo nervioso. Cuando presentamos a la mamá de María y a mi mamá, se quedaron en silencio, nomás viéndose. Yo no sabía si esa era una buena o una mala señal hasta que mi futura suegra le preguntó a mi mamá si había ido a la misma escuela que ella y resultó que así había sido, ambas habían estudiado juntas en Ocotlán. De pronto sentí cómo toda la tensión desapareció y respiré aliviado. Desde ese momento empezaron a llevarse bien. También fue una sorpresa agradable para mí saber por cuántos lados María y yo estábamos conectados. Aunque ella había nacido en California, había pasado mucho tiempo en Ocotlán y en Guadalajara cuando era niña. Su mamá la enviaba para allá cada verano, para que estuviera con la familia y para que aprendiera español. Hasta llegó a contratarle una maestra de español para que supiera bien cómo hablar y escribir.

El noviazgo con María fue muy bueno, pero, como todos los noviazgos, no estuvo libre de alguno que otro problema. Al final de cuentas, es de estos problema de donde más aprendemos porque nos dan la oportunidad de aprender de nuestra pareja y de nosotros mismos.

Uno de los problemas que tuvimos fue un pleito muy fuerte y tonto después de que fuimos a un parque de diversiones. Mi carro era muy viejo y no estaba en muy buen estado. En lugar de antena tenía un gancho de ropa, pero, eso sí, los rines eran de lujo —no se los había puesto yo, ya estaban ahí cuando compré el auto—. En el camino de regreso se me ponchó una llanta y pedimos ayuda a la hermana de María, quien venía en su carro atrás de nosotros. El problema era que yo no tenía idea de cómo cambiar una llanta. Ella tampoco. Pero

María tenía una membresía que le permitía contar con servicio de grúa, por lo que llamamos una.

—¿Dónde está la llave para quitar los rines? —me preguntó el encargado de la grúa cuando empezamos a cambiar la llanta.

—¿Qué llave? —le dije.

Resulta que los rines necesitaban una llave especial para poder sacarlos. Tampoco tenía yo idea de esto y la persona que me había vendido el carro no mencionó nada, pero recordaba que cuando me entregó el llavero, había una que no supe para qué servía y la separé para que no hiciera bulto. La había guardado en algún lugar en mi apartamento, pero había olvidado dónde, aunque de todos modos no me habría servido mucho recordarlo en ese momento porque estábamos a muchas millas de distancia.

Decidimos que nuestra mejor opción era ir a buscarla y regresar. En total nos tomó cuatro horas ir hasta Sacramento, encontrar la llave, regresar a donde se había quedado el carro, cambiar la llanta e ir a mi apartamento. Por supuesto, María estaba muy enojada conmigo, y cansada. Yo también. Y discutimos mucho. Moraleja: si vas a salir con tu novia, asegúrate de conocer tus rines.

Lo bueno es que esa mala experiencia no nos impidió ir a otros parques de diversiones. En una de esas ocasiones, nos acompañaron nuestras dos familias: la mamá y los hermanos de María, y mis papás y mis hermanos. Mi mamá siempre se preocupa mucho por mi salud, especialmente porque tuve un soplo en el corazón cuando nací. Por supuesto, el soplo desapareció y ya no tengo ningún problema cardiaco, además solía ir a correr con mi abuelo cuando era niño y nunca me pasó nada. Pero mi mamá piensa diferente y prefiere tomar todas las precauciones. No vaya a ser.

En esa ocasión, estábamos formados en la fila para subir a una atracción que consiste en descender el equivalente a veintidós pisos en menos de cuatro segundos. Mi mamá me sacó de la fila y los demás nos preguntaron por qué estábamos haciendo eso.

—Por el soplo —dijo mi mamá.

—El soplo ya se le cerró —le respondió María—. Ya es un hombre grande, déjelo que se suba.

Pero yo dije que iba a hacerle caso a mi mamá porque no quería preocuparla. La verdad es que el soplo no me importaba ni un poco, sino que me dio miedo. Y pues, ¿por qué no usarlo de pretexto?

Algo que solía hacer después de que María y yo comenzamos a ser novios era ir a su casa todos los viernes, cenaba ahí y luego me iba a la iglesia. Pero esta última parte no se la había explicado: simplemente, a la misma hora me despedía de ella, lo cual empezó a provocar sospechas. ¿Por qué no le había contado acerca de mis creencias espirituales? Bueno, simplemente lo consideraba algo muy privado. Y en realidad nunca habíamos hablado de la fe, así es que no había habido oportunidad de tocar el tema.

—Mi mamá dice que este muchacho es muy bueno —le dijo María un día a su hermana—, pero a mí se me hace que tiene otra novia.

—¿Por qué?

—Fíjate en un detalle: todos lo viernes, cuando van a dar las seis, él se va —le explicó—. Este piensa que es más inteligente que yo, pero ya vas a ver, el viernes que viene le voy a quitar el celular y el *beeper*, y lo voy a obligar a que me lleve a donde va, o si no, no se los regreso.

En ese entonces, 1996, los celulares eran algo que se estaba volviendo muy común, por lo que siempre cargaba con el mío, por cualquier cosa que se ofreciera en el trabajo o con mi familia.

El viernes siguiente, cuando terminé de cenar, María hizo exactamente lo que le había dicho a su hermana. Cuando salimos para despedirnos, María me pidió el celular y el *beeper* prestados. Era raro que me los pidiera, pero se los di y los puso en su bolsa. «Ah, caray», pensé.

—¿Qué haces? —me preguntó muy seria—. A donde vayas ahora, me vas a llevar.

Empecé a reírme y le pregunté por qué quería ir a donde iba yo.

—Porque tú ya tienes una rachita haciendo lo mismo —me respondió—, todos los viernes te vas inmediatamente después de cenar. Sé que andas con otra muchacha, así es que en este mismo instante me vas a llevar donde está ella.

—No, no te voy a llevar.

—Mira, o me llevas a donde vas o aquí terminamos porque eres un mentiroso.

Podía ver que María estaba muy, muy enojada. Entonces me acerqué al carro y le dije:

—Mira, a donde voy ahora quizá no te va a gustar, quizá será muy diferente para ti.

—¡Por qué! —me respondió enfadada.

—Pues mira, es un tipo de reunión...

—¡Ay! Me lo imaginaba... Perteneces a una secta.

—No, no es una secta.

—Pues en algo estás porque me estás diciendo que es un grupo que se reúne y que es un poco diferente.

Entonces le expliqué que iba a clases de Biblia. La invité entonces a asistir a la iglesia y sin pensarlo dos veces se subió al carro.

Ese día, el predicador, quien se llama Gamaliel, estaba contando una parte de su vida, aquella en la que sus padres se separaron y el impacto que eso tuvo en él. No cayó en el alcohol, como muchos otros hijos que no saben cómo expresar el dolor que les causa la separación de sus papás o que estos se traten mal, sino que se iba de compras para desahogarse.

María se sintió muy identificada con ese relato porque ella había sufrido algo similar. Cuando tenía siete años de edad, sus papás se separaron. Su papá se alejó mucho de la familia. Su mamá les había contado acerca del divorcio, pero después de eso nunca se volvió a tocar el tema. Además, su mamá decidió que nunca se enamoraría de nuevo ni llevaría a otro hombre a la casa porque no quería exponer a sus hijas a otra mala relación o a cualquier peligro, por lo que se dedicó solamente a sacar a la familia adelante.

María me contó tiempo después que cuando comenzaba a sentir mucho coraje por el divorcio de sus papás, simplemente se iba de compras con sus amigas. Nunca llegó a convertirse en una adicción, pero tampoco aliviaba en el fondo el dolor que sentía. En ese momento, ahí en la iglesia, mientras Gamaliel contaba su historia, María sintió que había sido llamada por Dios y decidió aceptar a Jesús en su corazón.

Pero María sabía que su mamá no lo podría asimilar fácilmente y pensó que lo mejor era mantenerlo oculto por un tiempo. Su mamá era muy católica, incluso solía ayudar en la parroquia y había sido ella quien me había llevado la carta de invitación para ir al evento de recaudación de fondos para el techo del templo a donde ella iba a misa. Sin embargo, María invitó a su hermana a venir a la iglesia con nosotros y muy pronto también ella sintió el llamado de Dios.

Las dos hermanas guardaron el secreto por cerca de cuatro meses hasta que decidieron contárselo a su mamá quien, en efecto, se enojó mucho. Les dijo que seguramente les habían lavado la cabeza, les preguntó cómo podían traicionar así la memoria de los abuelos y muchas cosas más. Pero ellas tuvieron paciencia y le explicaron las razones que las habían llevado a aceptar a Jesús como su salvador.

El enojo le duró casi un mes, hasta que la convencieron de acompañarlas a la iglesia. Pero su mamá estuvo sólo unos cuantos minutos dentro antes de decidir esperarnos fuera. Pasarían muchos meses antes de que hiciera las paces con sus hijas, de que se convenciera del cambio positivo que significaba para ellas y de que, poco a poco, cuando vio la devoción y la profunda fe de la gente que participaba en la iglesia y conoció a más miembros, también ella se convirtiera, lo que se extendió con el tiempo a muchos otros miembros de la familia.

Después de pasar un año conociéndonos —nos habían presentado por primera vez en el otoño de 1995—, María y yo decidimos casarnos. Para pedir su mano, le escribí un poema que me llevó mucho tiempo componer y que decía lo siguiente:

> *María "Gordis" pronto de Sotelo, ¡te pido que seas mi esposa y*
> *no sea muy tarde! (Si lo desea y lo siente de corazón escriba*
> *"sí"_____)*

> *Hoy 20 de diciembre de 1996,*
> *se marca en mi corazón como el*
> *día mas especial de mi vida.*
> *Hoy sabrás que te quiero de verdad*
> *y que te amaré hasta la eternidad.*

> *Amor mío, tú llegaste por la*
> *gracia de Dios a darle fuerzas a*
> *mi vida y era lo que yo tanto a*
> *Dios le pedía, de noche o de día.*

Le doy gracias a Dios porque me cruzó
por tu camino para que tuviera
mejor destino.

Nuestro amor era la unión perfecta
de las grandezas que hace Dios
donde Él es nuestro invitado
de honor, en nuestro corazón.

Recuerdo que yo no me quería
enamorar pero de pronto sucedió,
toqué tus labios rojos y me besaste
y fue cuando sentí llamarte "Amor".

Ahora, Gordis, Dios te ha puesto
como un sello en mi corazón
y eres la mejor marca de mi amor.

Te invito para que caminemos
juntos por la vida y me permitas
ser parte de tu vida, tomados
de la mano de Dios

Sé que a Dios siempre le gusta
la perfección y ahora a mí me ha dado
lo mejor que es tu corazón.

    Todo tuyo, tu Gordo "Eddie Sotelo" ¡gracias mi amor!

María se sorprendió mucho de recibirlo porque yo no solía tener detalles de ese tipo con ella. Lo leyó en silencio mientras a mí el corazón me latía muy rápido. Para ese entonces ya estaba completamente seguro de que María era la persona con quien quería formar una familia y pasar el resto de mi vida. Al terminar de leerlo, a María se le llenaron los ojos de lágrimas y me dijo que sí, que aceptaba.

Yo no cabía de felicidad, ella tampoco, y nos abrazamos. Me sentí el hombre más feliz y más afortunado del mundo. Ahora podríamos empezar a crear nuestra propia familia, y yo estaba muy nervioso pero también muy contento de saber que comenzaríamos una nueva etapa en nuestras vidas, y que lo haríamos juntos. Ya por fin iba a poder compartir con la mujer que amo todos esos sueños que llevaba construyendo durante tantos años. Era, como dicen por ahí, el primer día del resto de mi vida.

María y yo nos casamos en diciembre de 1996 en Sacramento, temprano en la tarde. Para ese entonces, el programa de radio ya era muy conocido en la ciudad y ya estaba en camino para resolver mi residencia legal porque el trámite de la residencia estaba avanzando aparentemente bien. La boda no fue muy grande, pero aún así la cantidad de invitados fue de cerca de doscientos.

María y yo decidimos que no nos veríamos sino hasta el momento en que ella caminara hacia el altar. Todo el día estuve nervioso, sudando a chorros y pensando en todo lo que me había llevado hasta ahí, los inicios difíciles en este país, el comienzo de mi carrera, las angustias causadas por la falta de papeles, mi acercamiento a Dios, el día en que conocí a María, cómo nos fuimos enamorando y los momentos que nos fueron acercando y permitiendo conocer mejor a cada uno. También pensaba en la gran responsabilidad que tenía ahora: la de formar una familia.

A pesar de mi nerviosismo, me acuerdo de que pasé parte de la mañana arreglando algunos detalles, ayudando a poner mesas y arreglos y demás, hasta que por fin llegó el momento y, en la iglesia, vi a María caminando hacia el altar, hacia donde me encontraba yo. Llevaba un vestido largo blanco, muy tradicional y sencillo. Ella lo había escogido completamente a su gusto. Mientras la veía caminar, yo sudaba a chorros de los nervios y la emoción que me daba saber que mi sueño de formar una familia con una mujer que amaba se estaba haciendo realidad. Ahora empezaba una nueva etapa de la vida y tendría en mis manos una nueva responsabilidad. Cuando María llegó a mi lado y me tomó la mano, se dio cuenta de lo nervioso que estaba y me ayudó a tranquilizarme.

El momento en que los dos dijimos «sí, acepto», fue uno de los más emotivos que recuerde. De nuevo, sentí una felicidad enorme recorriendo mi cuerpo.

Mis papás no dejaron de llorar durante todo el tiempo que duró la ceremonia. Su hijo se casaba, se iba ahora sí definitivamente de casa para formar su propia familia. Ellos también estaban muy felices de vernos tan contentos, de saber que su hijo habían encontrado a alguien que lo complementaba y hacía muy feliz. Pero también estaban muy tristes de verme partir. Supongo que tendré esos sentimientos encontrados cuando mis propios hijos se casen, que espero que no sea pronto.

Por su parte, nuestros familiares, amigos y radioescuchas que fueron a la boda, nos regalaron muchísimas cosas: recibimos más de doscientos regalos y siempre estaremos muy agradecidos con su generosidad.

No hubo luna de miel porque por un lado no había dinero suficiente para fiesta y luna de miel —preferimos compartir nuestra alegría— y, por el otro, estaba apenas comenzando a trabajar en una estación de radio en San José, California —la KLOK—, por lo que no podía pedir vacaciones. María estuvo de acuerdo con que era muy importante que me enfocara en el trabajo y en sacar adelante el programa.

También tomamos otra decisión pensando en nuestras finanzas futuras. Nuestras opciones para vivienda se reducían básicamente a dos: o rentábamos un departamento en el área de la Bahía o hacíamos un sacrificio y comprábamos una casa pequeña lejos de ahí en Salida, cerca de Modesto. María se inclinaba por que rentáramos el departamento; ella temía que fuera demasiado cansado tener que ir al trabajo todos los días desde tan lejos, pero yo insistí en que era mejor comprar una casa porque el dinero que destináramos para comprarla sería una inversión. No importaba que tuviéramos que hacer muchos sacrificios, cuando termináramos de pagarla sería nuestra. Si rentábamos una casa o un departamento, todo ese dinero se iría a los bolsillos de otra persona. Así fue como al final decidimos que lo mejor era comprar la casa.

La casa que habíamos visto en Salida era de un piso, toda de madera y pintada color crema. En la parte de atrás tenía un jardín pequeño. La casa nos costó noventa y dos mil dólares, lo cual era una oferta fantástica en ese tiempo. El precio había caído varias veces antes de que nosotros llegáramos a verla porque otras familias que se habían interesado en ella simplemente no habían podido pagar lo que los dueños pedían. El día que fuimos a verla, nos gustó mucho y pensamos que el precio era justo, por lo que decidimos apartarla. Nos pidieron quinientos dólares para cerrar el trato y los dimos. Ese fue nuestro primer hogar. Es verdad que tenía que manejar todos los días dos horas de ida y dos horas de regreso al trabajo, pero estaba seguro de que eso nos permitiría ir formando un buen ahorro para el futuro.

Además, los trayectos eran muy buenos para mí porque me servían para analizar qué necesitaba mejorar, tanto en mi vida familiar como en el trabajo. Hablaba también con Dios. A veces, estos momentos de soledad y aburrimiento son los que más nos ayudan a ser mejores personas. En lugar de enojarnos porque falta mucho para que lleguemos a nuestra casa y los carros no avanzan y ese señor de allá está distraído y nos está bloqueando a todos, es mejor reflexionar sobre lo que hicimos en el día, sobre lo que hicimos bien y lo que hicimos mal y cómo podemos mejorarlo, que nos acerquemos a nuestra espiritualidad y seamos mejores cada vez. Es lo que hago, y por eso nunca me he quejado del tráfico: lo veo siempre como una oportunidad.

Esta decisión que tomamos me recuerda a una historia que contó hace poco un predicador en la iglesia, y que dice lo siguiente:

Un exitoso empresario de la construcción llamó a uno de sus empleados, un hábil carpintero, y le dijo que lo pondría a cargo de la construcción de una casa que la compañía estaba construyendo. Dio instrucciones al carpintero para que ordenara todo el material y supervisara todo el proceso desde el principio.

El carpintero aceptó con entusiasmo su misión. Era su primera oportunidad de supervisar todo un proyecto de construcción, por lo que estudió los planos y comprobó cada medición.

Entonces pensó: «Si estoy realmente a cargo, ¿por qué no puedo cortar algunos gastos, utilizar materiales menos costosos y poner el dinero extra en mi bolsillo?». ¿Quién se iba a enterar?

Después de que la casa quedara pintada, nadie sería capaz de notar la diferencia. El carpintero se puso a llevar a cabo su plan. Usó madera de segunda mano y ordenó arena de bajo costo para construir los cimientos. Puso el cableado más barato que encontró. Cortó todos los gastos que pudo, pero informó que estaba utilizando materiales de construcción de alta calidad. Cuando la casa estuvo lista, le pidió a su jefe que fuera a ver el resultado. Su jefe le echó un vistazo y dijo:

—Es increíble, hizo usted un trabajo fantástico. Usted ha sido un trabajador bueno y fiel como pocos, y ha sido tan honesto todos estos años que quiero mostrarle mi agradecimiento dándole esta casa.

Cosecharemos lo que sembramos ahora. Del mismo modo que no podemos plantar malas hierbas y cosechar flores, tampoco podemos pecar y cosechar justicia porque nuestras acciones tienen consecuencias. Piénsalo: cada día estamos sembrando algo, ya sea que lo hagamos para el Espíritu o para la carne.

¿Qué tipo de semillas vas a sembrar hoy?

Nosotros queríamos sembrar una semilla que diera frutos duraderos, y por eso, aún cuando representó un sacrificio muy grande porque durante mucho tiempo casi todo el dinero que teníamos se iba en hacer los pagos de la casa, nos permitió comenzar a formar un patrimonio firme para nuestro futuro.

Los primeros meses no fueron tan fáciles porque estuvimos viviendo ahí sin muebles. Teníamos dinero para comprar la casa, pero nada más, literalmente. Cuando la compramos, tenía una alfombra de un color muy claro sobre el piso. En aquel entonces, María y yo no teníamos la costumbre de quitarnos los zapatos al entrar, por lo que la alfombra se ensució rápidamente y mucho. Como no podíamos pagar un servicio de limpieza, decidí lavarla yo mismo la primera vez. Renté una máquina para limpiar alfombras y la llevé a la casa.

Para hacer el cuento corto, provoqué una inundación.

Conecté mal las mangueras y el agua salía a chorros. No entendía por qué, pero al principio pensé que era normal. Cuando me di cuenta del error, el suelo ya estaba lleno de agua, como sucedía cada vez que llovía en la casa en la que vivía cuando era niño.

María trataba de indicarme que algo estaba haciendo mal, pero yo pensaba que ella era quien se equivocaba, que después vendría el otro proceso, el del aspirado y que por ahora la alfombra tenía que estar bien húmeda para que se limpiara bien. ¡Qué disparate!, lo que debió haberme tomado una hora, me tomó un día entero. Y María estaba súper enojada. Moraleja: otra vez, tu pareja siempre tiene la razón.

Algo similar me pasó con el pasto del jardín porque decidí cortarlo yo mismo. Como no podía pagarle a un jardinero para que fuera de vez en cuando a hacerse cargo, fui a comprar una máquina cortadora, la más sencilla que pude encontrar.

—¿Estás seguro de que sabes cómo usar la máquina? —me preguntó María.

—Sí, por supuesto —le respondí, pero la verdad es que no tenía la más remota idea.

No ajusté bien el nivel para cortar el zacate y quedó muy abajo. ¡Hice zanjas por todos lados! Yo veía que algunas piedras salían volando y golpeaban la pared de la casa, pero supuse —otra vez— que era normal. María estaba dentro preparando algo para comer, y cuando salió y vio los agujeros que había, se empezó a reír.

—No, ¿sabes qué, Eddie?, mejor encárgate de trabajar en la radio —me dijo entre risas—. La que va a cortar el pasto de ahora en adelante soy yo.

Y así fue. Nunca volvió a haber hoyos en el jardín. Moraleja: si ves piedras volar, es porque algo anda mal.

En otra ocasión quise pintar la casa —¿no había aprendido yo que esto de las labores caseras no se me daban?— porque María quería cambiar el color del garaje y decidí sorprenderla.

Pero como uno de mis tíos quería ayudarnos en algo con nuestra nueva vida juntos y se había ofrecido a echarme una mano para pintar el garaje, pensé que sería más fácil y nos pusimos de acuerdo. Debería haberle dicho que era mejor que pensáramos en otra cosa para hacer en la casa porque de todas maneras María era la experta en pintar paredes —ella había pintado la pared del cuarto que compartía con su hermana cuando vivía con su mamá—, pero no lo hice y seguimos adelante con el plan. ¡Fue un desastre! Dejamos un cochinero en el suelo, lo salpicamos de pintura porque no lo cubrimos y tampoco encintamos las orillas.

—No, mi amor, mejor tú dedícate a la radio —me dijo María de nuevo.

Y tenía razón, es mejor que cada quién haga lo que sabe hacer. Al fin y al cabo, siempre nos hemos apoyado en las labores de la casa y en el trabajo.

Por otro lado, no tener muebles también significaba que debíamos comer sentados sobre el suelo. Así lo hicimos por un buen tiempo hasta que pudimos comprar nuestra primera mesa y sillas. Una de las razones por las que tardamos tanto tiempo en tener muebles fue porque nadie me daba crédito. Acababa de obtener mi residencia y no tenía historial de crédito, por lo que pedir una tarjeta era difícil. Fue la mamá de María quien, después de dos meses de que nos mudamos, nos tuvo que prestar su tarjeta de crédito para que pudiéramos comprar la lavadora y la secadora. Mientras tanto, María llevaba a lavar la ropa a casa de su hermano, que vivía en Modesto, cerca de ahí. Habíamos decidido que María no trabajara, por lo que ella se encargaba de casi todas las cosas de la casa, excepto aquellas en las que yo quise intervenir y, como ya les conté, terminaron en un desastre. Pero, por otro lado, María me ayudaba mucho a mejorar mi trabajo y a conectarme más con la comunidad, pues siempre estaba al pendiente de las necesidades que había y me hablaba de ellas. María también me contaba las noticias más importantes de las que yo, por estar tan enfocado en el trabajo, me perdía.

Fue también en esta época, un día a principios de 1997 y muy poco tiempo después de que nos hubiéramos casado y mudado a vivir juntos, que recibí otra gran noticia: mi petición de residencia que había iniciado meses antes de casarme, había sido aprobada. Recuerdo que iba de camino a la casa cuando María me llamó para darme la noticia de que había llegado a la casa el sobre que contenía mi *green card*. Se me salieron las lágrimas de la emoción. Sentí que me quitaban un gran peso de encima y le agradecí a Dios por toda su bondad, por haberme guiado a través de todas las pruebas con las que me había encontrado.

La vida en pareja tiene muchos momentos de descubrimiento del otro, tanto en cosas profundas como superficiales, que nos ayudan a crecer y conocernos mejor. Recuerdo que uno de esos días en que nos acabábamos de mudar a vivir juntos, llegué a casa con un hambre enorme y María había preparado un caldo de camarón que olía delicioso. Nos sentamos sobre la alfombra, como de costumbre, pero cuando probé el caldo, tuve que hacer buches para pasármelo. Resultó que María había puesto los camarones en agua y les había echado una lata de tomates encima. Y luego los había calentado, sin nada más.

—¿Qué pasó? —me preguntó María.

—¿Sabes qué? —le dije—. Comamos otra cosa, como que no tengo ganas de esto.

Y es que María no sabía cocinar, pero yo no tenía ni idea. Como les conté, mientras fuimos novios, cada viernes solía ir a su casa y cenaba con ella, todo lo que me daba de comer era delicioso. Una vez que nos mudamos juntos después de la boda, en las mañanas María siempre me daba una taza de chocolate caliente preparado a mano. Pero un día no hubo.

—Pues se acabó —me dijo con tranquilidad.

—Anda, ¿por qué no me haces uno? —le pedí.

—¿Yo? No sé cómo hacerlo.

—¿Cómo?

—Mi mamá viene y lo hace —me respondió con toda naturalidad.

Me quedé sin saber qué decir porque siempre había pensado que ella era quien lo hacía. Ese día no fue el mejor en cosas de comida porque cuando llegué del trabajo, María me tenía otra sorpresa: unos tacos de lengua. Esta vez ella los había hecho, como el caldo de camarón. Realmente se había esforzado, y además la lengua era uno de sus platillos favoritos. Empecé a comer y no sabía cómo decirle que la lengua no me gusta. Me terminé el arroz y a la lengua sólo le daba vueltas.

—¿Qué pasa? —me preguntó preocupada.

—Es que... no me gusta la lengua.

—¡Cómo! —Y se rio.

—¿Podrías preparar otra cosa?

—Es que no sé cocinar —me dijo tranquilamente.

Me quedé mudo otra vez y no supe si creerle o no porque era la primera vez que me decía claramente que no sabía cocinar. Yo todavía seguía pensando que era ella la que preparaba la comida cuando la visitaba en casa de su mamá porque no me había dado cuenta de que tanto lo de los camarones como lo del chocolate no habían sido coincidencias.

—Pero... todas las veces que iba a tu casa...

—Era mi mamá —me explicó sin rodeos.

Fue entonces cuando me cayó el veinte de que María no sabía cocinar. Pero decidió que aprendería a hacerlo, por lo que pidió a su mamá que se fuera a vivir con nosotros dos semanas y le enseñara todos los trucos y recetas. Para mi fortuna, funcionó a la perfección.

Fue también en esta época cuando, el 29 de marzo de 1998, recibí otra de las mayores alegrías en la vida: el nacimiento de nuestro primer hijo, Edward. Lo habíamos estado esperando desde meses, desde el día en que nos enteramos de que seríamos papás y nos llenamos de emoción y empezamos a hacer planes para preparar su llegada.

Si ya has sido papá o mamá, sabes muy bien lo que implica prepararse para el nacimiento de tu primer hijo, de todos los pendientes y carreras, y de cómo los primeros días hay tanto por hacer que no te alcanza el tiempo.

Como les he dicho antes, nunca me ha gustado faltar al trabajo y cuando María dio a luz a nuestro primer hijo, decidí que transmitiría desde el hospital, haciendo enlaces con mi teléfono celular ¡desde el baño de la habitación de María!

Las enfermeras estaban intrigadas porque oían ruidos saliendo del baño y no sabían si eran varias las personas las que estaban adentro o qué era lo que estaba pasando porque yo estaba usando las distintas llaves y partes del baño para hacer efectos de sonido y hacer creer a los radioescuchas que me encontraba en el Festival Acapulco de ese año. Finalmente, María les explicó lo que estaba sucediendo y ellas no paraban de reír. El programa fue un éxito ese día.

Además de una inmensa alegría, el nacimiento de Edward trajo a nuestra vida una nueva dimensión y nuevas responsabilidades. Ahora teníamos que cuidar de él, asegurarnos de educarlo bien y de transmitirle buenos valores. Siempre había oído a mis papás y a mis tíos decirme cosas como «Ya que tengas hijos lo entenderás» y siempre los ignoraba. Pero cuando nació Edward me cayó el veinte de aquello a lo que se referían. Tener un hijo no sólo me enseñó a ser papá, sino que me enseñó a ser mejor persona porque me obligó a sentarme a pensar en qué tipo de ser humano quería que fuera mi hijo y cómo podría guiarlo hacia el mejor camino, formar una disciplina en él y darle los elementos para que pueda hacer cosas importantes en la vida.

También me dio más fuerza para echarle aún más ganas a la vida y al trabajo porque quería dar a mi hijo no sólo una buena vida sino un buen ejemplo. En otras palabras, fue un empujoncito más para ser más responsable.

Por su parte, el programa siguió siendo un éxito porque sobrepasó al programa de la mañana en niveles de audiencia, por lo que la compañía decidió que cambiáramos de horario.

Esta nueva versión de «Piolín por la Mañana» se colocó rápidamente en el número uno de audiencia. Adicionalmente al programa, seguimos saliendo a la calle para hacer obras de apoyo a la comunidad llevando comida y agua a los lugares más necesitados.

Yo sabía que la empresa dueña de la estación, Excell, tenía también una emisora en FM. Además, sabía que otra compañía, HBC, quería iniciar un show matutino en español por FM en el área de la Bahía de San Francisco, adicional al que ya tenían. Saber estas dos cosas me llevó a pensar: «Si en la mañana me está yendo bien en una estación en AM, incluso con más audiencia que el show matutino de la competencia, podríamos tener mucho éxito transmitiendo el programa por las dos frecuencias, AM y FM y eso sería muy bueno para todos».

Entonces, me acerqué a los dueños de la estación y les propuse que el programa también se transmitiera por FM. Al principio ellos se negaron, me dijeron que el formato de toda la estación y de su audiencia era muy distinto al de mi programa porque en aquella transmitían música romántica, en tanto que mi show era de música regional mexicana. Meterlo en el horario de la mañana causaría confusión y podría, a la larga, dañar los *ratings*.

—Por favor, denme chanza —les insistí—. Hago lo que ustedes quieran. Es más, despídanme si no funciona.

Lo pensaron mucho, les insistí muchas veces que sería una buena idea y al final me hicieron caso. Se programó el inicio de la transmisión de mi programa por las dos frecuencias para el mismo día en el que, con una señal masiva, comenzaría el de HBC, la competencia.

¡Pum!, ni siquiera tuvimos que hacer nada para competir porque el otro programa simplemente no despegó. Sus niveles de audiencia se quedaron muy abajo y poco a poco desapareció.

Entonces decidí aprovechar el impulso que estaba teniendo «Piolín por la Mañana» y comencé a invitar de nuevo a artistas a que se involucraran con gente de escasos recursos. Como en los programas anteriores y por lo que siempre había aprendido en mi familia, sabía que ayudar a los demás y compartir lo que uno tiene es muy importante y es algo que a final de cuentas nos beneficia a todos.

Fue así que en este programa invité a los artistas a que contribuyeran para ayudar a personas enfermas que no tenían dinero para pagar sus medicamentos, o les pedía que me acompañaran a llevar comida a quienes no tenían dinero para comprarla, o que vinieran a jugar futbol conmigo y con mis radioescuchas en los torneos que organizaba.

Como ya les conté, una de las cosas que más extrañé cuando llegué a Estados Unidos fueron las reuniones que hacía mi abuelo Bartolo en Ocotlán, cuando nos invitaba a todos a jugar con él los domingos. Poco a poco comencé a recuperar esa tradición aquí. Primero lo hice organizándome para llevar comida a los trabajadores agrícolas cuando trabajaba en Sacramento. Poco a poco las comidas se fueron convirtiendo en eventos que la gente esperaba y en los que la pasaban muy bien porque eran una oportunidad para compartir, conocer otras persona y pasarla a gusto. Después comencé a organizar partidos de futbol.

La organización de los partidos de futbol era más bien sencilla, y lo que hacía era invitar a los radioescuchas a que fueran a formar parte del equipo de Piolín o del equipo de los artistas, así de simple. Durante los partidos, recabábamos fondos junto con organizaciones no lucrativas, y éstas los entregaban a familias que tuvieran necesidad, especialmente a aquellos que no podían pagar sus medicamentos. Esta es una realidad muy triste porque, desafortunadamente, la mayoría de nuestra gente no tiene aseguranza y tampoco tiene dinero para pagar un doctor.

Entre los artistas que participaron en los partidos de futbol hubo grupos como Los Tigres del Norte, Los Elegidos, La Banda El Recodo, Los Huracanes del Norte (que no dejaron de sudar a chorros todo el partido porque andaban muy fuera de condición física), Los Rieleros del Norte y cantantes como José Manuel Figueroa o Pablo Montero.

Por cierto, la vez que jugamos con Los Tigres del Norte, nos ganaron en penales. Pero al programa siguiente, cuando di la crónica del partido, dije que habíamos ganado nosotros. ¡N'ombre!, en minutos tenía una llamada de Los Tigres del Norte diciéndome al aire: «No es cierto, ¡ganamos nosotros!».

Moraleja: hay que saber perder.

En ese momento, todo pintaba bien con mi vida. Los valores que mi familia me había enseñado me estaban ayudando de nuevo a fortalecer mi programa de radio. Y, lo más importante, también me estaban ayudando a construir mi propia familia.

CAPÍTULO 22

<< ASÍ SE SIENTE MÉXICO >>

Una vez que crucé la frontera, que pasé desapercibido para los oficiales de migración y que estuve al lado de mi papá y de mi hermano mayor, ya no podría volver a México nunca. O por lo menos no mientras mis papeles no estuvieran en regla. Si lo hubiera hecho, ya no podría haber regresado a Estados Unidos, a menos de que cruzara la frontera de nuevo como lo había hecho la primera vez. Y esa era una experiencia que, definitivamente, prefería no volver a vivir.

México me hacía mucha falta, extrañaba a los que se habían quedado de aquel lado y con frecuencia echaba de menos a mi familia, mi tierra, mis vecinos y amigos, la comida de Ocotlán en donde hoy en día, cada vez que voy, me como unas tortas, unos tacos de birria y unos mariscos deliciosos.

Me siento muy orgulloso de todo lo que he logrado construir aquí en Estados Unidos, pero la tierra donde nací es México y me siento agradecido con Dios por haber visto la luz por primera vez ahí. Cada vez que estoy en México siento mucho orgullo de su cultura, sus tradiciones y su gente alegre, amable y cálida. Cuando paso por Guadalajara de camino hacia Ocotlán, siempre me siento atraído por su belleza.

En México es donde aprendí a trabajar, donde aprendí que el trabajo duro y esforzado es lo mejor que uno puede hacer para sobresalir, que sólo a través de él es que uno sale adelante y se supera. Por eso siempre voy a querer tanto al país de donde vengo, porque es el que me dio los primeros aprendizajes para ser la persona que soy.

La primera vez que pude regresar a México desde aquel día en el que había salido en autobús desde Ocotlán fue a finales de diciembre de 2000. A pesar de que me habría gustado regresar lo antes posible, este primer viaje de regreso al país donde nací no ocurrió tan rápido como esperaba, y pasarían algunos años después de que obtuve mi residencia para que finalmente me decidiera a viajar para allá con María y con mi hijo Edward —Daniel aún no había nacido—. ¿Por qué tardé tanto? Bueno, siempre he pensado que es muy importante ahorrar y gastar sólo cuando uno tiene el dinero suficiente para hacerlo. Siempre se lo digo a la gente y trato de enseñar a mis hijos a ser cuidadosos con el dinero que tienen. En ese entonces, mi situación económica no estaba para hacer un viaje al extranjero sin endeudarme y preferí ir haciendo un ahorro. Cuando tuve suficiente dinero, María y yo planeamos el viaje, y dijimos:

—Bueno, llegó la hora de probar la *green card*.

Así es que hicimos maletas y nos preparamos para ir finalmente a México. María, Edward y yo pasamos la frontera y llegamos a Tijuana, donde tomamos un vuelo hacia Cancún que hacía escala en la Ciudad de México para pasar unos días en Xcaret. Antes de regresar a Ocotlán, quería tener un tiempo tranquilo con mi familia, irme preparando poco a poco para el mar de emociones que me encontraría al llegar al lugar en el que nací.

Cuando por fin pudimos llegar a Cancún y nos dirigimos al hotel en el que nos quedaríamos en Xcaret, pude ir viendo por primera vez con mis propios ojos los impresionantes colores del Caribe, la vegetación y sentir el clima cálido y rico que nos rodeaba. En la primera noche nos apuntamos para asistir a un espectáculo fabuloso que suelen presentar en Xcaret. En él se muestra la esencia de México a través de su ropa, comida, música típica, bailes, juegos pirotécnicos y mucho más. El espectáculo dura hora y media y en él se representa a cada estado del país. Es un recorrido intenso por nuestra cultura, nuestras tradiciones y valores que siempre le recomiendo mucho a la gente.

Estaba disfrutando muchísimo del espectáculo cuando comenzó una canción que yo no había escuchado hasta entonces y que se llama «México en la piel». La piel se me empezó a poner chinita y comencé a sentir muchas emociones: mucha alegría, alivio, tristeza por todo el tiempo que había estado lejos, todo se mezclaba adentro de mí. En muchos sentidos, creo que lo que me estaba pasando era que en ese momento, haber pasado tanto tiempo enfocado en el futuro, en lograr mis sueños y construir una base sólida para mis padres y para mi propia familia, cobró sentido. Sentí con mucha profundidad todo lo que yo era y por lo que había pasado, la tierra que me había visto nacer y donde me había formado.

Cuando el mariachi que interpretaba la canción llegó a la estrofa que dice: «Así se siente México, así se siente México», no pude más y me solté llorando. Pensé que, como era de noche y todo estaba oscuro, nadie se daría cuenta, pero supongo que debe haber sido muy obvio lo que me estaba pasando porque escuché a una señora preguntándome en inglés si estaba bien. Le dije que sí, que no se preocupara.

De inmediato comencé a pensar que necesitaba encontrar esa canción para poder escucharla muchas veces, y al salir del espectáculo vi que estaban vendiendo el disco y lo compré sin pensarlo dos veces. Cuando regresé a Estados Unidos comencé a transmitir la canción durante mi programa y la primera vez le conté a mis radioescuchas cómo la había descubierto. La canción me gusta tanto que la primera vez que entrevisté a Vicente Fernández le di una copia del disco y le dije que tenía que escucharlo y cantar la canción que me había gustado tanto.

En ocasiones, algunas personas me preguntan dónde encontré esa canción porque no la encuentran fácilmente, al menos no la versión original. Yo siempre les digo que la traje de mi primer viaje a México, donde el mariachi de Xcaret Fundadores la cantaba. Todavía hoy en día, con mucha frecuencia cierro el show con esa canción.

Cuando la toco en mi programa, y en muchas otras ocasiones, suelo insistirle a la gente que no debe perder la fe, en que algún día podrán regresar a su país de origen y sentir lo que yo sentí cuando lo hice. Así lo deseo en verdad. Sé que es posible y por eso debemos seguir luchando por alcanzar nuestros sueños, cada día, a cada momento.

Después de pasar unos días inolvidables en Xcaret volamos hacia Guadalajara. Desde que estaba en el avión, mientras descendíamos hacia el aeropuerto, observaba el paisaje por la ventanilla. Veía los cerros en Jalisco y recordaba mi infancia, las veces en que iba al campo a jugar y a recoger leña. Cuando bajé del avión me golpeó el aroma de la tierra en Guadalajara, la tierra jalisciense, y todos los recuerdos se conectaron con él.

Después, al salir vi a mi tío Juan esperándonos, me acerqué a él y lo abracé con mucha fuerza. Nos mantuvimos apretados un tiempo entre nuestros brazos, llenos de alegría y de felicidad. Luego lo presenté con mi esposa y con mi hijo Edward, y entonces nos abrazamos todos y comenzamos a llorar. El encuentro con él fue muy intenso porque sentía que había recibido un regalo muy grande al poder ver a mi familia de nuevo, al estar otra vez en mi tierra, y el corazón me latía muy fuerte.

Por mi mente pasaba el recuerdo de todas las veces en que pensé que nunca regresaría a México y ahora ahí estaba, a unas cuantas horas de reunirme con mis familiares que había dejado atrás cuando decidí venirme a Estados Unidos. Todos los inmigrantes que han tenido la oportunidad de regresar a su tierra estoy seguro de que habrán tenido momentos similares y habrán sentido la emoción y alegría de volver a ver a la familia, mientras que por su cabeza pasa el recuerdo de todo lo que ha sucedido en los años en que estuvieron lejos, luchando por salir adelante.

Después de que nos abrazamos, dije a mi tío Juan, que siempre hace ejercicio y se mantiene en forma:

—Qué bárbaro, estás igual que como te recuerdo.

Mi tío nos dijo que quería llevarnos a comer a un restaurante muy bueno, pero nosotros nos negamos. Le expliqué que lo que más deseaba era ir a comer a los tacos y a las tortas de Ocotlán que tanto me gustaban y que muchas veces, cuando era niño, no me había podido comprar por falta de dinero. A él le pareció una buena idea, por lo que nos llevó a un negocio de tortas al vapor que yo recordaba muy bien. Déjenme les describo cómo son las tortas al vapor, para que me digan si no se les hace agua la boca: consisten en un birote —un pan típico de la región, un poco duro y muy rico— calentado al vapor y relleno de un pollo también cocinado al vapor, con una salsa especial riquísima. Cuando llegué, pregunté por el dueño y me dijeron que ya había fallecido. Para recordar los viejos tiempos y la memoria de su padre, pedí que me llevaran una torta de pollo al vapor. Era deliciosa, tal como la recordaba.

Como la nostalgia seguía, después de ahí pasamos a comer unas tortas de cerdo en un puesto que se llama «El Rábano», que también me gusta mucho.

Cuando acabamos de comer, fuimos a ver al resto de mi familia. Fue una gran sorpresa para ellos porque había preferido no decirle a nadie que iría. No quería que estuvieran esperando, sino que nos encontráramos espontáneamente. Nadie, excepto mi tío Juan, sabía que iría a visitarlos.

Al primero que vi fue mi tío Pepe, quien estaba en Estados Unidos cuando llegué a este país. Lo presenté con mi esposa y mi hijo. Luego nos fuimos a visitar a cada uno de los demás y cuando mis otros tíos me preguntaron qué extrañaba más y qué quería hacer, les pedí que me llevaran a jugar futbol, como lo hacía mi abuelo cuando nos reunía a todos. Así lo hicimos. Reunimos varias camionetas y nos fuimos todos a un campo de futbol. Me habría gustado mucho que aún estuviera vivo mi abuelo Bartolo, lo habría hecho muy feliz vernos a todos juntos de nuevo. Mi abuelo nos hizo mucha falta ese día.

Nuestra visita coincidió con la Primera Comunión de dos primos míos pequeños. Recuerdo que a la fiesta de celebración llevaron birria y frijoles refritos, tostaditas, tacos dorados y muchas delicias más con sabor a México. No sé por qué, pero la comida siempre sabe distinta allá.

Al día siguiente de la Primera Comunión fuimos a casa de mi tío Chuy, que en paz descanse, mi tía Socorro y sus hijos. Ellos viven en un lugar minúsculo donde apenas cabe lo esencial. Escasamente hay espacio para una microsala, una micrococina, un microbaño, todo pegado y, los más sorprendente de todo: dos recámaras. Cuando veo el espacio desde afuera, apenas puedo creer que quepan tantas cosas dentro.

—Mamá, se me antojan unos tacos de esos que comimos ayer —dijo mi hijo Edward de repente, mientras estábamos de visita. Lo había dicho porque se acordó de cuánto le habían gustado el día anterior cuando los probó durante la fiesta de la Primera Comunión. De volada, mis tíos y sobrinos comenzaron a calentarlos. Cuando los comimos en ese momento, pudimos valorar más la comida que teníamos en nuestro plato que el platillo más caro en el restaurante más lujoso al que pudiéramos haber ido.

Esa amabilidad única de mi gente me parece maravillosa, difícil de encontrar en otras partes y siempre me ha inspirado a ayudar a los demás y a ser mejor. Tratando bien a la gente y compartiendo lo mucho o lo poco que tengamos, lejos de empobrecernos nos enriquece como personas, nos hace mejores y ayuda a que todos estemos mejor y seamos más felices.

Recuerdo que en ese viaje no paramos de comer, fuimos a cuantos puestos de tacos, tortas y delicias se nos antojaron. Por supuesto, yo no podría dejar de haber ido a comer a lugares que tanto me gustaban como aquel en el que sirven unos tacos de hueva de pescado deliciosos, y María nunca habría dejado de lado el camote de cerro.

María es igual de aficionada que yo a la comida de mi tierra, que de alguna manera también es suya porque de ahí viene su familia y desde muy pequeña iba a pasar largas temporadas allá con ellos. Por ejemplo, un día, cuando María y mis hijos estaban en Ocotlán porque habían asistido al funeral de un hermano de mi mamá, otro de mis tíos les preguntó si tenían hambre. María dijo que sí.

—¿A dónde quieres ir?

—Venden unos tacos de picadillo al lado de la vía del tren —le dijo María.

—Qué bueno que este muchacho se casó con una de Ocotlán —le respondió mi tío—, porque de vez en cuando mis sobrinos llegan con unas muchachas muy sangronas que no quieren probar nada, y tú ya sabes dónde está lo bueno.

Pero no sólo a María le gusta la comida de Ocotlán, mis hijos también se han vuelto aficionados a algunas de las delicias que hay en mi tierra natal. A Daniel —mi segundo hijo, que nació en 2006, en medio de la organización de las marchas y la caravana a Washington de las que les hablaré más adelante— le encantan los churros rellenos y el otro día le preguntó a su mamá cuándo iríamos de nuevo a Ocotlán porque tenía antojo de unos churros con cajeta.

—Daniel, ¿te acuerdas de ellos? —le preguntó María.

—Sí, mamá, están cerca de la iglesia.

Mis dos hijos, desde la primera vez que fueron a Ocotlán —Edward en el primer viaje que hice a México y Daniel pocos años después de haber nacido— se enamoraron de mi tierra. A los dos les encanta la comida —Daniel no perdona los churros con cajeta y los tacos al vapor—, jugar con sus primos y pasear por el lugar y por el campo. Les gusta, también, el ambiente de libertad que se respira porque las reglas parecen ser más relajadas que acá.

Es una bendición poder hacer estos viajes con mi familia, visitar a la gente que tanto queremos y que dejamos atrás cuando nos vinimos para acá a perseguir nuestros sueños. Por eso, pienso que es muy importante que seamos una sola voz para que todos los que hemos cruzado la frontera en busca de un futuro mejor tengamos la misma oportunidad de reunirnos con nuestros seres queridos y estar en contacto con nuestras raíces. No debemos dejarnos vencer, hay que seguir adelante.

CAPÍTULO 23

LOS ÁNGELES TOCAN A LA PUERTA

*O*btener la residencia me dio un poco de respiro con respecto a mi situación en este país, pero también se convirtió en un recordatorio de que no debería bajar la guardia, sino que había que seguir trabajando duro, con la misma o más pasión y dedicación como lo había hecho hasta ese momento. A veces, cuando logramos algo, nos estancamos y creemos que ya la hicimos, olvidando que la clave para seguir saliendo adelante es dando lo mejor de uno mismo todos y cada uno de los días.

Con el tiempo, La Super X empezó a tener tanto éxito que atrajo la atención de empresas más grandes que comenzaron a vernos con interés y, a veces, con preocupación porque estábamos ganando todos los niveles de audiencia.

El éxito de la estación había llegado a un punto tal que los dueños decidieron aceptar una oferta de compra y vendieron La Super X a Excell Communications.

Jeff se encargó de darme la noticia y de explicarme lo que esto significaba para el programa.

—La compañía que nos compró quiere que te quedes con ellos —me dijo—. También quieren que me quede yo, por lo que seguiremos trabajando juntos. Por ese lado, nada va a cambiar. Sin embargo, la nueva compañía está en San José, lo que significa que tendrás que mudarte.

Ese no era el único cambio del que debía estar enterado y sobre el cual debía tomar una decisión: el show ya no se transmitiría en la mañana, sino en la tarde porque la empresa que nos había comprado tenía ya un programa matutino muy exitoso.

María y yo lo pensamos mucho y finalmente tomamos la decisión de mudarnos. Aunque ya no tendría el horario matutino, una de las motivaciones principales que nos llevaron a decidir aceptar las nuevas condiciones fue el hecho de que el mercado latino de San José es mucho más grande que el de Sacramento. Además, la frecuencia en AM de la nueva estación —la KLOK, que transmitía por el 1170 de AM—, abarcaba hasta San Francisco.

El programa arrancó en San José en el horario de la tarde y no nos fue nada mal. Pronto rehice mi lista de colaboradores para los diferentes segmentos y comencé a invitar a artistas. Fue en esta nueva estación donde un día logramos obtener nuestra primera entrevista con un artista muy famoso: Lupillo Rivera, él fue el primero en creer en lo que hacíamos. Hasta ese día ningún artista famoso quería ser entrevistado en mi programa porque yo no era reconocido. Ciertamente, mi programa había sido el número uno de Sacramento, pero el mercado latino de Sacramento era más bien pequeño.

Lupillo me otorgó su confianza y vino en persona al programa. Era la época en la que él estaba en lo más alto de su carrera y no puedo negar que su presencia nos dio un gran impulso y nos inspiró a todos a seguir adelante y querer ser mejores cada día. Cuando empezó la entrevista yo estaba muy nervioso, pero se me quitó muy pronto porque entre Lupillo, el equipo del programa y yo hicimos mucho relajo y hablamos de muchas cosas, entre ellas su familia, de cómo habían llegado a Estados Unidos y cómo habían salido adelante. Siempre trato de sacar el lado humano de las personalidades que entrevisto, para que todos podamos aprender más de ellas y de cómo lograron llegar hasta donde están.

Lupillo no sólo fue al programa sino que aceptó nuestra invitación para jugar en uno de los partidos de futbol que solía organizar con mis radioescuchas. Siempre le estaré agradecido por ello.

El éxito del programa y los eventos que organizaba fueron tales que comenzaron a retransmitir el show —o sindicalizarlo, como decimos en el medio—, en otras estaciones de California y de otros estados. En alrededor de dos años llegamos a ser el programa número uno en audiencia. Y, después de tres años de ocupar ese puesto, la competencia, HBC, empezó a interesarse en el programa de otra manera: en prácticamente todas las ciudades en donde éramos retransmitidos —como Denver, Phoenix, Reno, Dallas o El Paso— teníamos más audiencia que la de cualquiera de sus programas. Igualmente, el programa que ellos tenían en San José, el mismo que inició el día en que el mío salió al aire en FM, no lograba levantar sus niveles de audiencia. Pero su temor más grande era que mi programa comenzara a ser transmitido también en Los Ángeles porque estaban seguros de que eso podría robarle la audiencia al show matutino que tenían allá.

Entonces, decidieron ponerse en contacto conmigo. Gary Stone, quien trabajaba para HBC en Los Ángeles, fue quien me llamó. Resultó que eligieron un momento muy oportuno porque era noviembre de 2002 y ya se había terminado mi contrato con KLOK.

—Estamos interesados en hablar contigo —me dijo.

—Estoy muy a gusto acá —le respondí. No teníamos mucho dinero, pero vivíamos en una casa cómoda, nuestro hijo mayor iba a una buena escuela, la casa de la familia de María no quedaba lejos, por lo que estábamos en contacto con ellos y los veíamos con frecuencia.

Además, mi mayor temor era que se tratara simplemente de un juego sucio para sacarme del medio. Como dije anteriormente, suele haber muchas envidias y muchos celos en el medio de la comunicación y, por lo tanto, quería ser cuidadoso. En especial porque ya había vivido algunos episodios desagradables a causa de gente celosa. No sólo estaba el asunto de la denuncia a las autoridades de migración, sino que no era raro que, de vez en cuando, escuchara en los pasillos a gente haciendo comentarios como: «¿Por qué él tiene tal cosa?» o «¿por qué a él le dan la oportunidad de ser maestro de ceremonias en tal lugar?» o «¿por qué a él lo sacan en un programa de televisión?»... Sé que ese tipo de comentarios hacen más daño al que los dice que a la persona sobre la que se habla, pero de todas maneras convenía ser cuidadoso.

Decidí que debía comentárselo a María. Aunque en realidad estaba muy a gusto trabajando ahí, no puedo negar que me sacaba mucho de onda que nadie me hubiera dicho nada sobre la renovación de mi contrato. Esto era algo raro, usualmente mandaban el nuevo contrato unos dos o tres meses antes de que venciera el que estaba vigente, pero en esta ocasión no tenía noticia alguna a pesar de que continuaba yendo a trabajar a la estación todos los días, incluso después de que el contrato hubiera vencido.

Gary se volvió a poner en contacto conmigo una semana después de la primera llamada. Él y Eleazar —el programador— vinieron a San José y me llevaron a un Outback Steakhouse para tratar de convencerme. Me dijeron que tendría el programa de la mañana y me hicieron una oferta económica tentativa, pero nada concreto. Yo les repetí que no tenía una excusa real para irme porque siempre me habían tratado muy bien y estaba muy agradecido con mis jefes. Tampoco me agradaba mucho la idea de mudarme.

—Simplemente dime que sí —me dijo Gary.

—No estoy de acuerdo —les dije—. Mira, a ti no te gustaría que yo te hiciera lo mismo, prefiero hablar primero con ellos en caso de que decida aceptar tu oferta.

Entonces, me armé de valor y fui a la oficina del gerente de la estación. Yo todavía no había decidido qué hacer, pero definitivamente quería tener las cosas claras, para poder considerar bien todas mis opciones. El gerente siempre había tenido la puerta abierta para mí y me recibió de inmediato.

—Quisiera saber cuál es mi situación con la compañía —le dije—. No tengo ya contrato, pero sigo viniendo a trabajar...

—¿Y?

—Pues quiero saber qué va a pasar. Tengo una familia y debo ser cuidadoso con mi trabajo... ¿cuál es el siguiente paso?, ¿a dónde va a crecer mi carrera?... ¿hay planes de transmitir en Los Ángeles?

—¿Por qué preguntas sobre Los Ángeles? —se interesó.

—Bueno, sé que ustedes compraron una estación pequeña allá y simplemente quiero saber qué ondas con eso —le expliqué.

Su respuesta fue asombrosa.

—Mira, piénsalo este fin de semana de Acción de Gracias. Si te quieres ir, piénsalo y dame tiempo a mí también de pensar —me sugirió.

—Muy bien, me parece bien —dije simplemente y salí de la oficina desconcertado.

La verdad es que me quedé helado. Yo ni siquiera había sugerido que quisiera irme, sólo quería saber cuál era mi futuro en la KLOK. Tenía cinco años trabajando para la compañía dando excelentes resultados, el programa era un exitazo y nada de eso parecía importarle. O si le importaba, no me lo estaba demostrando con sus acciones.

Ese fin de semana fuimos a casa de Fermín porque habíamos planeado pasar los días posteriores al de Acción de Gracias con su familia. Por supuesto, decidí contarle lo que estaba pasando porque quería su consejo, y le dije que mi esposa y yo necesitábamos orar para encontrar la respuesta. Por un lado, yo tenía dudas sobre la posibilidad de quedarme porque la actitud del gerente de la compañía era muy extraña. Pero, por otro lado, María definitivamente quería quedarse porque las cosas estaban marchando bien, su familia vivía cerca y ella no conocía Los Ángeles lo que, en caso de que decidiéramos mudarnos, implicaría que se tendría que adaptar a una ciudad nueva, hacer nuevas amistades y muchas cosas más.

Fermín me invitó a que camináramos por el cerro, cerca de su casa, para que pudiéramos hablar más tranquilamente.

—A ver, ahora sí, cuéntame bien, ¿qué está pasando? —me preguntó.

Le resumí lo que había sucedido en las últimas semanas y le dije que yo no quería hacer mi voluntad, sino que se hiciera la voluntad de Dios.

—Sí, tengo curiosidad de ir a Los Ángeles —continué.

Fermín me preguntó qué pensaba mi esposa y le dije que ella tenía muchas dudas, por lo que me sugirió que siguiéramos orando hasta encontrar la respuesta.

Seguimos con la incertidumbre todo el fin de semana. Incluso, hubo algunos momentos de tensión entre María y yo por ello, por lo que continuamos orando. Para aumentar la tensión, Gary me llamó para preguntarme si había tomado una decisión, pero le pedí que me diera unos días más para hacerlo.

—Mira, no importa que sea el fin de semana de Acción de Gracias

—me dijo—, nosotros podemos ir a donde ustedes estén. Podemos hablar con tu esposa para convencerla. Esto es algo serio.

Finalmente, llegó el lunes y el gerente de la estación en San José y yo habíamos quedado de reunirnos para hablar. Mi esposa y yo oramos de nuevo y pedimos a Dios que nos mandara una señal porque lo que queríamos era que se hiciera su voluntad y no la nuestra. Le pedimos que abriera la puerta hacia donde Él quería que estuviéramos y cerrara la puerta del lugar en el que no quería que termináramos.

Una vez que terminó el show, a las diez de la mañana, me dispuse a esperar la llamada del gerente, quien me había dicho que me llamaría alrededor de esa hora para que nos reuniéramos. Pero dieron las once de la mañana y seguía sin tener noticias suyas. Hablé con María, le expliqué lo que estaba sucediendo y seguí esperando.

Como no había dormido en varios días por la tensión, estaba comenzando a sentirme mal, cansado y ansioso. Había incluso desarrollado ya un tic nervioso en el ojo izquierdo, que me brincaba sin parar.

«Qué debo hacer?», me preguntaba constantemente en lo que la espera se iba haciendo cada vez más larga. Decidí que si no me llamaba él, yo debía ir a buscarlo, por lo que, más o menos al mediodía, después de esperar más de dos horas, me dirigí a su oficina y toqué a la puerta.

—Ahora no tengo tiempo para atenderte —me dijo.

Nunca me había sucedido algo similar. Mucho menos con él, con quien siempre había tenido la puerta abierta. Estaba completamente sacado de onda y empecé a temblar. Mucho. Infinidad de sentimientos pasaban por mi cuerpo: enojo, frustración, desconcierto... Me parecía increíble darme cuenta de que, a pesar de todos los éxitos del programa, al gerente parecía darle lo mismo.

—Oye, pero tengo una cita y tengo que irme ya —le respondí—. Necesito saber qué ondas.

—Dame chanza —es lo único que me dijo.

Le hablé a María de nuevo y le conté lo que había sucedido, le dije que no sabía qué hacer.

—¿Sabes qué? —me dijo—, yo no quiero irme, pero esta es la señal que estábamos esperando. Nunca, nunca, te había pasado algo igual.

—Y era verdad porque, normalmente, cuando yo me acercaba a la oficina del gerente, no importaba lo que estuviera haciendo, lo dejaba de lado y me pedía que pasara. María continuó—: Háblale a Gary y dile que nos vamos.

—¿Estás segura, mi amor? —le pregunté porque no quería tomar un decisión si ella no estaba completamente convencida; estoy consciente de que, si estás contento con tu familia y tu familia está contenta contigo, eres más feliz y tienes éxito en lo que haces, por lo que le dije—: Yo quiero que seamos felices y que estemos contentos, donde sea.

—Sí, estoy segura —me respondió.

Entonces, antes de hablar con Gary, decidí que tenía que intentar hablar una vez más con el gerente de la estación, decirle claramente lo que estaba sucediendo y darle una oportunidad de que tomara una decisión informada. Entré a su oficina sin preguntar si podía entrar.

—Pues mira, me están proponiendo que me vaya a Los Ángeles —le dije—. Ojalá que no tomes ventaja de esto, pero yo no me quiero ir. Quiero ser completamente honesto contigo, como lo he sido siempre. No he dormido, no sé qué hacer, estoy muy contento aquí y mi esposa y yo nos la hemos pasado pidiendo a Dios que nos dé una señal…

—Pues haz lo que tú quieras, adelante —esa fue su respuesta.

—¿Estás seguro?

—Sí.

Siempre he pensado que el gerente de aquella estación donde trabajé tanto tiempo nunca esperó que sucedería esto ni que yo me iría definitivamente. Quizá supuso que era simplemente un berrinche o una mala estrategia para obtener alguna ventaja. Él sabía que yo estaba muy feliz y establecido con mi vida y mi trabajo, sabía de mi lealtad al programa y a la empresa, y supongo que simplemente no le dio la importancia que tenía.

Salí de las instalaciones de la estación temblando. Llamé a un amigo al que apodábamos «El Dientes de Sierra» porque usaba frenos en los dientes, pero que en realidad se llamaba Eduardo —como yo— y tenía un hijo de cuatro años, la misma edad que Edward. Le pedí que pasara por mí porque, por un lado yo no estaba en condiciones de manejar y, por otro, el carro que manejaba en aquel entonces era el de la compañía y yo ya había tomado la decisión de dejarlos.

Aun cuando Gary nunca me hizo una oferta concreta —sólo hablamos del horario del programa y de unas cifras aproximadas de dinero— decidí hablar con él y le comuniqué mi decisión, le dije que había decidido dejar la estación y aceptar su propuesta de trabajo. El trato estaba hecho.

En cuanto terminé de hablar con Gary, me llamó el gerente.

—Regrésate, ¿a dónde vas? —me dijo.

¿Qué? ¿No me acababa de decir que podía irme si quería hacerlo?

—Te dije que tengo una cita —le respondí.

—Regrésate, tenemos que hablar.

—No. ¿Sabes qué?, ya tomé una decisión y esto para mí es desgastante...

—Regrésate... o dime dónde nos encontramos, o voy a tu casa... —me dijo con un tono más preocupado.

—No, no, no. No te presentes, por favor —le respondí y colgué de una vez el teléfono.

Entonces empezó un ir y venir de llamadas porque le habló a mi esposa para tratar de convencerla. María me llamó de inmediato para preguntarme qué hacer. Y yo le dije que no valía la pena hablar con él porque ya le había dicho a Gary que nos íbamos a ir a Los Ángeles. Habíamos tomado una decisión y le había dado mi palabra. María estuvo de acuerdo.

Después de estas llamadas tensas, y cuando estuve un poco más calmado, hablé con Gary y empezamos a acordar los detalles del nuevo trabajo hasta que llegamos a un acuerdo. Él me pidió que, antes de que nos llevara a Los Ángeles para que nos instaláramos, firmara el contrato.

Así lo hice.

Y volamos hacia Los Ángeles.

CAPÍTULO 24

<< ¡A TRIUNFAR! >>

Hay un dicho que dice «Por algo pasan las cosas» y siempre he pensado que no hay dicho más cierto. Lamento mucho que la salida de la KLOK haya ocurrido como ocurrió, pero siempre hay una razón por la cual las cosas suceden de una determinada manera. Es que Dios quiere decirnos algo. Tal como sucedió, la mudanza a Los Ángeles representó un giro en mi carrera que nunca habría esperado y que me llevó a lugares que nunca imaginé.

Llegamos a Los Ángeles el 1 de diciembre de 2002. Gary y su esposa, Claudia, fueron por nosotros al aeropuerto. Nos trataron de maravilla, nos mostraron la ciudad y nos ayudaron a encontrar una casa, por lo que en menos de tres semanas ya estábamos instalados aquí y habíamos comenzado a echar raíces. Desde el inicio fuimos honestos con ellos y les dijimos que estábamos conscientes de que si estábamos ahí era porque Dios nos había abierto la puerta. Nosotros no pensábamos mudarnos de donde estábamos, pero habíamos recibido una señal clara.

Nuestra mudanza definitiva de San José ocurrió menos de un mes después de haber llegado al aeropuerto de Los Ángeles para iniciar esta nueva etapa. La hicimos en auto, con el resto de nuestras pertenencias y, antes de partir, dentro del carro, María y yo volteamos a vernos y nos dijimos:

—Bueno, ahora viene un reto más.

La mudanza a Los Ángeles fue un reto para todos, no sólo para mí. María no había estado convencida al principio de que dejáramos el área de la Bahía de San Francisco porque no conocía a nadie en Los Ángeles, temía que también fuera difícil para Edward adaptarse a una escuela nueva y ella extrañaría la cercanía de su familia. Sin embargo, desde que aceptamos la decisión que Dios nos había ayudado a tomar, las cosas se volvieron más fáciles. De hecho, desde que llegamos a Los Ángeles, María y yo no dejamos de orar constantemente, pidiendo a Dios iluminación: «Se hizo tu voluntad y por eso estamos aquí en la ciudad de Los Ángeles», repetíamos.

Aunque no tenía amigas en la ciudad, María pronto se acostumbró al lugar y empezó a conocer gente. La buena comida y el buen clima se encargaron de ir haciendo las cosas más fáciles para ella. Pronto, también se empezó a familiarizar con el área y ahora vive fascinada con el sur de California y me dice que no quiere irse de aquí nunca.

Para Edward, que en ese entonces ya tenía cinco años de edad, tampoco fue difícil el cambio. Pronto se hizo de amigos en la nueva escuela y su maestra era genial, tenía una muy buena conexión con los niños y, además, dejó que María se involucrara en la escuela, con lo que pronto ella ya estaba ayudando a los maestros y a otros padres de familia a organizar eventos.

Por mi parte, adaptarme no fue tan difícil porque yo ya conocía el área ya que había vivido los primeros años que estuve en Estados Unidos en Santa Ana. Tampoco fue tan difícil que me adaptara porque mi vida, como la de muchos, ha sido una serie constante de retos y cambios. Unos no los he pedido y han aparecido de repente, como fue esta mudanza a Los Ángeles. Yo no tenía en mente venir a esta ciudad, pero cuando Dios nos dio esta oportunidad, decidimos tomar el toro por los cuernos. Es lo mejor que se puede hacer porque te permite vivirla como es y sacar el mayor provecho de ella, no importa que llegue cuando menos la esperas. La oportunidad se presentó justo cuando pensaba que me iba a establecer en el área de la Bahía de San Francisco, transmitiendo para siete u ocho ciudades en igual número de estados, y que el crecimiento del programa se daría desde ahí. Pero, claramente, la vida me tenía deparado algo más.

En la conferencia de prensa en que me presentaron y anunciaron mi nuevo show matutino de la radio, salí en pañales, sin camisa, pantalones, calcetines o zapatos. La idea había sido completamente mía, después de que me imaginé como si hubiera vuelto a nacer en Los Ángeles. Nadie me conocía aquí, mi programa nunca había sido retransmitido en esta ciudad, por lo que, en más de un sentido, quería decir que empezaría desde cero.

Por otro lado, estar en la radio en Los Ángeles implica una competencia mucho mayor y más responsabilidades, por lo que pensé que tendría que comenzar con algo fuerte, algo que se quedara grabado en la cabeza de todos. Y creo que fue así porque, cuando aparecí, todo mundo enmudeció y pude ver un gran «¿Qué?» en la cara de todos los que estaban presentes, incluido el gerente de la estación, quien no tenía idea de lo que yo iba a hacer.

Su esposa, Claudia, llamó a María para contarle lo que estaba sucediendo y saber si ella estaba enterada de lo que se me había ocurrido hacer. Pero María también se sorprendió de saberlo porque tampoco a ella se lo había contado, fue una idea que surgió en el último momento y resultó ser muy buena porque apareció en muchos medios, atrayendo atención hacia el programa.

Por otro lado, cuando llegué a Los Ángeles me di cuenta de que el programa que haría sería transmitido desde las cuatro hasta las once de la mañana, siete horas seguidas, ¡caray! El programa tenía el mismo nombre que los anteriores: «Piolín por la Mañana», y el horario implicaba que debía levantarme a las dos de la mañana, lo que a su vez quería decir que, a más tardar, a las siete y media de la noche debía ya estar en la cama, con los ojos cerrados y empezando a dormir. Claro que no siempre lo lograba, especialmente cuando organizaba eventos o iba a asistir a una familia que necesitaba ayuda. Dormirme temprano no era una novedad porque en los anteriores programas matutinos lo había tenido que hacer, sólo que ahora tenía que despertar una hora antes de lo acostumbrado.

En las tardes, a las ocho, cuando llegaba mi hora de dormir, me metía al cuarto y María y Edward se ponían a ver películas en otro cuarto hasta tarde. A Edward siempre le ha gustado irse a dormir tarde. Pero me maravilla su disciplina, porque si tiene que levantarse temprano, lo hace sin ningún problema.

La venta a HBC trajo al programa enlaces televisivos en Los Ángeles y en Nueva York durante los cortes comerciales. Esto significaba que debíamos preparar materiales extra para esas intervenciones. Había que pensar y escribir lo que diríamos, estar atento a que en los cortes comerciales todo saliera bien, el equipo transmitiera sin fallas, que no nos pasáramos del tiempo para poder regresar al programa de radio a tiempo, etcétera. Todo esto implicaba una nueva carga de trabajo que no había conocido en mis anteriores programas.

En resumidas cuentas, mi trabajo se había triplicado y la responsabilidad también había crecido. Todo eso hacía que pasara más tiempo fuera de casa y, nuevamente, comencé a quedarme a dormir en la estación porque simplemente las horas no me alcanzaban para hacer todo lo que tenía que hacer. Pero, ¿qué otra cosa se puede hacer si no es poner todo el empeño que uno tiene para hacer que las cosas salgan lo mejor posible? Si bien esta carga de trabajo extra era muy pesada, también era la oportunidad de seguir luchando con todas mis fuerzas para alcanzar mi sueño, para llevar el programa al mayor número de ciudades en Estados Unidos y que más miembros de la comunidad tuvieran oportunidad de divertirse, de escuchar a sus artistas favoritos hablando y de aprender sobre sus derechos como inmigrantes y de cómo cuidar su salud y mejorar su vida en pareja.

El primer día del programa desperté y pedí a Dios que me ayudara a no sentir nervios, pero era casi imposible evitarlos. Al comenzar expresé cómo me sentía, hablé de mis nervios y recibí una gran cantidad de llamadas de radioescuchas expresando su apoyo. Mucha gente no lo sabe porque sólo conocen al Piolín bromista o al Piolín que va a eventos o ha organizado marchas, pero hay otro Piolín, el que soy en mi vida diaria fuera de los micrófonos, con mi familia. Es un Piolín tímido y reservado que aun así disfruta muchísimo de lo que hace en la radio, los eventos o en las marchas en las que participa. La gente que llega a conocerme en privado después de haberme conocido por mi programa siempre me dice que no se imaginaba que yo fuera tan tímido y tan reservado.

En ese primer programa también le mandé flores en un «Piolimóvil» a mi tía Nena, quien nos había recibido cuando llegamos a Estados Unidos, y le dije al aire: «Esto es el resultado de la oportunidad que me diste al llegar a tu casa en este país. Gracias, tía».

De ahí nació un segmento en el que doy sorpresas a mis radioescuchas y a sus familiares y amigos.

El programa comenzó bien y, poco a poco, empezó a tener mucho éxito. Recibíamos muchas llamadas y los ratings mostraban una buena recepción. Por otro lado, el nuevo programa definitivamente no podía ser igual al anterior, por lo que nos pusimos a trabajar duro para agregar mucho más contenido, especialmente el segmento de abogados de inmigración que respondían las preguntas de los radioescuchas. Además agregué un segmento nuevo con una sexóloga, invité a más doctores de distintas especialidades y llevamos a consejeros familiares y matrimoniales. Lo que me movía a hacer esto era principalmente mi experiencia como inmigrante indocumentado, pero también la necesidad que veía entre mi gente que, a pesar de haber estado en este país por ya tantos años, aún sigue sin contar con las mejores condiciones de vida que le permitan abrirse paso.

El programa demostró que tenía todavía mucho para dar. Continuó creciendo, alcanzando una magnitud mucho mayor. En poco tiempo estaba siendo retransmitido en varios estados a través de cerca de sesenta estaciones y era escuchado por gente en todo el país, con lo que las repercusiones eran mayores.

Por ejemplo, un día me llamó la familia de un niño de nombre Brian. Me explicaron que necesitaban recolectar dinero suficiente para un trasplante de corazón para su hijo —era una familia muy necesitada y no contaban con los recursos para pagar los gastos—. El niño tenía alrededor de siete años y un carisma y un amor enormes. Me acuerdo de que hablé con él al aire y sus primeras palabras fueron:

—Piolín, mi mamá me contó que tú me vas a conseguir el corazón que necesito para vivir.

Por supuesto, sentí una enorme responsabilidad después de oír al niño decirme eso. Me detuve por un momento y pensé «¿Cómo le respondes a un niño de siete años que necesita un corazón nuevo?».

—Sí, mi amor —le dije—. Vamos a pedirle a Dios por tu corazón.

Y nos pusimos a orar. Inmediatamente, la gente empezó a ayudar de diferentes maneras: algunos se pusieron a lavar coches, otros a vender comida u otras cosas para recaudar dinero, a través de una fundación, para la operación de Brian.

Los papás comenzaron a investigar y descubrieron que era más barato operar a su hijo en México, por lo que se fueron para allá en lo que lográbamos recabar la cantidad de dinero necesaria para la operación. El tiempo se estaba acabando rápidamente, pero al final se logró obtener los fondos suficientes para cubrir los costos. Tristemente, la familia no pudo encontrar un donador a tiempo y Brian falleció antes de que pudiera ser operado. Sentí un dolor enorme cuando recibí la noticia de parte de sus papás, quienes estaban desconsolados. Con mucha tristeza agradecimos a toda la gente por haber apoyado a Brian y le explicamos lo que había sucedido. Todos vivimos momentos de mucha tristeza y dolor al saber que nuestros esfuerzos habían sido en vano y que no habíamos logrado salvar la vida de un niño tan lindo y adorable como Brian. Aún sigo en contacto con la familia.

Sin embargo, al mundo no le hacen falta coincidencias únicas y, unos dos o tres años después me topé con un caso idéntico: un niño que necesitaba urgentemente un trasplante de corazón y una familia que no podía reunir el dinero suficiente para la operación. Y es más, el niño también se llamaba Brian y tenía unos años más que el otro niño del mismo nombre. No lo podía creer.

Brian estaba en un hospital en Nueva York, su familia era originaria del estado de Puebla, en México y habían inmigrado unos años antes a Estados Unidos. Inmediatamente comenzamos a pedir ayuda. Afortunadamente, en este caso el niño tenía más días de vida que los que le habían dado al otro Brian y, por lo tanto, teníamos una ventana de tiempo mucho más amplia. Decidí ir a Nueva York para pasar a visitarlo al hospital y recuerdo que bromeé con la enfermera, y luego le dije a Brian para hacerlo reír:

—¡Ay, Brian! Qué enfermera más bonita, me voy a quedar contigo.

—Sí —me respondió—. Está muy bonita, ¿verdad, Piolín?

En esa visita le llevamos una *lap top* para que pudiera escuchar el programa en el hospital. Después oré con su familia por la mejoría de su hijo y me despedí. Era un treinta de diciembre y el treinta y uno tenía que transmitir por televisión durante el Año Nuevo en un programa que conduciría Raúl de Molina y al que me había invitado Otto Padrón. Cuando estaba a punto de empezar la transmisión, recibí una llamada de su papá.

—El milagro se ha cumplido —me dijo—. Nuestras oraciones han sido respondidas: acaban de encontrar un donador. Es un niño que lamentablemente falleció, pero él será el donador del corazón para Brian.

La operación fue un éxito y Brian todavía está vivo. Yo estoy profundamente agradecido con Dios y con la gente que se solidarizó para que eso sucediera.

Sin embargo, a pesar de los éxitos del programa y de la alegría que me daba saber que a través de él podíamos ayudar a mucha más gente que antes, no todo era miel sobre hojuelas. Al llegar aquí nos topamos con algunas envidias, algo bastante común. Incluso, hubo gente en el medio de la radio y hasta en la estación que nos aconsejó que no compráramos casa porque no íbamos a durar más de tres meses.

También solía recibir muchos mensajes de desánimo de compañeros, quienes claramente tenían serias dudas de que yo mereciera estar donde estaba. Por ejemplo, cuando mencioné que quería poner «piolicalcomanías» en los autos, como había hecho cuando trabajaba en Sacramento y donde me habían funcionado muy bien para promocionar el programa, me topé con gente que me decía cosas como:

—Acuérdate de que vienes de rancho. No es lo mismo estar en Los Ángeles que estar en San José, Piolín.

—¿Qué tiene que ver eso? —les respondía.

—Es que… esta es una ciudad muy grande. O sea, no vas a poner calcomanías en las defensas de los carros. Es algo imposible —insistían.

No puedo decir que ese tipo de comentarios no me dolieran, pero lo peor que puede hacer uno en esos momentos es dejar que lo desanimen y hacerles caso. Cuando uno está seguro de lo que quiere hacer, lo mejor es seguir adelante. Y bueno, ustedes ya lo saben, cuando alguien me dice que algo es imposible, sólo logra encender mis ganas de hacerlo y no di marcha atrás con mi idea.

—Pues yo sí quiero poner «piolicalcomanías» —les dije.

Y seguí adelante, decidido a confiar en mi instinto. Convencí a los directivos de la emisora, las mandamos a hacer —cada una decía el nombre del programa y la estación— y me salí a la calle a pegarlas. Vaya que han funcionado: después de tantos años todavía hay muchas circulando por ahí e incluso gente que no habla español me identifica gracias a ellas. Es más, he visto piolicalcomanías en mis viajes a México y soldados de Estados Unidos me han mandado fotografías en las que aparecen tanques de guerra mostrándola. Entre esas fotografías también he recibido algunas en las que aparecen los mismos soldados usando las camisetas que dicen «¿A qué venimos?, ¡A triunfar!», de las que se hicieron muchas.

El nuevo programa me permitió cumplir otro sueño, esta vez para mis papás: pude regalarles un auto nuevo para reponer el que ellos tenían y que ya estaba fallando. No podía borrar de mi mente haber visto a mi papá con heridas en la espalda debido a todo el calor que hacía en su viejo carro y por eso, apenas pude, quise regalarle un auto nuevo.

Quise que fuera una sorpresa y, junto con María y mis hijos, los llevé al lote de autos sin que supieran a dónde los estaba llevando. Les dije que iríamos al taller mecánico, pero cuando llegamos al *dealer*, mi papá protestó y me dijo que ahí saldría más caro. Lo que no alcanzaban a ver era que en el lote había un auto nuevo con un moño enorme, y que era para ellos. Les dijimos que era un regalo de parte de mis hijos. Era la primera vez que tenían un carro del año. Me hizo muy feliz ver su cara de alegría, casi tanto como a ellos ver el carro.

—¡Ay, hijo! Van a hacer que me muera de un infarto —dijo mi papá.

Es verdad que no le dio un infarto, pero poder regalar un auto a mis papás para que se movieran con más facilidad, poder retribuirlos un poco por todo lo que me habían dado, no puede dejar de llenarme de felicidad. A final de cuentas, lo más importante en la vida de uno, además de Dios, es la familia. Y lo mejor que podemos hacer en la familia es buscar que todos estemos lo mejor posible, hacernos el bien unos a otros y ser unidos.

• • •

En 2006 recibí la llamada de una radioescucha que me contó que en el Congreso se había presentado una propuesta de ley que convertiría en delincuentes a las personas que ayudaran a gente indocumentada, aun cuando se tratara de un accidente.

La propuesta fue conocida como la Ley Sensenbrenner HR4437 y contemplaba que si decidías a ayudar a una persona en la calle que se hubiera accidentado, tenías que preguntarle si estaba en el país legalmente antes de prestarle ayuda. Lo más sorprendente de la propuesta es que, si esa persona te respondía que no estaba legalmente en el país y de todas maneras la ayudabas, podías ir a dar a la cárcel. ¡Era increíble!

Pedí a los abogados que iban al programa que me explicaran un poco más. ¿Cómo era posible que si esta propuesta se convertía en ley y veías a alguien a punto de morir tuvieras que decirle: «Oye, quiero ayudarte, pero primero necesito saber si tienes documentos, si no me meto en problemas... Ah, ¿no los tienes?, lo siento, no puedo ayudarte»? Hablamos de ese tema al aire y rápidamente se acercaron a nosotros organizaciones no lucrativas que apoyaban a los inmigrantes. Entonces le pregunté a los abogados qué podíamos hacer y dijeron que había varias opciones, una de ellas era hacer marchas. Dijeron que esa era una forma pacífica y clara de dar a conocer las necesidades de la comunidad inmigrante y nuestro desacuerdo con una propuesta que, a final de cuentas, no beneficiaría a nadie: ni a los inmigrantes, claramente, ni a los ciudadanos, quienes de repente se verían en un ambiente lleno de desconfianza, forzados a preguntar a cualquier persona con necesidad de ayuda si estaban en el país legalmente antes de hacer cualquier cosa por ella.

—Yo quiero que sea pacífica —estuve de acuerdo con ellos—. Si vamos a llevar a cabo una marcha en conjunto con las organizaciones no lucrativas, tiene que ser pacífica. Tenemos que mandar un mensaje de que somos gente de paz, de que venimos a este país a luchar por nuestros sueños y somos personas de bien que venimos a construir, no a destruir.

El clima político en esa época, a mediados de la década pasada, se había polarizado en torno al tema de la inmigración. Por un lado, la comunidad de inmigrantes indocumentados seguía creciendo y no había una solución para regularizar su situación. Por otro, los sectores que pedían que el gobierno se volviera más duro con los inmigrantes indocumentados eran cada vez más insistentes.

Era importante que hiciéramos algo, que mostráramos a los demás estadounidenses el valor que tenemos para el país, nuestra necesidad de ser reconocidos y lo comprometidos que estamos con esta nación. Entonces empezamos a hablar con organizaciones no gubernamentales y también con varios compañeros locutores, de radio en inglés y en español, y los invité a que nos reuniéramos y organizáramos una marcha.

Además de toda la gente que conocí y de la atención que atrajimos sobre el problema de la inmigración, participar en la organización de la marcha también me trajo problemas que al final de cuentas me han ayudado a conocerme mejor, he aprendido de ellos y me han hecho más fuerte y a estar más convencido de que lo que estoy haciendo es para el bien de todos. A pesar de que estaba siendo convocada por un gran número de gente y de organizaciones, por alguna razón mi programa fue el que más atención recibió de los medios de comunicación. Hubo gente que se quejó porque a mí me invitaban a hablar en algún programa y a ellos no. Pero, bueno, supongo que esos son gajes del oficio y lo importante es que al final mostramos ser una comunidad unida capaz de convocar a muchas personas alrededor de una misma idea.

Durante la organización de la marcha pedí en mi programa a los radioescuchas, como sugerencia, que llevaran una camisa blanca, la bandera de Estados Unidos y una bolsa para juntar la basura mientras marchábamos por las calles. Lo decía desde el corazón porque estoy convencido de que si estás en este país, tienes que representar y respetar los símbolos patrios. Eso también enviaría un mensaje muy fuerte a todos los que se oponen a que los inmigrantes indocumentados puedan contar con papeles: somos gente de bien, pacífica, trabajadora, que quiere a este país y está comprometido con él.

Algunas personas desaprobaron mi sugerencia y me dijeron que deberíamos salir con la bandera de México o la del país de donde cada uno venía. Yo les dije que mi intención había sido solamente hacer una sugerencia, algo que yo pensaba que sería visto como positivo, y que la gente que asistiera, a final de cuentas, podría elegir libremente si quería hacerlo o no.

Al final, la mayoría de la gente salió a manifestarse así, como lo había sugerido, y no sólo era gente de Los Ángeles sino que muchos asistieron desde otras partes de Estados Unidos porque escuchaban el programa y les pareció que era muy importante estar presentes y mostrar lo mejor de cada uno de nosotros y nuestro compromiso con el país en el que vivimos.

El día de la marcha, el sábado 26 de marzo del 2006, llegué muy temprano —alrededor de las seis de la mañana—, para transmitir desde ahí, en una cabina improvisada, una edición especial del programa. La marcha debía comenzar a las diez de la mañana, pero ya desde esa hora había mucha gente en las calles. Poco a poco comenzaron a llegar los artistas que entrevistaría en el programa y que estarían presentes en la marcha con nosotros, como Kate del Castillo, Jessica Maldonado, los integrantes de Los Elegidos y Gerardo Fernández, entre otros.

Cuando salimos para unirnos a la marcha, me sorprendió ver a la multitud de gente, casi todos vestidos con una playera blanca, la bandera de Estados Unidos y con bolsas para recoger la basura, tal como iba yo. A cada paso recogíamos la basura que encontrábamos, aunque casi no podíamos caminar por la enorme cantidad de gente que había. «¡Qué respuesta más grande!», pensé. Tenía muchos sentimientos recorriendo todo el cuerpo: alegría de ver a tanta gente unida por una misma causa, orgullo de mi comunidad y de la conducta ejemplar que estaba mostrando, felicidad con lo que esto significaba, la posibilidad de hacer sonar nuestra voz, alto y fuerte. Pero sobre todo, una gran responsabilidad de seguir adelante, de no echarnos para atrás y lograr que se atendieran nuestras necesidades. En realidad, no tengo palabras para describir bien todo lo que me provocó ver la respuesta.

En el camino a la alcaldía de Los Ángeles, el lugar que habíamos elegido para que la marcha terminara, trataba de ver hasta dónde se extendía el mar de personas, pero como soy muy chaparro, a veces lo único que alcanzaba a ver era la espalda de la gente delante de mí. Por la cantidad de gente que había, tardé más tiempo del que pensaba en llegar a la alcaldía, a la tarima que se había instalado para que líderes de organizaciones y personalidades habláramos. Recuerdo que había helicópteros sobrevolando y que en algún momento fueron soltadas muchas palomas blancas.

Después subí a la tarima para hablar y dije a la gente que había ido a la marcha que teníamos que ser firmes con nuestras peticiones. Que debíamos pedir a Dios que tocara el corazón de los líderes políticos en Washington para que dejara de haber separaciones de familias a través de deportaciones. Que tocara su corazón también para que se dieran cuenta de que todos nosotros venimos aquí a construir esta gran nación y que es justo así como vemos la oportunidad de contribuir con ella, como una bendición.

Al final cerré preguntando a los asistentes: «¿A qué venimos?». Y la respuesta no se hizo esperar: «¡A triunfar!».

Cuando después me mostraron las fotos de la marcha, yo seguía sin creerlo, sólo podía pensar «¡Guau!». Algunos medios dijeron que había asistido medio millón de personas, otros informaron que en realidad se había tratado de más de un millón. Cualquiera que haya sido la cifra correcta, lo que me pareció más emocionante fue que sólo esperábamos que asistieran unos cuantos miles, y resultó ser masiva.

Tampoco imaginé lo que significaría esta marcha para mi carrera, en todos sentidos. Tiempo después, una radioescucha me mandó por Twitter un mensaje diciéndome que hay fotos mías en la marcha en un libro de historia que se estudia en las universidades, que se llama *Media Essentials*, de Campbell, Martin y Fabos. *Los Angeles Times* me incluyó entre los 100 personajes más importantes del sur de California, y ni hablar del impacto que tuvo entre la gente común que, como yo, como ustedes y como todos los demás inmigrantes, hemos llegado desde hace cientos de años a este país con un sueño y la firme intención de hacerlo realidad. Son cosas que me llenan de orgullo, especialmente porque la marcha fue un esfuerzo colectivo en el que participamos muchas personas.

En medio de todo esto, y pocos días después de que se celebrara la marcha, el 4 de abril de 2006 nació mi segundo hijo y una de mis más grandes alegrías en la vida, Daniel. Ese día, cuando comenzaron las labores del parto yo no estaba en casa y fue mi suegra, quien estaba con nosotros ayudando con el bebé que venía en camino, quien llevó a María al hospital. El trayecto desde la casa tomó veinte minutos. Apenas estaban registrando a María cuando tuvieron que meterla rápidamente al quirófano porque Daniel parecía tener prisa por nacer. Cuando por fin pude verlo, al instante el orgullo y la alegría de ser papá de nuevo me llenaron de ilusiones.

Según los abogados y los expertos que nos estaban asesorando, el siguiente paso era juntar cartas. Pero no sólo de cualquier persona, sino de ciudadanos, para que los líderes políticos que las recibieran supieran que era un voto que ellos podían obtener o perder.

Al principio, el objetivo era echar atrás la propuesta de ley, pero después nos enfrentamos al tema de la reforma migratoria. La propuesta HR4437, aunque había sido votada favorablemente por el Congreso en diciembre de 2005, se detuvo en el Senado tiempo después de la marcha y nunca fue aprobada. Pero tampoco la reforma migratoria ha avanzado y, aun cuando ya han pasado prácticamente diez años desde la primera marcha, el sistema de migración de este país está tristemente estancado a pesar de que es un tema del que constantemente se habla en los medios de comunicación y que muchos líderes políticos señalan que hay que resolver. El actual sistema de migración hace prácticamente imposible que un trabajador que no esté altamente calificado venga a este país a trabajar. Sin embargo, ese tipo de trabajador es el más necesitado, y prueba de ello es la gran cantidad de inmigrantes indocumentados que entran cada año para trabajar en el campo, en los servicios, fábricas y tanto lugares más que necesitan a gente trabajadora y comprometida, como la gente de mi comunidad.

Luego de la marcha en Los Ángeles, decidimos hacer una caravana hacia Washington para hablar con senadores y congresistas y exponerles nuestras necesidades. Invité a la gente a que me enviara cartas dirigidas a sus representantes y muchos lo hicieron. Entonces, algunas organizaciones empezaron a pedirme que dijera públicamente a qué político apoyaría para la Casa Blanca. Era 2007 y al año siguiente habría elecciones presidenciales.

—Mi bandera no es un partido —les dije—, mi bandera es que se haga una reforma migratoria en beneficio de nuestra gente, y ambos partidos son responsables de llevarla a cabo.

Agregué que el micrófono de mi programa estaba abierto para todos los candidatos que quisieran ser entrevistados, y que a través de él podrían exponer sus puntos de vista para que la gente decidiera cuál sería su favorito. Pero no era mi papel decir a mis radioescuchas por quién deberían votar.

Lo único que quería era que mucha gente inocente, que es trabajadora y honesta, que le echa ganas para tener una mejor vida con su familia, pudiera tener las mismas oportunidades que tuve yo.

Es por eso que es muy importante que tomemos cartas en el asunto y que si los derechos de los inmigrantes indocumentados no están siendo respetados, si se aprueban leyes migratorias sin sentido o si las leyes no reflejan la realidad, no importa de dónde vengamos, no importa hace cuánto estemos en este país, es nuestro derecho y nuestro deber levantar la voz y protestar, hacer lo que podamos para que el futuro sea más brillante para nuestros hijos y todos aquellos que vendrán después de nosotros.

CAPÍTULO 25

UN AUTOBÚS DE GIRAS PARA LOS DERECHOS DE LOS MIGRANTES

*E*l mismo año en que organizamos la primera marcha, en 2006, también hicimos una campaña para convencer a los residentes que aún no se habían decidido a tramitar la ciudadanía, a que lo hicieran y se convirtieran en ciudadanos de este país. Era muy importante que hiciéramos sentir nuestra voz a través de los votos, que les dijéramos claramente a los políticos cuáles eran nuestras necesidades e inquietudes, nuestros problemas y las soluciones que queríamos. Mientras más latinos seamos ciudadanos, más poder de decisión tendremos y podremos influir más en las leyes que hagan los políticos, exigir que atiendan nuestras necesidades y que se respeten nuestros derechos. Para poner el ejemplo, decidí que yo solicitaría la ciudadanía. También hicimos una campaña para convencer a los latinos a que se registraran para votar.

Fui residente por varios años y nunca puse mucha atención a la posibilidad de convertirme en ciudadano. Simplemente, cuando recibí la residencia me llené de felicidad y me enfoqué en seguir trabajando duro. Recuerdo en algún momento haber llegado a considerar tramitar la ciudadanía, pero dejé ese proyecto en pausa porque el trabajo y mi familia absorbían todo mi tiempo.

Pero fueron pasando varias cosas que me hicieron poco a poco cambiar de opinión. La primera ocurrió cuando apareció la propuesta HR4437 contra la que organizamos la primera marcha y que podría haber convertido en delincuentes a las personas que ayudaran a gente indocumentada. De eso aprendí que en cualquier momento pueden cambiar las leyes y pensé: «No marches, donde al rato no pueda hacerme ciudadano... ». Y ahí sí, no tendría ni voz ni voto. Después me enteré de que había habido cambios en las leyes en México y ya no era necesario renunciar a la ciudadanía mexicana para obtener otra. Además, en estos años aprendí de mi gente que por obtener la ciudadanía de Estados Unidos, uno no sólo no deja de ser mexicano sino que uno se siente más orgulloso porque representa a las dos naciones. Y al final de cuentas, todos nacemos en este mundo y no importa en qué parte de ese planeta uno haya nacido, somos todos lo mismo. Somos una sola persona, un mismo pueblo.

Otro factor más que me llegó a convencer fue que obtener la ciudadanía estadounidense tiene muchas ventajas, una de ellas es que puedes arreglar los papeles de tus familiares. Pero, aún más importante, es que tienes la oportunidad de votar en el país donde vives, elegir a las personas que te representan y contribuir a cambiar las leyes.

Y bueno, quería poner el ejemplo a los radioescuchas sobre la campaña que estábamos haciendo porque para ese entonces ya me había dado cuenta de lo importante que es hacer que nuestra voz tenga peso. Así es que me decidí y en el verano de 2006 solicité formalmente mi naturalización. En el programa lo mencionaba a cada oportunidad y la campaña fue tan intensa que incluso mandábamos a las casas de las personas vehículos con los papeles necesarios para que pudieran solicitar su ciudadanía: formularios, guías de estudio, información relevante, etcétera.

Como se imaginarán, estudiar para el examen no fue fácil para mí. Por un lado porque trabajaba demasiado. Por otro, porque todavía pasaba trabajos con el inglés. Pero eso no me detuvo de seguir adelante con la promesa que me había hecho, por lo que de camino al trabajo me la pasaba escuchando el curso de preparación. Luego, al llegar a casa, María me hacía preguntas sobre lo que había aprendido y uno que otro examen veloz para asegurarse de que hubiera aprendido bien. María siempre había sido una muy buena estudiante y su ayuda fue muy importante para mí. Aun así, cuando presenté el examen recuerdo que me hicieron algunas preguntas que me pusieron a pensar: «No marches, ¿dónde estaban esas preguntas?» porque no las recordaba. Especialmente las que tenían fechas. Los números no son mi fuerte y bueno... ¡ni pensar en tener un acordeón para ese examen! Al final creo que di sólo dos respuestas equivocadas, por lo que aprobé mi examen. Ya sólo tenía que esperar a que llegara el momento de prestar el juramento.

Cuando al fin llegó el día de jurar lealtad a este gran país, el 23 de mayo de 2008, alrededor de dos meses después de haber respondido el examen y casi dos años desde que solicité mi naturalización, pasó una película por mi mente: me vi cruzando la frontera, vi la casa de mis tíos, recordé todos mis primeros trabajos, el camino de regreso a casa después de haber recibido la orden de deportación, las palabras del Señor prometiéndome que me pondría en lugares donde nunca había estado y todo lo que vino después, las alegrías y los éxitos, los nuevos retos, las dificultades, el amor y las amistades sinceras. Al mismo tiempo veía a mi gente, también prestando el juramento, y a tantos otros inmigrantes de tantas partes del mundo. Estábamos todos muy felices y nos abrazábamos llenos de alegría. No pude controlar las lágrimas y comencé a llorar de la emoción. Finalmente, todos los sacrificios habían valido la pena y me demostraba, una vez más, que cuando uno lucha por algo y no deja de hacerlo a pesar de que las circunstancias sean malas, lo logra.

También pensaba que cada uno de nosotros tiene una historia que contar, y que cada una es igual de valiosa. Mientras reflexionaba sobre eso, podía sentir el esfuerzo de la gente que llegó antes que nosotros a este bendito país, gente que luchó por las oportunidades que ahora tenemos y para que pudiéramos convertirnos en ciudadanos. Pensé también en todos los esfuerzos de mi padre y de mi madre. Era una recompensa enorme la que estaba recibiendo y, además, ahora tenía dos nacionalidades, dos países en lugar de uno solo.

Gracias a que yo obtuve mi ciudadanía, mi mamá se sintió motivada a obtenerla. Su proceso tardó un poco más porque solicitó hacer el examen en español y, como hay menos lugares para hacerlo en este idioma, tuvo que esperar hasta 2013 para poder hacer su juramento de lealtad.

La caravana a Washington por los derechos de los migrantes significó mucho para mí. Fue un gran momento en mi vida y en los planes que me había propuesto porque representó una oportunidad única de contribuir con la comunidad, con mi gente, para mejorar su situación en este país.

¿Quién me habría podido decir dos décadas atrás, cuando acababa de llegar sin dinero y sin papeles que ahora, como ciudadano de Estados Unidos, estaba en posibilidad de convocar a un movimiento para pedir que el sueño americano, el sueño que todos tenemos cuando llegamos aquí, pudiera hacerse realidad para más gente?

En realidad, mi deseo no es, y nunca ha sido, que se me pinte como un héroe. No lo soy ni creo serlo. Soy sólo una persona más que está ayudando a construir un camino seguro para una reforma migratoria, una que nos permita a todos los inmigrantes vivir y trabajar tranquilos en este país. No soy la primera persona que trabaja porque eso sea posible y no seré la última porque desde antes de que todos nosotros llegáramos ha habido gente luchando por lo mismo y, en tanto la situación de quienes venimos aquí a trabajar y contribuir para la grandeza de esta nación no se resuelva, habrá gente peleando porque nuestras aspiraciones y contribuciones sean reconocidas. Todos nosotros contribuimos de la manera en que podemos para que este sueño se haga realidad. Y nadie nos lo va a arrebatar.

La caravana a Washington fue convocada en conjunto con muchas organizaciones —como TODEC, que fue la primera en acercarse a nosotros cuando lanzamos la convocatoria—, varios representantes de iglesias, algunos representantes de medios de comunicación —como José Armando Ronstadt, la productora Rosalía Sosa, los reporteros Rafael Cores, Paula Díaz y el camarógrafo Gustavo Gutiérrez, quienes nos acompañaron durante todo el viaje— y muchísimas personas más —como la reportera de espectáculos Jessica Maldonado y el cantante El Chapo de Sinaloa, quien nos alcanzó en Albuquerque— que contribuyeron a correr la voz de lo que planeábamos hacer. La idea era recorrer el país para entregar cartas de ciudadanos estadounidenses en las que pedían a senadores y congresistas que aprobaran una reforma migratoria y dieran fin a la larga serie de años en que el tema de una legislación completa al respecto había sido evitado. La respuesta de la gente fue enorme porque en poco tiempo logramos reunir un millón de cartas.

La caravana de alrededor de treinta vehículos a los que se irían agregando más conforme avanzábamos salió de la Placita Olvera, en Los Ángeles, el domingo 10 de junio de 2007. Antes de comenzar, yo había hecho un llamado al aire.

—A ver qué artista presta su autobús de giras.

Lo dije sólo por decirlo, pero con la esperanza de que sucediera. Y sucedió: Marco Antonio Solís y los Horóscopos de Durango nos ofrecieron los suyos y nosotros los aceptamos de inmediato. En ellos nos subimos algunos reporteros, mi equipo y yo. El periodista José Armando Ronstadt y el abogado de inmigración Enrique Arévalo también se subieron con nosotros.

A lo largo del recorrido, más personas y organizaciones se fueron uniendo a la caravana, como el cantante del Conjunto Primavera, Tony Meléndez, o los integrantes de la organización no lucrativa TODEC, quienes se habían acercado a nosotros desde el principio. Así, poco a poco se fue juntando más gente, incluidas muchas familias que viajaron en sus propios autos. Recuerdo también que hubo alguien en una motocicleta que se mantuvo a nuestro lado todo el trayecto.

Al dueño de la motocicleta, Víctor, lo conocí unos días antes de la caravana. Era operador de una de las estaciones que retransmitía el programa y me dijo que quería acompañarnos todo el camino montado en su motocicleta. Pero muchas veces, el camino era difícil a causa de alguna lluvia ocasional y yo le decía:

—Por favor, Víctor, mete tu motocicleta al piolimóvil y vente con nosotros, que es peligroso.

Pero siempre se mantuvo firme en que llegaría a Washington manejando la motocicleta. Un día pensamos que no se iba a poder porque se cayó en el camino. Todos fuimos a ver qué le había pasado, preocupados. Pero afortunadamente no le había pasado nada y al final logró su objetivo.

Por supuesto, no tenía en mente suspender la transmisión del programa, lo que implicaba una serie de retos logísticos que debíamos superar para no salir del aire. Una de las soluciones que encontramos fue transmitirlo cada vez desde distintas estaciones de radio a lo largo del camino. Eso hacía las cosas más sencillas, pero en muchas ocasiones las estaciones quedaban muy espaciadas unas de otras y tuvimos que organizarnos y resolver todos los detalles técnicos que implicó la transmisión desde distintos puntos de la carretera a través de un equipo móvil que instalamos en el autobús de giras.

Pero lo más sorprendente no sólo fue descubrir la cantidad de ciudadanos que escribieron cartas pidiendo al Congreso que se hiciera cargo del tema migratorio, sino toda la gente con la que nos topábamos a cada paso de nuestro recorrido: personas con letreros, llenas de esperanza, apoyándonos. Muchas de ellas trabajaban en la construcción o en el campo y algunas incluso se hincaban, como si estuvieran orando, para que se llevara a cabo una reforma. También, en cada lugar por el que pasábamos, la gente nos llevaba comida: tortas, sándwiches, tacos, tamales y muchas cosas más para mostrar su apoyo. Fue a través de esos momentos que me di cuenta de que la necesidad de una reforma migratoria era mucho más grande de lo que yo había pensado.

Recuerdo que José Ronstadt y el abogado Arévalo me preguntaron un día mientras hablábamos de lo que sucedía, qué sentía de lo que estaba viendo.

—Una responsabilidad más grande —les respondí.

Llegar a las estaciones en ciudades como Albuquerque, Dallas o Chicago —desde donde hicimos transmisiones— y ver afuera de ellas a gente esperando, rezando, con imágenes de Jesucristo, era muy grande, algo que no podía dejar de admirar y que no dejaba de hacerme sentir un compromiso enorme. No puedo olvidar la cara de esperanza que había en los rostros de la gente, en las familias completas que estaban ahí. Y lo más importante: entre ellos no sólo había latinos, sino también inmigrantes de muchas otras partes del mundo y estadounidenses blancos que comprendían las razones por las cuales nosotros estamos en Estados Unidos. Cada vez me daba cuenta de que la convocatoria era muy grande porque tocaba un tema muy sensible y que está en el corazón mismo de este país: Estados Unidos es una nación de inmigrantes. A ellos ha debido, debe y deberá, siempre, su grandeza.

El trayecto fue muy demandante debido a varios factores. Por ejemplo, las horas que teníamos para descansar eran pocas y las condiciones no eran las mejores, lo que provocaba que tuviéramos que desvelarnos. También, a veces, las cosas se ponían tensas, como cuando llegamos a recibir algunas llamadas de parte de gente que estaba en contra y que nos decía que no íbamos a lograrlo, que nos estaban esperando más adelante para impedir que siguiéramos, lo que no sucedió. A veces miro las fotos de ese viaje y me noto seco y pálido. Pero cuando lo recuerdo, me doy cuenta de que nada de eso importaba, porque descubrir lo que esa marcha significaba para muchísima gente me mantuvo lleno de energía por dentro.

Cuando llegamos a Washington, el 14 de junio de 2007, cuatro días después de haber salido de Los Ángeles, nos recibieron varios senadores y congresistas, entre ellos Ted Kennedy, que en paz descanse, y Bob Menéndez quienes, al igual que los demás senadores con quienes tuvimos oportunidad de reunirnos, nos recibieron y atendieron muy bien. Nos invitaron a pasar a sus oficinas y pusieron atención a lo que les decía. Todos fueron abiertos, hablaron de manera honesta y amable, y nos dijeron que se sentían orgullosos de lo que estaba pasando y de lo que estábamos haciendo.

—Cuando regreses —me dijo Ted Kennedy—, por favor, di a la gente que si no logramos que les den los papeles de residencia, seguiremos luchando por que les den al menos un permiso de trabajo y un número de seguro social para que no los molesten y los dejen trabajar. Sería un paso pequeño, pero seguro.

Ted Kennedy me produjo mucha confianza, sus palabras y sus intenciones me parecieron sinceras y sensatas.

—Senador, cuando yo no tenía papeles —le respondí—, lo único que quería era, al menos, un permiso de trabajo.

—Me da mucho gusto que pienses así porque hay mucha gente y organizaciones que no están de acuerdo y que están bloqueando las pláticas.

—Hablaré con la gente —le prometí—. Sé que me va a traer problemas porque hay quienes dicen «todo o nada», pero creo en esa opción. Creo que contar con un permiso y un número de seguro social es un paso, uno importante.

Poco después de esa reunión, recibí una llamada del reconocido presentador de noticias Jorge Ramos. A Jorge Ramos lo había conocido años antes, es alguien a quien admiro desde el día en que leí una entrevista con él en la que cuenta la manera en que se había abierto paso en Estados Unidos. Me sentí identificado con su historia y decidí contactarlo. Le conté mi historia y le pregunté si podíamos seguir en contacto para hablar sobre temas de migración. Él accedió de inmediato y poco a poco nos hicimos amigos. En aquel entonces, cuando hicimos la caravana a Washington, teníamos poco tiempo de conocernos, pero estábamos en contacto constante por todo lo que estaba sucediendo alrededor del tema de la inmigración.

—Piolín, ¡felicidades! —me dijo—, se acaba de abrir en este momento la posibilidad de seguir adelante con las conversaciones en el Congreso. Eso es gracias al trabajo que han hecho ustedes.

Para ese momento, las conversaciones sobre una reforma migratoria ya se habían cerrado y me hizo muy feliz saber que nuestra caravana había servido de algo, que al menos había abierto la posibilidad a una nueva discusión sobre los derechos de los migrantes. Había, de nuevo, una luz de esperanza.

Cuando regresé a Los Ángeles, decidí cumplir con mi promesa al senador Kennedy y convoqué a organizaciones no gubernamentales y a los radioescuchas para que opinaran de la posibilidad de contar con un permiso de trabajo si no era posible obtener la residencia. Hubo gente que no estuvo de acuerdo, que me dijo que me estaba conformando con un pedacito de pastel, cuando lo necesario era obtener el pastel completo. Pero la mayoría me decía que un permiso de trabajo o un número de seguro social era todo lo que necesitaban. «Estamos escuchando la voz del pueblo —pensaba yo—, de nuestra gente, de quienes están sin papeles».

—Muchos de nosotros tenemos papeles —decía al aire—, sin embargo, ellos no tienen nada, vamos a ponernos en sus zapatos.

Posteriormente, Ted Kennedy llamaría al programa para una entrevista y cantaría con emoción «¡Ay, Jalisco, Jalisco, Jalisco, tú tienes tu novia, que es Guadalajara… !». Hasta donde pude conocerlo, el senador Kennedy era alguien que apoyaba mucho a nuestra comunidad y deseaba en verdad una reforma migratoria.

El debate sobre los términos de la reforma migratoria siguió adelante, tanto entre las organizaciones y los miembros de la comunidad migrante, como en el Congreso. Parecía que las cosas iban avanzando. Pero a finales del mes de junio, el Senado votó definitivamente en contra de aprobar la reforma migratoria que se estaba discutiendo y que habría dado papeles a millones de inmigrantes indocumentados. Recuerdo haber estado siguiendo en vivo la votación y que no pude evitar que se me salieran las lágrimas por la frustración que sentí cuando vi los resultados. En ese momento volví a hablar con Jorge Ramos para comentar lo que estaba sucediendo.

—Ánimo, Piolín —me dijo—, hay que seguir luchando.

Estuve absolutamente de acuerdo porque, aunque las cosas no parezcan estar a nuestro favor, hay que seguir adelante, continuar luchando por lo que sabemos que es justo y por lograr nuestros sueños.

Eso mismo hacía cuando recibía críticas por mi postura hacia la reforma migratoria. Por supuesto que me parece que la mejor solución para la situación de los millones de inmigrantes indocumentados de este país es una ley que permita acceder a la ciudadanía. Pero si eso es un obstáculo para negociar y lograr la regularización del estatus de los inmigrantes, contar un permiso de trabajo es un primer paso. Eso, al menos, les permitiría trabajar en paz, moverse con libertad, sentirse seguros y protegidos por las autoridades, saber que los impuestos que pagan les son retribuidos y muchas cosas más. ¡Qué no habría dado yo por, años atrás, haber tenido la posibilidad de contar con un permiso de trabajo!

Sé que ese sentir era el mismo de muchísimos inmigrantes que estaban en la misma situación que yo había estado y, cuando expresé mi opinión sobre los términos de la reforma, quise también servir como medio para transmitir las necesidades de los inmigrantes. Nunca quise meterme en cuestiones políticas ni nada que se le pareciera. De todas formas, decidí que la mejor manera de tomar las críticas era ser respetuoso de ellas y de las personas que las hacían, porque uno de mis mayores aprendizajes ha sido que aunque no esté de acuerdo con el punto de vista de cualquier persona, tengo que respetarlo. Es la única manera real para convivir y crecer. Además, al escuchar los puntos de vista de los demás, especialmente de los que no están de acuerdo contigo, siempre se aprende algo.

• • •

Mi participación pública a favor de la reforma migratoria trajo también una consecuencia que ahora me da risa. Me ocurrió en el aeropuerto de Los Ángeles, algunos años después de que hubiera participado en la marcha y en la caravana a Washington. Fue un día en que tenía que tomar un vuelo para ir a un evento de la estación. Al llegar a la línea de seguridad me di cuenta de que había olvidado mi licencia de conducir y de que, por lo tanto, no tenía manera de comprobar mi identidad. Ya no había tiempo para que regresara a casa o para pedir a alguien que me la llevara porque el vuelo saldría en poco tiempo.

—Olvidé mi licencia, ¿es algo que pasa con frecuencia? —le pregunté a la persona que estaba revisando la documentación de los pasajeros, un miembro del equipo de seguridad del aeropuerto—. ¿Qué es lo que hacen cuando sucede?

—Sí, cómo no, vaya que sucede —me respondió con mucha amabilidad—. No creo que haya problema, sólo tengo que hablar con mi supervisora.

Me hizo una cuantas preguntas de rutina, me pidió mis datos personales y llamó a su supervisora, quien llegó unos instantes después. Desde que la vi acercarse, pude notar que algo no estaba bien.

—¿Tú eres la persona que ayuda a los inmigrantes? —me preguntó de una manera extraña.

—Bueno, yo estoy a favor de la persona que se porta bien —le respondí—, que paga sus impuestos, que aprende inglés, que lucha, que tiene un buen récord, que está ayudando a mejorar la economía y a que sigamos teniendo un gran país... es una bendición estar en Estados Unidos...

—Ah, qué lástima, pues no puedes viajar —me dijo.

—Pero, me acaban de decir que no soy la única persona a la que le sucede eso —protesté—. Les di los datos que me pidieron y respondí las preguntas, ¿cuál es el problema?

Unos días antes yo había entrevistado al presidente Obama en la cabina de radio y le mostré una foto para que comprobara que no estaba yo haciéndome pasar por alguien más. Pensé que mostrársela podría ser una buena idea, así ella se daría cuenta de que no estaba mintiendo acerca de mi identidad.

—No es porque quiera presumir o nada similar —le dije—, pero acabo de entrevistar al presidente en mi programa. Antes de eso me revisaron hasta por debajo de los zapatos, el Servicio Secreto buscó toda la información relacionada conmigo, qué tipo de persona soy... ¡todo! No quiero, en verdad, que pienses que quiero hacer presión o manipularte, pero me acaban de decir que esto le pasa con frecuencia a muchas personas y que al final les permiten viajar.

—Lo siento, no puedes viajar —insistió secamente.

—OK, muchas gracias —le dije y me salí de la fila para ir a la salida. Al poco tiempo noté que la persona con quien había hablado primero, quien me dijo que mi situación no era extraña del todo, me seguía.

—Qué mal me siento —me dijo cuando estuvo a mi lado—. Ella debió dejarte pasar... me siento mal de haberla llamado.

—No tienes que sentirte mal, estabas haciendo tu trabajo —le respondí—. Por el contrario, te agradezco por cuidar el bienestar de todos nosotros cuando tenemos que viajar.

—Sí, pero no pude evitar escuchar cómo se dirigió a ti...

—No te preocupes. Y, en verdad, te agradezco mucho por todo esto que me estás diciendo.

Y entonces me quedé sin viajar. Pero aprendí una lección: más vale que no vuelva a olvidar mi licencia de conducir.

Más adelante decidimos organizar otra marcha en Los Ángeles para mayo de 2010, de nuevo centrada en la reforma migratoria, en la importancia de la fuerza laboral de los migrantes y para protestar contra la ley que acababa de ser aprobada en Arizona, la SB 1070 que, entre otras cosas, permitía a la policía detener a cualquier persona por el simple hecho de tener una sospecha de que se encontrara sin documentos en el país. Queríamos que una vez más nuestra voz se escuchara y que en Washington no se olvidaran de la necesidad tan grande que había al respecto de este tema. Otra vez, la marcha convocó a mucha gente y muchos artistas se sumaron; personalidades como Gloria y Emilio Estefan, Kate del Castillo, Jessica Maldonado, Demián Bichir, Ana de la Reguera, Chris Weitz —productor de *A Better Life*— y muchos, muchos más estuvieron presentes.

A muchos de ellos los llamé personalmente para invitarlos. Me parecía que era muy importante que todos mostráramos un rostro de unidad e interés en la situación de todos los migrantes. La respuesta que recibí fue abrumadoramente positiva. Recuerdo, por ejemplo, que Emilio y Gloria Estefan tenían un compromiso en Las Vegas justo el mismo día en que debía llevarse a cabo la marcha a la que estábamos convocando. Yo me había enterado un día antes de que estarían en Las Vegas y de inmediato los llamé para invitarlos. Sabía que tenían un compromiso importante marcado en su agenda, pero definitivamente valía la pena hablar con ellos. Al final pudieron organizar sus compromisos y asistieron a la marcha.

Al igual que en 2006, transmití mi programa desde el lugar donde comenzó la marcha, a varias cuadras de la alcaldía de Los Ángeles y, al terminar, caminamos todos muy apretados, pacíficamente. La marcha representó exactamente lo que queríamos: un recordatorio de lo importante que es la comunidad inmigrante en este país y de que no dejaremos de insistir en que necesitamos que se reconozcan las aportaciones que hacemos a este país. Cuando llegamos a la alcaldía, llevé a Emilio y a Gloria al aeropuerto para que pudieran cumplir con su compromiso en Las Vegas.

A Gloria y a Emilio los había conocido algunos años antes de esa marcha, en un evento al que asistí de parte de mi programa de radio. Desde que nos dimos la mano me cayeron muy bien y quedamos en contacto. Poco a poco, compartiendo proyectos y valores, la amistad fue creciendo, al igual que mi admiración por ellos como personas. Son super sencillos y nunca se fijan si la persona con la que están hablando es famosa o no para tratarla bien o para apoyarla. Lo que más les importa es los deseos de salir delante de la gente con quien tratan.

Además, Emilio, por ejemplo, puede convertir las situaciones malas en buenas y en un motivo para pasarla bien. En 2008 me invitó por segunda vez a participar en un programa que producía cada año: Nuestra Navidad. Yo tendría que hacer un segmento desde la Ciudad de México, donde mostraría cómo celebramos la Navidad los mexicanos. En el segmento también hablaría con niños para pedirles que mandaran un saludo a los niños con cáncer que estaban en el Hospital Saint Jude, en Tennessee y que patrocina la asociación Ronald Mc-Donald.

Una parte del segmento sería grabada dentro del Auditorio Nacional, cerca del centro de la ciudad. Al final, por problemas técnicos no pudimos hacer la grabación dentro y vimos que nuestra única opción era hacerla fuera del palacio. Yo estaba un poco preocupado porque tampoco teníamos el equipo adecuado para hacerlo. Pero Emilio no estaba nada preocupado. Rápidamente, con buen humor, empezó a hacer amistad con gente en la calle y en los puestos callejeros y en poco tiempo había solucionado los problemas para que grabáramos ahí. Yo estaba con la boca abierta. Verlo trabajar me inspira a ser mejor y a no preocuparme tanto por las cosas que suceden, sabiendo que con voluntad, con imaginación y con buen humor todo se puede solucionar.

Cuando comenzamos a grabar, me pasó una cosa conmovedora que también me dio una gran lección sobre la generosidad de la que somos capaces las personas. Me senté en la banqueta a entrevistar a un niño que tenía a su lado un balón y que estaba haciendo su tarea mientras su papá trabajaba como vendedor ambulante. Le hablé de los niños en el hospital de Saint Jude y le pedí que les mandara un mensaje. El niño me dio su balón, me dijo que era la única pelota que tenía, y me pidió que se la entregara a los niños del hospital. Yo no la quería recibir porque sabía que era su única pelota.

—Ellos tienen más necesidad —me dijo.

Ver la generosidad de este niño me dejó sin palabras y, por supuesto, entregamos un balón nuevo a la asociación Ronald McDonald para que lo diera a los niños del hospital en Tennessee. Creo que ningún otro regalo habrá tenido más significado que ese.

CAPÍTULO 26

LOS CANDIDATOS QUIEREN HABLAR

Pienso que una gran parte de los estadounidenses desconoce cuán solidaria y agradecida es nuestra comunidad con el resto del país y con las personas que quiere. Por ello pienso también que es super importante mostrar a los estadounidenses no latinos quiénes somos. En el programa suelo pedir con frecuencia a mis radioescuchas que hablen con sus vecinos, que les cuenten sus historias, les digan por qué están en este país. Cuando un estadounidense no latino escucha por qué cruzamos una frontera, cuando se entera de la necesidad que había en nuestra tierra y de nuestros deseos de dar más oportunidades a nuestras familias, la mayoría entiende nuestros motivos y empieza a cambiar de opinión.

Jeff, quien me contrató en Sacramento y quien hizo tanto por mí, es un claro ejemplo de ello. No sólo me ayudó a conseguir mis papeles, sino que se ha convertido en un ángel para muchos latinos que acaban de llegar aquí o que ya tienen algún tiempo, o que incluso nacieron aquí, pero no tienen los medios suficientes para salir adelante. Jeff les ayuda a conseguir becas para que continúen con sus estudios, y esto lo hace basado en el aprendizaje que obtuvo gracias a su contacto con la comunidad latina. Cuando hablo con él, suele decirme cuán preparada le parece nuestra gente y cómo es una lástima darse cuenta de que a veces simplemente carece del dinero suficiente y las oportunidades —o los documentos— para desarrollarse completamente. Aunque su labor no sólo se enfoca en la comunidad de hispanohablantes, es indudable lo mucho que Jeff hace para ayudarla. Es en esos momentos, cuando hablo con él o recuerdo lo que está haciendo, que pienso que hubo una razón para que Dios hiciera que nuestros caminos se cruzaran. Me lleno de orgullo cuando recibo fotos que él me manda de gente a la que está apoyando con becas de estudios.

Parte de lo que queríamos lograr con las marchas y la caravana era precisamente que los estadounidenses se dieran cuenta de nuestra realidad, que aprendieran quiénes somos y que vieran que somos una comunidad que le hace un bien al país. El hecho de que a las marchas y a la caravana hubiera asistido tanta gente, había atraído la atención de un público nuevo que hasta entonces se había mantenido más bien al margen: los políticos. Fue así que en Washington nos recibieron senadores como Kennedy o Menéndez y los congresistas Lincoln Díaz-Balart, Mario Díaz-Balart, Joe Baca, Hilda Solís y Grace Napolitano. Después, dos candidatos presidenciales —Hillary Clinton y Barack Obama— se dieron cuenta de la convocatoria que tenía el programa y decidieron comunicarse conmigo para pedir ser entrevistados. Por supuesto, accedí a ello porque eso le daría a mis radioescuchas la oportunidad de escuchar directamente de ellos sus planes y propuestas, además de que podrían expresarles sus dudas y comentarios.

Así fue como el equipo de Hillary Clinton —quien aún era precandidata presidencial del Partido Demócrata— se puso en contacto conmigo para coordinar una entrevista telefónica, que salió al aire, en vivo, en «Piolín por la Mañana». Ella fue la primera entre los candidatos en hacerlo. Obama iría personalmente al estudio poco tiempo después. De hecho, fui el primer locutor de radio en español en entrevistarlo, y lo mismo sucedería años después, cuando nuestra cabina de «Piolín por la Mañana» sería la primera que él visitaría como presidente.

Recuerdo bien la entrevista con Obama cuando él era aún candidato por algo que sucedió al finalizar.

—Algo que es importante que usted sepa —le dije todavía al aire—, que quiero que sepan todos los candidatos, es que cuentan con mi apoyo para ayudar en cualquier necesidad que haya, ya sea que se trate de una catástrofe como el huracán Katrina o cualquier otra cosa.

Eso me dio pie para contar algunas historias sobre la manera en que nuestra gente ayuda a este país. Le dije que nuestra comunidad no está pensando en que su donación para un desastre debería llegar a otro latino, sino en la necesidad que hay en un determinado momento y en la forma en que puede ayudar. De hecho, hasta la fecha no recuerdo que alguien, alguna vez, me haya pedido que lo que se recauda para un desastre, como comida enlatada o cosas de primera necesidad, llegue sólo a latinos. Esa es una de nuestras más grandes fortalezas: nos involucramos en las necesidades de este país y nos preocupa el bienestar de todos, no nada más el de nuestra comunidad.

—Me gustaría que así como hacen ustedes campañas en televisión e Internet invitando a la gente a votar por ustedes —continué—, hicieran campañas mostrando lo que hace nuestra gente, para que los demás vean cómo contribuimos a este país, cómo la gran mayoría de nosotros viene para construir un mejor futuro con todos los demás habitantes de esta gran nación. Si eso es visto, la opinión pública empezaría a darse cuenta de lo justo que es que esas familias reciban las oportunidades de una reforma migratoria.

»Además, mis radioescuchas no sólo ayudan a la gente que vive en este país, sino también a sus propias familias cuando les mandan dinero. Imagínese qué tipo de personas tenemos aquí, qué calidad de gente, con buenos corazones —luego cité un ejemplo muy reciente de la solidaridad de mi comunidad con todo los estadounidenses, cuando poco antes yo había viajado a Houston para recolectar víveres desde ahí para los damnificados del huracán Ike—: Mire, yo me siento muy orgulloso porque tengo radioescuchas que quizá tenían sólo un galón de agua para su familia y decidieron donarlo para las víctimas e incluso llevarlo en persona.

Obama escuchó con mucho interés lo que le dije sobre la necesidad de dar a conocer la importancia que tiene nuestra comunidad en la construcción de la grandeza de este país.

—Muy bien —me respondió—. Es evidente que quieres una reforma migratoria. ¿Por qué no le pides a tus radioescuchas que voten por mí? Diles eso. Tú sabes que yo soy la persona que puede hacerlo.

Su pregunta era un arma de doble filo y yo no me podía comprometer porque eso habría limitado el alcance del mensaje que quería transmitir a todo el país.

—Con todo respeto, le voy a decir por qué no lo puedo hacer —le respondí—. En principio, porque tengo que entrevistar a otros candidatos para que expliquen a los radioescuchas sus propuestas y que sean los radioescuchas quienes decidan qué es lo que quieren hacer; no quiero que hagan algo porque «Piolín lo dijo». Además, la necesidad de la comunidad latina de Los Ángeles no es igual a la de Chicago o Nueva York, Texas, Colorado, Nevada, Oregón, Florida, etcétera. Entonces… no puedo hacer eso —los dos empezamos a reír porque nos habíamos puesto nerviosos y había que liberar un poco de la tensión. Después continué—: Es muy interesante lo que usted está prometiendo, muy interesante, de hecho. Pero, le repito, puede contar conmigo y con mis radioescuchas para cualquier necesidad, no nada más para la reforma migratoria sino para cualquier catástrofe o asunto relacionado con la educación, la salud, etc. Lo mismo le diré a los demás candidatos.

Esta respuesta molestó a algunos de mis compañeros, quienes querían que tomara partido. Decían que, de haberlo hecho, me habría colocado en una mejor plataforma y habría tenido una exposición mayor.

—Ese no es mi interés —les decía—. Si lo hubiera sido, habría dicho lo que él quería.

Quizá ellos lo deseaban porque pensaban que habría sido bueno para el programa e incluso, quizá también deseaban un bien para mi carrera. Pero me mantuve firme porque estaba convencido de que lo que había hecho era lo mejor: era muy importante que los radioescuchas tomaran una decisión basados en los argumentos de cada candidato que entrevisté, no en mi opinión.

Las entrevistas con los precandidatos eran un síntoma de que el programa estaba creciendo en magnitud y alcance. Desde que llegué a Los Ángeles, había buscado que se transmitiera en más ciudades de aquellas en las que ya tenía presencia. Aunque los *ratings* eran ya muy altos en las ciudades donde se escuchaba «Piolín por la Mañana», como era el caso de Los Ángeles, Phoenix, Dallas, El Paso, San Francisco, San José y otras más, aún hacían falta en la lista ciudades importantes con grandes comunidades latinas. Fue entonces que me puse a luchar mucho por estar presente en lugares como Nueva York o Chicago. El caso de Nueva York era un reto grande porque nadie quería ofrecernos una oportunidad.

—Es que tu programa es nada más para mexicanos —me decían algunos, usando esto como pretexto para no incluir el programa.

A diferencia de California, Nuevo México o Texas, entre otros estados y ciudades donde la mayoría de los inmigrantes somos mexicanos, en Nueva York hay una gran comunidad puertorriqueña, cubana y dominicana y, aunque también hay muchos mexicanos, no son la mayoría de los latinos de esa ciudad.

—No, mi programa no es nada más para mexicanos, sino para las familias de todas partes —era mi respuesta.

Cuando, después de muchos meses de luchar, logré que nos ofrecieran una estación en Nueva York, resultó que su señal era pequeña. Afortunadamente, tenían un muy buen equipo de trabajo y, en poco tiempo, empezó a irnos muy bien y obtuvimos buenos niveles de audiencia. De esa manera pudimos demostrar a los que no creían en las posibilidades del programa en Nueva York que, aunque el origen de los radioescuchas era diferente, todos se sentían identificados con los temas que tratábamos. Esta historia se repitió más o menos de la misma manera en Chicago.

Esto es algo que siempre he dicho y en lo que siempre he insistido: no importa la nacionalidad que tengamos, hay muchas cosas que nos unen más allá de nuestro idioma. Un buen chiste o una buena broma pueden hacer reír a todos. Lo mismo vale para un mensaje positivo. Y, definitivamente, para la pregunta con la que me identifican: «¿A qué venimos?», y su respuesta: «¡A triunfar!».

El éxito que obtuvimos en Nueva York y en Chicago le abrió los ojos a muchos y nos trajo más oportunidades. Fue así que el programa comenzó a ser retransmitido en muchas más ciudades que antes y llegamos a estar presentes en sesenta estaciones. Tristemente, con posterioridad hubo movimientos de personal en Nueva York y en Chicago y la atención y promoción dada al programa ya no fue la misma, y eso nos afectó.

Mientras tanto, en Los Ángeles seguí con la organización de partidos de futbol con radioescuchas en los que involucraba a artistas y jugadores profesionales. En una ocasión organizamos un partido de futbol para ayudar a recabar fondos para una familia de un soldado del Ejército de El Salvador que había fallecido en 2004 en Irak en una misión de apoyo al Ejército de Estados Unidos.

Supe de esa historia un día cuando estaba viendo las noticias. En ellas se mostraba cómo vivían su mamá y su hermana en una casa muy precaria y débil. Él les daba dinero para ayudarlas a salir adelante y había comenzado a construir una casa nueva para que pudieran vivir mejor. Sin su ayuda, se encontraban ahora en una situación muy difícil. La historia me impresionó y decidí compartirla con mis radioescuchas. Logré también ponerme en contacto con la mamá y con la hermana y les dije que íbamos a recaudar fondos para terminar la casa que el soldado había comenzado a construir.

Al partido para recabar fondos invité a Mauricio Cienfuegos, un futbolista salvadoreño que había jugado en la selección de su país, quien asistió con mucho gusto. Como siempre ha sido el caso, una organización no lucrativa se encargó de recabar los fondos —por principios éticos yo nunca, por ningún motivo, me encargo de gestionar o recabar el dinero que se recolecta en estos eventos—, y finalmente obtuvimos el dinero suficiente para terminar de construir la casa.

El programa también había comenzado a cruzar fronteras nacionales, como lo demuestra el caso de esta familia salvadoreña o un par de viajes que hice al extranjero con mis radioescuchas porque nuestra comunidad es mucho más grande que la que vive en Estados Unidos.

Uno de mis sueños era ver en vivo el clásico del futbol mexicano: un partido de las Chivas contra el América. Cuando obtuve mi residencia, me di cuenta de que también podría cumplir ese sueño porque ya podía ir a México y regresar a Estados Unidos sin problemas; cuando no tienes papeles, no puedes salir del país pues lo más probable es que no puedas regresar. Decidí invitar a varios radioescuchas que tampoco habían tenido la oportunidad de ir a un clásico a que me acompañaran a vivir la experiencia. Es algo que me gusta hacer cuando voy a vivir una experiencia nueva: compartirla con mi audiencia y que más gente tenga la oportunidad de experimentar lo mismo. Organizamos entonces un concurso para seleccionar a los que me acompañarían, compramos boletos y todo lo necesario y nos fuimos a Guadalajara a ver el partido. No recuerdo cómo fue que sucedió, aunque sé que parte de la culpa la tiene el apretado presupuesto que llevábamos, pero de camino al estadio Jalisco terminamos todos metidos en un auto minúsculo, unos encima de otros. Fue un poco incómodo, pero una vez en el estadio, el disfrute del partido ¡quién nos lo quita!

En otra ocasión, por petición de un radioescucha, cruzamos la frontera sur y fuimos a un centro de rehabilitación de drogas y alcohol en Tijuana para llevar víveres a los internos. Salimos de Los Ángeles en varios carros llevando con nosotros lo que habíamos recabado.

El personal del centro de rehabilitación nos había advertido que veríamos cosas muy fuertes, y no exageraban. Por ejemplo, recuerdo muy bien una escena que me impresionó mucho: era un cuartito donde había mucha gente dando vueltas sin parar. La piel de sus brazos y piernas estaba llena de llagas y agujeros, y parecían desesperados. La angustia que me transmitió verlos y oírlos me hizo sentir mal.

Antes de salir de Los Ángeles, noté que una de las personas que había decidido venir con nosotros, un señor, estaba acompañado de su hijo de doce años.

—Paisano, ¿por qué traes a tu hijo? —le pregunté—. El director del centro nos dijo que debemos ser cuidadosos porque vamos a ver cosas muy fuertes.

—Lo que pasa es que quiero enseñarle qué es lo que pueden causarle las drogas —me respondió—. Ya le he contado de los peligros, pero quiero que él vea con sus propios ojos cómo terminan algunas personas que se drogan.

«¡Ay, carambolas!», pensé.

—OK, si usted cree que es conveniente, adelante —le dije—. Es su responsabilidad.

Cuando salimos del centro, le pregunté al niño cómo se sentía, y me di cuenta de que lo que vio lo había impresionado mucho. Es muy triste lo que sucede con las personas que se echan a perder con las drogas y con el alcohol. Yo lo viví en carne propia y sé que verlo, experimentarlo de cerca, te marca porque una cosa muy distinta es que a uno sólo le platiquen.

En otra ocasión, un señor de nombre Fernando nos llamó de un teléfono público. Pedía ayuda a gritos ya que su familia estaba a punto de dejarlo porque era alcohólico. Ya había intentado dejar el alcoholismo a un lado, pero no lo había logrado. Después de hablar con él y pasar algunos momentos angustiantes durante la llamada, aceptó ir a un centro de rehabilitación y después de unos meses ahora está muy bien. Y muy agradecido con Dios por la oportunidad que le dio de recuperarse. Hoy en día sigo en contacto con él, suele ir a casi todos los eventos que organizamos y siempre ofrece ayuda. Pero, sobre todo, me da mucha alegría saber que a través del programa pudimos ayudarlo.

Entre las cosas que para mí han sido milagros está lo que le sucedió a otro radioescucha, uno mucho más pequeño. Era diciembre de 2012 y una de esas raras veces en que yo tomaba unos días de vacaciones. Estaba relajándome cuando recibí un correo electrónico de una persona que me pedía que le diera una sorpresa a un niño de doce años que estaba en el Children's Hospital, enfermo de leucemia.

Como no estaba yendo a la oficina, nadie más se enteró y fui solo a visitar al niño, lo que no era muy común ya que siempre que hago este tipo de visitas en hospitales suelo llevar a más gente conmigo. Una de las razones principales es que a veces vamos a llevar juguetes a los niños o a organizar radiomaratones para recaudar fondos para comprar medicamentos y, obviamente, solo no podría lograrlo. Pero también hay mucha gente que quiere ayudar y llevar alegría a los demás, por lo que, en ocasiones, me preguntan si pueden venir a acompañarme.

Averigüé qué le gustaba al niño y me dijeron que cualquier cosa que tuviera que ver con los LA Lakers, una gorra o una camisa serían ideales. A un lado del hospital hay una tienda y, por alguna razón, pensé que ahí podría comprar el regalo. Pero resultó que estaba equivocado y no tenían gorras ni camisetas ni nada de los LA Lakers, por lo que llamé a un amigo que conocía muy bien el área para preguntarle dónde podía conseguir en los alrededores lo que necesitaba.

—Pues por ahí cerca no hay ninguna tienda de deportes —me dijo—. Tienes que regresarte hasta Burbank o a Hollywood.

Eso queda lejísimos. Justo en ese momento pasó el gerente de la tienda y me saludó. Le pregunté por lo que estaba buscando y me dijo que tampoco él sabía dónde había una tienda no muy lejos donde pudiera conseguir una camiseta o una gorra del equipo. Entonces vi a una persona poniendo sodas en los estantes y pensé: «Este cuate va a saber porque maneja por aquí». Me agaché para hablar con él.

—Hola, ¿cómo estás? —le dije.

Volteó a verme y me reconoció.

—Ah, ¿qué pasó?, Piolín —me dijo.

—Oye, *brother*, disculpa que te moleste, pero fíjate que estoy buscando una tienda de deportes. Quiero encontrar una gorra de los Lakers.

—Uy, está cañón. Por aquí no hay nada cerca, tienes que ir a Hollywood o a Burbank.

—Híjole, quedan muy lejos y vine a visitar a un niño que está enfermo y quiere justo una gorra de los Lakers.

—Déjame ver, quizá yo tenga una —me respondió—. Vamos a mi carro.

Al principio me alegró mucho la posibilidad de encontrar el regalo, pero luego comencé a pensar en otras posibilidades: «Si es usada o me va a dar la de él, ¿qué voy a hacer? El niño tiene sus defensas bajas y, pues no se la voy a poder dar porque lo pondría en riesgo... Además ni siquiera conozco a la familia como para llegar con una gorra usada».

Cuando llegamos a su carro, abrió la cajuela y sacó una caja pequeña con alrededor de ocho gorras nuevas. Comenzamos a verlas ¡y ninguna tenía el logo de los Lakers! Cuando ya nos estábamos dando por vencidos, vi una que no habíamos notado y que tenía los colores gris, amarillo y morado.

—A ver, *brother*, saca esa —le pedí. Al menos tenía los colores de los Lakers, lo cual era una buena señal. Y mi corazonada no estuvo equivocada porque no sólo era la que estaba buscando, sino que además tenía el logotipo de la NBA, lo que quería decir que era original, ¡y era la única! Me volví loco de comprobar, una vez más, la manera maravillosa como trabaja Dios.

—¿Estás bien, Piolín? —me preguntó porque me vio pasmado.

—¡Sí, carnal! Es que es una bendición del cielo —le dije.

Después siguió una negociación difícil porque él no quería aceptar que le pagara por la gorra, hasta que lo convencí y acordamos el pago. Me despedí de él agradeciéndole muchísimo y subí al hospital. Pregunté a una enfermera por el paciente que yo estaba buscando y me indicó dónde estaba. Al entrar a la habitación me di cuenta de que estaba con su papá y de que los dos dormían, por lo que salí con mucho cuidado para no despertarlos. Pero el papá alcanzó a abrir un ojo.

—¡Piolín! —me dijo. Era una sorpresa total porque ninguno sabía que yo iba a ir.

—Sí, soy yo —hablé en voz muy baja para no despertar a su hijo—. Vengo a visitar a tu hijo porque me llegó un correo electrónico de un radioescucha. Aquí te dejo la gorra, no quiero despertar al niño.

Estaba diciendo justo eso cuando también el niño abrió un ojo y lo primero que vio fue lo que yo traía en las manos.

—¡La gorra que siempre había soñado tener! —exclamó.

«No, pues, ya es mucho», pensé.

—Necesito una camilla porque voy a azotar—les dije. Luego le conté al niño la historia de la gorra. Él me escuchaba atento y, cuando llegó la enfermera, ella notó que teníamos lágrimas en los ojos.

—¡Mira mi gorra! —le dijo el niño— ¡Qué bonita!

La enfermera sonrió y vio la gorra con gusto, supo lo que estaba pasando. Después se acercó a mí y me dijo que acababa de llegar una familia para internar a su hija, que también tenía leucemia. Se habían dado cuenta de que yo estaba en el hospital y se preguntaban si podía pasar a saludarlos.

—Sí, por supuesto. Nada más que termine aquí, voy para allá.

Cuando terminé mi visita con el niño, me fui hacia donde me había dicho la enfermera que estaba esta familia. Llegué y me presenté con ellos. Me dijeron que eran de Zacatecas, México.

—Dile a Piolín que nos ayude —le dijo la mamá al papá de la niña segundos después de que nos presentamos.

—No, no manches —le respondió él—. A Piolín le llama toda la gente que quiere ayuda. Ya nos hizo favor de venir para acá, no le demos más lata.

—¿Qué pasa, paisano? —le pregunté.

No tuvo oportunidad de explicarme porque en ese momento llegó la enfermera y comenzó a explicarle cómo funcionaban los aparatos que le estaban poniendo a la niña. Como ellos no hablaban inglés y la enfermera no hablaba español, y yo, después de tantos años de luchar con el idioma ya lo podía hablar y entender mejor, me ofrecí a servir de intérprete. Eso nos tomó un rato, pero una vez que la enfermera se retiró, insistí al señor que me contara su problema y al final accedió.

—Lo que pasa es que me acaban de agarrar manejando sin papeles, me dieron una infracción y además me van a deportar en cualquier momento —me dijo.

—Dime la verdad, por favor —le pedí. Ya me había sucedido que gente en situaciones similares me ocultara que tenían un récord negativo y pues eso no ayuda—: Además de la multa, ¿hay otra cosa? ¿Has tenido problemas con las autoridades? ¿Has manejado borracho?

—No, sólo eso.

Entonces le hablé al abogado de inmigración Enrique Arévalo y le conté la situación de esta familia. Le pedí que les echara la mano y accedió. Hasta el momento todo ha salido bien: ahora ya tienen la residencia legal en este país.

Por historias como estas es que pienso que no hay casualidades, que siempre hay una razón por la cual las cosas suceden y Dios no me deja de sorprender con los milagros que hace. Conté esta historia al aire y dije que, para mí, también se trataba de un milagro, que es importante que la gente no pierda la fe ante los retos que le presenta la vida y que este caso es un ejemplo claro: él, como yo, tenía una orden de deportación y ahora ya es residente legal.

Como he mencionado antes, muchas veces la gente me dice que no voy a lograr lo que quiero hacer, que mis ideas son imposibles, que simplemente no voy a poder o que la gente me va a decir que no. Y que eso sólo me da más motivos para hacer lo que quiero hacer. Eso mismo me sucedió cuando sugerí que invitáramos a Paulina Rubio a llevar tacos a las bodegas y fábricas donde trabaja nuestra gente: algunas personas me dijeron que ella nunca aceptaría hacerlo.

—Pues déjenme hablarle —les respondí.

Así lo hice y aceptó hacerlo. Vino conmigo a repartir comida, habló con la gente, descubrió que muchos eran seguidores suyos y, en resumidas cuentas, quedó encantada con la experiencia, por lo que me pidió que la invitara cuantas veces quisiera. Así lo hice.

No era la primera vez que invitaba a un artista a llevar comida a nuestra gente, eso había comenzado a hacerlo cuando trabajaba en San José y había funcionado muy bien. Supongo que mucho tuvo que ver el hecho de que el primer artista que aceptó venir conmigo fue José José, quien es un cantante muy popular.

Con el tiempo seguí invitando a otros artistas, en algunas ocasiones, a que hicieran lo mismo. Prácticamente todos aceptaron y todos lo hicieron con mucho gusto y lo disfrutaron. Aunque creo que quienes más lo gozaron fueron las personas a las que llevamos comida, quienes así tuvieron la oportunidad de ver de cerca y hablar con muchos de sus artistas favoritos, como los integrantes de Maná, Lupillo Rivera, Jenni Rivera, José Manuel Figueroa, Cristian Castro, Enrique Iglesias, la Banda El Recodo, La Arrolladora Banda El Limón, Los Tigres del Norte, Aracely Arámbula, Pablo Montero, Valentín Elizalde, Espinoza Paz, Alejandro Sanz, Ninel Conde, Los Huracanes del Norte, el comediante El Costeño y muchos, muchos más. Esto, además, permitió que los artistas se acercaran a sus seguidores de una manera única.

En realidad, la generosidad de muchos artistas es algo que siempre me ha sorprendido gratamente. Por ejemplo, cuando Vicente Fernández estuvo en el programa, nos regaló uno de sus trajes con la intención de que fuera rifado para obtener fondos para el Children's Hospital. Jennifer López nos dio un gorro muy elegante, Pepe Aguilar regaló una pulsera que traía puesta, Angélica María y Angélica Vale dejaron las mascadas que traían puestas y Pitbull donó un reloj de diseñador. Ellos son sólo unos cuantos ejemplos porque en realidad han sido muchos más los que han participado. De hecho, ya se ha convertido en una especie de tradición porque usualmente los artistas que nos visitan en el programa dejan alguna prenda de ropa para que la entreguemos al Children's Hospital de manera que el hospital pueda rifarla y obtener recursos.

Hablando de Vicente Fernández, en una ocasión que visitó nuestra cabina en Los Ángeles, quisimos agradecerle por su generosidad con nosotros, por haber creído en el programa y habernos apoyado con su presencia. Estuve pensando mucho tiempo qué podría darle a un hombre que lo tenía todo. Por fin, me llegó una idea a la cabeza: ¡una cuchara de albañil! Antes de convertirse en el cantante famosísimo que es hoy en día, Vicente Fernández había trabajado como albañil en Tijuana. Nos pareció que sería una buena idea hacerle ese regalo que hacía un homenaje a sus orígenes y al largo camino que había recorrido, algo que siempre me ha hecho admirarlo. Decidimos, además, inscribir un verso de la Biblia en la cuchara. Yo estaba un poco nervioso cuando le di el regalo porque no sabía cómo iba a reaccionar, pero a Vicente Fernández le gustó mucho y nos lo agradeció profundamente.

Cuando el show comenzó a crecer y a atraer más atención de la gente, se hizo más común que artistas y personajes famosos nos visitaran. Normalmente nunca me pongo nervioso cuando entrevisto a alguno de ellos porque, aunque los admiro profundamente, siempre me siento a gusto en su presencia, tranquilo y en confianza. Pero cuando Aracely Arámbula visitó el programa, ahí sí hasta me trabé. Había llegado sin maquillaje y me pareció tan hermosa como siempre. Simplemente me quedé sin palabras y, como no paraba de equivocarme, le tuve que decir que todo se debía a que me sentía un poco enfermo.

—Mi hermano es doctor —me dijo—, si quieres le digo que te inyecte.

Quizá, si hubiera contado con un mentor como mi abuelo Bartolo cuando llegué aquí, la historia habría sido un poco distinta, al menos en lo que respecta a la capacidad para lidiar con ciertas situaciones. Como ya les he contado, desde muy temprano en mi carrera como locutor me topé con muchas envidias y con gente mal intencionada. La frecuencia y la intensidad de estos encuentros se multiplicó cuando llegué a Los Ángeles.

Sé que estas situaciones se presentan en cualquier trabajo, no sólo en el medio de las comunicaciones, y que personas con malas intenciones las hay por todas partes, pero llegó un momento en que las acusaciones y comentarios malintencionados me empezaron a doler demasiado y no sabía cómo reaccionar.

Varias veces llamé a Emilio Estefan, con quien ya había formado una amistad cercana. Lloraba en el teléfono, desde el estacionamiento de la estación. Le hablaba de las envidias y los celos con los que me topaba todos los días, de la gente que trataba de inventar mentiras sobre mi persona para que yo tropezara. Las llamadas podían tener duraciones muy distintas, pero en una ocasión me demoré horas llorando en la oscuridad, completamente solo, a través del teléfono y con Emilio al otro lado de la línea, quien me escuchaba y aconsejaba con mucha paciencia. Eran las nueve de la noche en Los Ángeles, las doce en Miami, donde estaba él.

—Sé fuerte —me decía Emilio—. Tranquilo, respira.

Yo seguía llorando como un niño.

Emilio se tomó el tiempo necesario para tranquilizarme. Me decía que tenía que resistir, que él había pasado por situaciones similares cuando llegó de Cuba.

—Son los retos de la vida y tienes que ser fuerte —me repetía.

Después me pidió que lo llamara al día siguiente para que le contara cómo me sentía. Al día siguiente me sentí un poco mejor y se lo dije. Y también pensé: «Hijo de su madre, ¿qué va a pensar de mí? Soy una persona mayor, con una familia y lloro como un niño...».

Cuando estás en este medio, a veces no tienes amigos o, al menos, no sabes quién es tu amigo. Y se siente bien gacho. Pero Emilio y Gloria siempre me demostraron una amistad sincera a lo largo de los años en que llevábamos de conocernos.

Recuerdo que en esas ocasiones no quería llegar a mi casa porque no quería que María y mis hijos me vieran llorando, como si me hubieran derrotado.

Supongo que a muchos no les gusta que te vaya bien, no les gusta verlo y darse cuenta de la realidad, y menos cuando no fuiste a la universidad, como yo. Supongo que muchos piensan: «Yo he tenido más educación y no me ha ido como a él», y les debe doler. Pero hay maneras de encaminar la frustración sin dañar a los demás. Es una lástima que no todo el mundo pueda verlo. Pero también es importante que uno aprenda a lidiar con personas que dejan que la frustración rija su vida y que uno se dé cuenta de que esas personas se hacen más daño a ellas mismas que a nadie. Hablar con Emilio me ayudó mucho a ver esto y a superar los problemas, a darme cuenta de que no debía dejar que me dañaran, a ponerme en manos de Dios y seguir adelante, convencido de lo que estoy haciendo, de mí mismo y de la lucha por ser mejor y alcanzar mis sueños.

Nunca platiqué de estas llamadas con María ni con nadie más. La presión era tan grande que no sabía con quién podía hablarlo y no quería llevar angustia y preocupación a mi familia. Emilio era la única persona en quien podía confiar en ese momento, y una figura muy importante para mí que siempre me ha dado su confianza y amistad sincera sin esperar nada a cambio.

Después de estas llamadas, siempre le he dicho a Gloria y a Emilio lo agradecido que estoy con ellos por el tiempo que me dedicaron, por las palabras de Emilio que me ayudaron a ver las cosas con claridad, a dejar atrás el dolor y a no darme por vencido.

CAPÍTULO 27

<< LETRA D: TODAS LAS ANTERIORES >>

*U*na de las promesas que me hizo Obama la primera vez que vino a mi programa, cuando todavía era candidato en 2008 fue que regresaría una vez que hubiera sido electo como presidente y estuviera desempeñando el cargo. Cumplió con esa promesa y volvió a estar en la cabina como presidente en funciones, no sin que antes de eso, Michelle fuera con sus hijas previo a que él tomara posesión del cargo.

La entrevista con Obama presidente sucedió en 2010. Tiempo antes de que fuera al programa, yo había hablado con él por teléfono para decirle que formara un grupo de gente no interesada en obtener puestos políticos, pero que quieren apoyar el movimiento a favor de una reforma migratoria y de resolver cualquier otra necesidad que tenga la comunidad estadounidense, no sólo la latina. Él me dijo que le parecía una muy buena idea y entonces le prometí darle algunos nombres más adelante. Quedamos de permanecer en contacto.

La ocasión de darle los nombres y comenzar a formar ese grupo de personas, de ciudadanos independientes, se presentó cuando poco después de esa llamada fui a la Casa Blanca para grabar una entrevista con él. Quería llevarle un regalo, un pequeño detalle para conmemorar ese encuentro y agradecer simbólicamente que abriera las puertas de su oficina en la Casa Blanca para mis radioescuchas. Recordaba que otras personas le habían llevado balones de basquetbol y de futbol americano, por lo que pensé que sería una buena idea llevarle un balón de futbol soccer.

Una vez que entré a la Sala Oval, nos tomamos una foto en la que aparezco levantando una pierna. No sé por qué tengo esa costumbre de levantar una pierna cada que alguien me toma una foto, pienso que quizá tiene que ver con uno de mis apodos, «Cara de perro», que me puso un radioescucha. Y entonces le digo a la gente que es mi instinto animal, que me sale en ese momento. Mucha gente me criticó por aparecer levantando una pierna en una foto con el presidente, pero ¿qué quieren que haga? Ni siquiera me doy cuenta cuando sucede.

Después de que nos tomamos la fotografía, le di la pelota de futbol y pude conducir la entrevista normalmente. También le di los nombres que le había prometido, entre los que se encontraban Emilio Estefan, Don Francisco y la abogada de inmigración Jessica Domínguez. Él agregó a otros y así empezaron a conformar el grupo de trabajo.

Años después, cuando las elecciones intermedias de 2010 comenzaron a acercarse, me contactaron de la Casa Blanca para coordinar una entrevista en el estudio de «Piolín por la Mañana» con el presidente. Acordamos una fecha y se dejó venir el Servicio Secreto de inmediato. Era como estar en una película, lo pueden comprobar buscando un video en Internet donde se muestra a los oficiales del Servicio Secreto en nuestra estación. Revisaron todo a fondo, me indicaron cuáles serían mis movimientos y dónde tenía que sentarme. Como el estudio tenía una ventana que daba hacia otros edificios, soldados y agentes del Servicio Secreto se colocaron en puntos estratégicos. Era una locura.

«¿Dónde me metí?», pensaba. No tenía idea de que su visita estaría precedida de semejante revisión. Tantas eran las indicaciones que nos dio el Servicio Secreto de lo que podíamos y no podíamos hacer y de cómo teníamos que movernos, que cuando estaba entrevistando al presidente, ¡ay carambolas!, estaba inmóvil porque no sabía si podía moverme o no.

Pero, además, tenía encima la tensión de las preguntas que le haría.

En el proceso de revisión del Servicio Secreto sucedió algo divertido cuando uno de los agentes se acercó en un momento dado a mí. Me dijo que su mamá era mi radioescucha y que admiraba el trabajo que yo estaba haciendo a favor de una reforma migratoria.

—Si gusta, puedo hablar con ella y saludarla —le ofrecí.

—Muchas gracias, lo apreciaría mucho —me respondió—. Pero necesito pedirle otro favor: no le diga dónde trabajo. Ella no lo sabe.

Así lo hice. Hablé con ella y le dije que había conocido a su hijo, que podía ver que se trataba de una gran persona. La señora estaba muy feliz de haber recibido esa llamada y me lo agradeció mucho.

Cuando finalmente llegó la hora de entrevistar al presidente Obama, estábamos todos preparados. Entró a la emisora, lo recibimos, hablé con él brevemente, le dije que le haría preguntas que me habían enviado los radioescuchas y nos preparamos para salir al aire.

En programas anteriores, yo había pedido a los radioescuchas que nos mandaran las preguntas que quisieran que hiciera al presidente y fue con ellas que guié mi entrevista porque me interesaba mucho preguntarle aquello cuyas respuestas mis radioescuchas querían escuchar. No recuerdo con precisión cada una de las palabras que intercambiamos ese día, pero la entrevista, palabras más, palabras menos, fue así:

—¿Te acuerdas de que prometí regresar a tu programa cuando fuera presidente? —dijo al aire.

—Por supuesto —le respondí—, así es que vamos a comenzar la entrevista. Y, señor presidente, quiero darle a usted la opción para que decida con qué tema quiere que comencemos nuestra plática.

—Piolín, de lo que quieras que hablemos, hablaremos.

—Le voy a dar opciones. ¿Está usted listo?

—Lo estoy.

—Letra A: reforma migratoria. Letra B: reforma migratoria. Letra C: reforma migratoria. Letra D, *all of the above*, todas las anteriores.

Nos empezamos a carcajear.

—Creo que voy a escoger la letra D —respondió—. Todas las anteriores. Por supuesto.

Y comenzamos. La primera pregunta que le hice tenía que ver con la decepción que sentían muchos latinos con el tema de la reforma migratoria. Era una de sus promesas de campaña y hasta ese momento no habíamos visto que hubiera habido un avance importante en el tema. Le dije que muchos percibían que no había hecho el mismo esfuerzo por la reforma migratoria que el que había llevado a cabo por la reforma de salud.

—Piolín, sé que estoy en tu casa —contestó algo molesto—, pero debo decirte que no estoy de acuerdo con lo que acabas de decir. Yo no soy rey, soy un presidente y no se hace solamente lo que yo digo.

Le dije que estaba de acuerdo con eso, pero que cuando era candidato había hablado en mi programa al respecto de sacar adelante una reforma migratoria. Le dije que lo respeto mucho, pero que simplemente le estaba transmitiendo el sentir de mi gente y que estaba seguro de que no era yo la primera persona que le mencionaba el mismo tema.

Pienso que nadie, o muy pocos, se imaginaron que le haría este tipo de preguntas al presidente, que la gente simplemente supuso que no haría las preguntas cuyas respuestas querían saber. Y las hice, aun cuando eso incomodó a mi entrevistado.

Obama me respondió diciendo que él estaba luchando por la reforma, que los republicanos eran quienes se oponían a ella.

—Señor presidente, son ambos partidos —le repliqué. En esa época, los primeros años en que fue presidente, su partido tenía la mayoría y no todos los demócratas habían votado a favor de la reforma migratoria, siendo que sí lo habían hecho a favor de la reforma de salud—. Díganos de qué manera podemos ayudarlo y lo haremos con mucho gusto. ¿Recuerda que yo le di una lista de personas que estamos dispuestas a ayudarlo en lo que sea necesario? Por favor, dígame qué podemos hacer.

Cuando acabé con las preguntas, insistí en que había que apoyar firmemente una reforma de migración y él estuvo de acuerdo.

Después de eso, en el año 2011 fue que finalmente terminó de conformarse el grupo de personas que apoyaban la reforma migratoria sin perseguir un puesto político, y pudimos reunirnos en la Casa Blanca. El grupo fue conformado por distintas personalidades del entretenimiento, de los medios de comunicación y activistas. En la reunión estuvieron presentes el presidente y personalidades como Emilio Estefan, Don Francisco, Eva Longoria, América Ferrera, José Díaz-Balart, María Elena Salinas, entre otros. En la reunión se insistió en la necesidad de una reforma migratoria que solucionara la situación de los millones de inmigrantes indocumentados que estaban en el país. Yo hablé de nueva cuenta acerca de la molestia de la gente por la falta de avances en ese tema y todos se quedaron un poco sorprendidos de que lo hubiera hecho. Por su parte, Obama insistió en que estaba tratando de convencer a los republicanos. Y así seguimos. Aunque el tema aún no se ha resuelto, el presidente, casi al final de su mandato, está tratando de hacer algo a través de una acción ejecutiva que podría aliviar la situación de millones de personas.

Obama no fue el primer presidente que entrevisté. Años antes, cuando trabajaba en San José, fui a México, donde me reuní con el entonces presidente Vicente Fox. Yo me había puesto en contacto con su gabinete para proponer la reunión con el presidente y él accedió. Fui a la Ciudad de México y nos reunimos en Los Pinos, la residencia oficial del presidente. Mi interés era el de contarle sobre las necesidades de nuestros paisanos aquí en Estados Unidos, y hablar con él sobre las maneras de apoyarlos a través de los consulados. Yo sentía que hacía falta una actitud más activa de parte de los cónsules mexicanos en Estados Unidos y se lo dije. También le pregunté si podíamos sostener conversaciones telefónicas de vez en cuando para que pudiera escuchar el sentimiento de nuestra gente. Él estuvo de acuerdo y nos comunicamos varias veces durante su presidencia.

Vicente Fox estuvo muy relajado todo el tiempo y la entrevista fue muy agradable y sencilla.

Cuando regresé a San José, transmití en mi programa el audio de esa entrevista y de otra que hice con niños de la calle. Me acuerdo de que esta última llamó mucho la atención gracias a un niño en particular, quien tenía doce años de edad y era encantador porque tenía un gran carisma y mucha energía.

—Oye, ¿por qué te drogas con cemento? —le pregunté—. ¿Por qué estás en la calle?

—Pues es que no hay trabajo —me dijo.

Era muy triste ver a un niño tan listo y carismático con un presente y un futuro tan poco prometedores. Ni hablar del hecho de que un niño esté preocupado por encontrar trabajo. Me entristece mucho que esas cosas ocurran y que sigan ocurriendo, dondequiera que sea.

Después de la entrevista lo llevé a comer a una pizzería cerca del Zócalo y seguimos platicando, le di algunos consejos y un poco de ayuda económica, ya en plan de amigos.

No sé si de aquella entrevista con el presidente Fox haya habido un cambio oficial en la actitud del gobierno mexicano hacia los compatriotas que vivimos de este lado, pero a partir de ese momento empezamos a notar que los cónsules mexicanos estuvieron más cercanos al programa y nos echaron más la mano para ayudar a mis radioescuchas.

Por ejemplo, si una familia necesitaba apoyo para mandar el cuerpo de un familiar difunto de regreso a México y lo anunciábamos en el programa, inmediatamente acudían; si alguien se extraviaba cruzando la frontera, de volada llamaban al INS y se ponían a investigar y gracias a eso muchas personas fueron encontradas. Recuerdo que el cónsul de México en Santa Ana en ese entonces fue al programa y dio su número de celular al aire para que le llamaran los compatriotas que necesitaran ayuda. Eso me sorprendió mucho y le estoy muy agradecido por haberlo hecho, sobre todo porque después mucha gente me dijo que lo habían llamado y él les había ayudado. Después, los cónsules de Los Ángeles también ayudaron a nuestro paisanos a través de mi programa. Por las repercusiones que vi que su ayuda tenía en la comunidad, deseo que los consulados cada vez se involucren más con sus compatriotas y que estén más cercanos a ellos.

Quizá podría parecer sin importancia, pero no puedo dejar de pensar que todos los latinos que están acá sin papeles siguen conservando su nacionalidad de origen, por lo que una relación cercana y fluida con su consulado es importante.

Y ahora que estoy hablando de consulados recuerdo una anécdota que sucedió con un cónsul, algo que me impresionó mucho y que recuerdo con gusto. Cuando trabajaba en San José, en el año 2001 hubo un terremoto devastador en El Salvador, por lo que en el programa decidimos organizar un día de *car wash*, de lavado de autos, para recaudar fondos y enviarlos a las familias afectadas. Invitamos al cónsul de El Salvador en San Francisco a que participara en la recaudación de dinero y confirmó que estaría presente.

—Ya llegó el cónsul —me informaron en un momento dado, cuando estábamos a todo con la lavada de carros.

—Ah, sí —dije—, es importante su presencia, qué bueno que vino. Quizá convenga que esté junto a los de la Cruz Roja recabando fondos.

Pensaba en llevarlo a algún lugar donde pudieran verlo y donde además estuviera cómodo. Pero el cónsul no había ido para aparecer en la foto porque inmediatamente se subió las mangas de la camisa y se puso a lavar autos. Me quedé impactado porque nunca había visto algo similar. Después de que terminamos, tuve oportunidad de hablar con él y resultó ser una muy buena persona. No me extraña.

Con el tiempo, tendría oportunidad de conocer a más cónsules de distintas partes de América Latina. Entre ellos había todo tipo de personas, pero puedo decir que nunca dejé de recibir sorpresas gratas y de encontrar cónsules muy comprometidos con su comunidad.

Muchas veces me han dicho que mi programa es sólo para mexicanos porque yo soy mexicano. Y muchas veces he podido comprobar que quienes insisten en eso están equivocados. Prueba de ello es el éxito que el programa ha tenido a lo largo de su existencia, en ciudades donde la mayoría de la población latina no es de origen mexicano.

Eso es algo que me llena de orgullo porque me permite comprobar que los distintos programas que he tenido sirven de puente para unir a las diferentes nacionalidades. Y de que, a pesar de nuestras diferencias, los que hablamos español siempre encontramos maneras de ayudarnos y de salir adelante.

CAPÍTULO 28

<< NOS FALTABAN SÓLO DOS MILLAS >>

Considero que el éxito más grande que se puede alcanzar en la vida no es el que obtienes afuera, sino en tu familia. Por eso es que mi fe en Dios es mi mayor prioridad, seguida de mi esposa y mis hijos. Es por mi familia que me levanto todas las mañanas y doy mi máximo. Sé que no todo es perfecto, pero tengo claro que todo lo que hago y todo lo que tengo es gracias a Dios y a mi familia, a quienes me formaron, a mi compañera inseparable y a mis hijos.

Quisiera compartir con ustedes un texto que escuché el otro día en la iglesia y que me parece muy importante para todos los que tenemos una familia. Es un versículo del Evangelio de San Mateo, seguido de una reflexión muy breve.

Mateo 6:33
Más bien, busquen primeramente el reino de Dios y su justicia, y todas estas cosas les serán añadidas.
Este es el orden de las cosas:
1. Dios
2. El matrimonio
3. Los niños
Antes de tomar cualquier decisión en la vida, tienes que preguntarte: ¿cómo afectará lo que harás a tu relación y a tu compromiso con Dios, al matrimonio y a los niños?

Es por eso que siempre que María y yo tenemos que tomar una decisión que afecte a la familia, nos encomendamos a Dios y le pedimos que nos dé sabiduría para encontrar el camino correcto.

Comenzar a construir una familia puede ser un reto y el camino a la felicidad juntos puede estar lleno de pruebas. No puedo decir que mi matrimonio no lo haya estado, pero, además de nuestra fe en Dios, hubo algo que desde el principio nos ha ayudado mucho: la afinidad entre la familia de María y la mía fue tal desde el momento en que se conocieron, que en ocasiones parece que se trata de una sola. Ha sido una bendición.

Cuando convivimos las dos familias enteras —mamás, papás, abuelos, primos, sobrinos y todos los que se nos ocurra juntar— la pasamos muy bien y hacemos muchas cosas juntos: jugamos futbol, voleibol, cocinamos... en fin, nos divertimos como niños. Estas reuniones me recuerdan mucho a las que organizaba mi abuelo Bartolo los domingos, y en ellas siempre buscamos involucrar a todos en lo que sea que queremos hacer. También buscamos celebrar todos los días festivos del año con ambas familias reunidas y, además, al menos una vez al mes organizamos una reunión con todos. Unos llevan la comida, otros ponen la casa, alguien más trae un karaoke y todos la pasamos bien.

Pero una cosa es llevarla bien con la familia de tu pareja, con tu pareja misma, y otra es tener hijos, educarlos y asegurarte de que tengan las mejores oportunidades.

Lo primero que sentí cuando María me dijo que estaba embarazada por vez primera, fue una responsabilidad muy grande. Era una responsabilidad deseada, con la que había soñado durante mucho tiempo y que ahora me daría la oportunidad de luchar por construir a mi propia familia. Tendría que velar no sólo por mí y por María, sino por el hijo que venía en camino y por todos los que pudieran venir después.

Gracias a la cercanía que busco tener con Dios y a que, por ejemplo, leyendo biografías o viendo historias de personas en programas en la televisión, también he aprendido de la vida de muchas personas que empezaron desde abajo y que han llegado lejos, como Don Francisco, Humberto Luna, Jorge Ramos, Oscar de la Hoya, Emilio y Gloria Estefan, entre tantos otros. En cuanto supe que sería papá pensé en que tendría que asegurarme de que podría darle una mejor educación a mis hijos que la que yo tuve. Creo que es el instinto natural de cualquier padre; quieres que tu hijo o hija tenga una vida mejor a la que tuviste tú.

Para eso había estado ahorrando tantos años, para eso había sacrificado la comodidad de dormir en una cama o rentar un departamento cerca del trabajo o comprar muebles o hacer viajes. Por eso había siempre ignorado a quienes me decían que comprara un carro de lujo o que me mudara a vivir a lugares más grandes o que comprara cosas que no necesitaba. Mi objetivo no era ese, no era la comodidad ni las cosas lujosas. Mi objetivo era construir una familia y estar en posibilidades de ofrecer una mejor educación a mis hijos cuando los tuviera. Y también tenía en mente que debía contar con un buen hogar, uno estable, que les permitiera desarrollar su potencial por completo.

María y yo nos preparamos para el nacimiento de nuestros hijos porque queríamos que llegaran a un hogar que les diera fundamentos para amar a Dios, amor y seguridad que les permitieran desarrollarse como gente responsable.

Es por eso que me gusta ser disciplinado con los niños y María y yo buscamos la manera de enseñarles a que ellos también sean disciplinados en todos los aspectos de su vida, ya sea en lo que respecta a su fe en Dios, en la escuela o haciendo ejercicio. Yo me enfoco en el ejercicio de mis hijos y María en la escuela. Ambos tratamos de fortalecer la parte espiritual. De esa manera, tratamos de balancear nuestros roles y, entre los dos, encaminar lo más posible a Edward y a Daniel.

La primera estrategia para enseñar la disciplina es el ejemplo, por lo que procuro que mis hijos me vean ser constante, cuidadoso y enfocado en lo que hago, en particular cuando se trata del ejercicio, que es lo que me toca enseñarles. Cuando uno dice que algo es bueno, no hay nada mejor que mostrar cuán bueno es que haciéndolo. Así, no importa que llegue muy cansado a la casa, siempre salgo a hacer ejercicio.

A mis hijos siempre les digo que además de obtener una muy buena educación, deben tener una actividad deportiva en la cual enfocarse porque los deportes suelen enseñar cómo competir, lo que es una preparación perfecta para la vida diaria.

Cuando salgo de viaje y veo a padres de familia disfrutando al jugar un partido junto a su familia, o corriendo o haciendo cualquier tipo de ejercicio, extraño mucho a mis hijos y los tiempos que pasamos juntos ejercitándonos. Por eso y porque es importante que los enseñe a ser disciplinados, aun cuando hay ocasiones en que no he dormido a causa del trabajo o en que tengo apenas unos instantes para descansar, lo dejo a un lado y me voy a hacer ejercicio con ellos, o asisto a sus partidos de basquetbol o sus clases de karate. Gozo y me llena de emoción verlos jugar, es una parte muy importante de mi vida.

Una de las actividades físicas que más me gusta compartir con mis hijos es salir a pasear con ellos en bicicleta. En alguna ocasión le conté a Edward la historia de mi primera bicicleta, de cómo había soñado con ella y trabajado duro hasta que logré tener todas las piezas listas y la armé. También le conté que nunca la pude usar. Pero esa era otra historia, lo importante, le dije, era que había luchado por ella. Y lo mejor de todo es que la persona que me había permitido hacerlo, vivía en Los Ángeles, y aún vendía y arreglaba bicicletas. A los dos nos pareció que sería una muy buena idea que compráramos las bicicletas para la familia en su taller.

Así fue como un día fuimos ahí, saludé con mucho gusto a Martín, mi antiguo jefe, y le compré unas bicicletas, las primeras que tendrían mis hijos. Poco después nació la tradición familiar de hacer ejercicio en bicicleta, porque siempre nos gusta pasar un buen rato sobre ellas y explorar nuevos lugares en el campo, alrededor de la casa.

Pero una vez no nos fue tan bien. Fue un día que decidimos ir hasta casa de mi cuñada, quien vive a dieciocho millas de donde vivimos nosotros. Estuvimos un muy buen rato paseando, divirtiéndonos y ejercitándonos, pero cuando faltaban sólo dos millas para llegar tuve que hablarle a María porque teníamos un pequeño problema: todas nuestras llantas se habían ponchado. ¿Cómo había podido pasar algo así?

La primera bicicleta en poncharse fue la de mi hijo Daniel, el más pequeño.

—Papi, no avanzo —empezó a decirme en un momento dado.

—¿Por qué? —le pregunté y volteé a verlo. Noté que las dos llantas de su bicicleta ya no tenían aire. Entonces me bajé de mi bicicleta y empecé a cargar la suya mientras caminábamos. Para ese momento eran ya las siete de la noche, estaba oscuro y Daniel se sentía muy cansado. Yo también, pero no iba a dejar las bicicletas abandonadas, no habría tenido sentido. Al poco tiempo de estar caminando así, Edward me dijo que también estaba teniendo problemas con su bicicleta. «Mmmmm —pensé—. Voy a tener que llamar a María para que venga por nosotros». Pero miré mi teléfono y me di cuenta de que no tenía señal, por lo que no nos quedaba de otra más que seguir adelante hasta que llegáramos a algún lugar donde el teléfono tuviera recepción. Así estuvimos un buen rato. Yo arrastraba mi bicicleta y la de mi hijo Daniel, y Edward la suya. Finalmente llegamos a un lugar donde el teléfono encontró una señal de comunicación y pude hablar con María. ¡Pero yo no sabía muy bien dónde estábamos! Hacía tiempo que habíamos salido de las vías principales y todo estaba oscuro, por lo que tuve que darle indicaciones vagas del lugar donde nos encontrábamos para que pudiera pasar por nosotros. Estábamos cansados y un poco nerviosos, pero ya sólo quedaba esperar que lo lograra y pronto estuviéramos todos descansando.

Pero nada de eso responde la pregunta: ¿por qué se poncharon las llantas? Resulta que había planeado el recorrido para que circuláramos por las calles, decisión de la que después me arrepentí porque me di cuenta de que podía ser muy peligroso: los autos pasaban a gran velocidad y cualquier distracción podría ser fatal, especialmente para mi hijo más pequeño. Entonces pensé que lo mejor sería salir de la calle y cruzar por lotes baldíos. Pero nunca reflexioné sobre el hecho de que esos lugares suelen estar lleno de hierbas secas con espinas. Y gracias a esas hierbas secas fue que nos quedamos sin aire en todas las llantas.

—¡No puedo creerlo! —dijo Daniel decepcionado una vez que María finalmente pudo encontrarnos—... nos faltaban sólo dos millas para llegar.

Debo decir que me dio gusto saber que tenía ese compromiso con el plan. Dieciocho millas no eran pocas para unos niños de siete y quince años.

Otro aspecto importante de la educación de mis hijos es enseñarles a ser cuidadosos con el dinero. María y yo les damos cada semana cierta cantidad de dinero en la que está calculado lo que gastarán en sus almuerzos en la escuela.

Cada uno de mis hijos tiene un carácter distinto y una relación diferente con respecto al dinero: Daniel suele gastar lo que obtiene en las cosas que le llaman la atención. Edward ahorra todo lo posible y no es raro que nos pida que lo llevemos al banco a depositar el dinero que ya acumuló. En cualquier caso, siempre hablamos con ellos para recordarles la importancia de tomar buenas decisiones con respecto a sus finanzas. Además, les estamos enseñando a cumplir con una de sus obligaciones como miembros de una iglesia: el pago de los diezmos del dinero que ganan.

Quisiera transmitirles lo que aprendí en mi familia, las ventajas de ser responsables con el dinero y los problemas que trae desperdiciarlo. En mi casa tuve ambos ejemplos. A mi hermano mayor siempre le dije que no podía creer la facilidad con la que gastaba en alcohol el dinero que tanto trabajo le había costado ganar lavando platos.

También me parece muy importante que desde pequeños nuestros hijos comiencen a aprender algo de la profesión que les gustaría desempeñar cuando serán mayores, así sabrán si les gusta o no y, para cuando comiencen a estudiar, ya tendrán algo de experiencia que les ayudará a aprovechar mejor lo que estén viendo en la universidad. Por eso les pido que busquen hacer prácticas en lugares en los que se haga lo que ellos quisieran ser de grandes. Por ejemplo, Edward, que ahora tiene diecisiete años, quiere ser abogado y lo hemos estado orientando para que busque un trabajo temporal, de lo que sea, en un despacho de abogados. Eso lo acercará a la gente que se dedica a la abogacía y le irá enseñando algunas cosas, entre ellas, si realmente le gusta esa profesión.

Otra cosa que tratamos de enseñar a nuestros hijos son las raíces de sus padres, la cultura de la cual venimos. Por eso yo hablo en español con ellos, los llevamos cada que es posible a México y les platicamos historias del país donde nací. Tanto Edward como Daniel se sienten muy orgullosos de su origen mexicano. Daniel, por ejemplo, dice que él es *Mexican*. A veces, algunos compañeros lo corrigen y le dicen que es *American*. Entonces María le dice, para que no se confunda, que puede decir que es *Mexican-American*. A los dos les hemos hablado de mi vida, de cómo llegué aquí y cómo fui saliendo adelante, de las marchas y de los problemas de los demás inmigrantes. Les mostramos por qué es muy importante ser solidario con todos los miembros de la comunidad, no sólo con la familia, y lo importante que es que todos estemos unidos.

Tanto Edward como Daniel se sienten orgullosos del éxito de su papá y eso es algo que me hace sentir muy feliz, pero que también me llena de responsabilidad porque debo siempre dar un muy buen ejemplo. En ocasiones, cuando voy por la calle con Daniel y alguien pide tomarse una foto conmigo, él dice de inmediato «¡Yo la tomo!». Por su parte, a veces escucho a Edward decir que quisiera ser como yo o incluso superarme y, aunque esto puede ser un motivo de preocupación para él porque siente que es un reto, nosotros siempre lo animamos a que persiga sus sueños —los suyos propios, no los de nadie más— y a que, no importa que llegue a ser conocido como su papá, lo más importante es que sea una persona de bien, que luche por lo que quiere y que siempre dé lo mejor de sí.

Nunca me canso de repetir lo importante que es que los padres de familia pasemos tiempo de calidad con nuestros hijos y con nuestra pareja. Hace no mucho tiempo, del programa fuimos a llevar unos uniformes a unos niños en el centro-sur de Los Ángeles gracias a la invitación que nos hizo un entrenador. Al llegar vi cómo algunos padres de familia —quienes seguramente estaban ocupados con su trabajo— simplemente llegaban con sus niños al juego, los dejaban ahí y se iban.

—¿Sabes, Piolín? —me dijo el entrenador—, no me molesta que los dejen, pero a veces es importante que los papás estén aquí para que vean a sus hijos y los entusiasmen y ese tipo de cosas. Pero, pues llegan y dejan a los niños como si se tratara de un *day care*, una guardería.

En otra ocasión fui a hablar a una escuela en la que me habían pedido que explicara a los niños qué es lo que hago y cómo fue que llegué a Estados Unidos. También querían que les explicara la frase que siempre digo en mi programa: «¿A qué venimos? ¡A triunfar!». Cuando terminé de hablar, un niño cuyo papá trabajaba como albañil se acercó a mí.

—Estoy contento, pero también estoy triste —me dijo.

—¿Por qué? —le pregunté.

—Mi papá trabaja en la construcción y le encanta escucharte —comenzó a explicarme—. Hoy le dije: «Papá, si tanto te gusta el programa, tienes que ir hoy a mi escuela». Pero decidió quedarse en la casa viendo la televisión.

Al contarlo, el niño se veía muy triste.

—Pero, ¿sabes qué? —le respondí—, tu papá trabaja mucho. Acuérdate de que trabaja en la construcción y eso es muy cansado.

En el fondo me conmovió el deseo del niño de que su papá estuviera con él ese día. Era algo de lo que, ahora más que nunca, me doy cuenta y quizá los dos habrían disfrutado y definitivamente se habría tratado de un tiempo de calidad, pero tampoco puedo ser yo quien juzgue en casos como esos. Entonces, le pregunté si podía darme el número telefónico de su papá. Lo hizo y lo llamé para saludarlo. También le dije que tenía un hijo muy inteligente, que lo cuidara mucho.

Cuando se es padre es muy fácil dejarse llevar por las obligaciones laborales, el deseo de proveer para la familia y de que tengan todo lo que necesiten, haciendo a un lado lo que es realmente importante: pasar tiempo juntos. Algo así me sucedió en el año 2002 cuando, por causa de mi trabajo, yo no dedicaba a mi hijo Edward —Daniel todavía no había nacido— tanto tiempo como me habría gustado. La plática con ese niño me hizo pensar mucho en ello y me impulsó a buscar más tiempo a su lado. Nunca sabemos de dónde pueden llegar las enseñanzas.

Pasar tiempo de calidad con mis hijos puede ser divertido y también me hace conocerlos mejor. Aprendo mucho de ellos, de sus preguntas, de sus respuestas a mis preguntas y de lo que platican conmigo. También de las cosas que suceden espontáneamente.

Para los niños suele ser difícil separar la realidad de la fantasía y en una ocasión lo comprobé con mi hijo más pequeño, Daniel, el día que vio por primera vez la película *Los Muppets*, en la que salgo como ejecutivo de televisión. Mi familia no pudo ir al cine el día del estreno, por lo que decidimos que después veríamos la película en casa todos juntos. Recuerdo que estábamos en el cuarto principal, acostados en la cama.

Acababa de pasar una de las escenas en las que mi personaje aparece, cuando la rana Kermit le pregunta si obtuvo el trabajo. Es una escena chistosa porque les respondo en español y eso lleva a cierta confusión porque Kermit piensa que la respuesta es justo lo contrario de lo que en realidad es. De pronto empezamos a oír unos sollozos y María y yo volteamos a ver a Daniel.

—¿Qué tienes, Daniel? —le preguntamos. Pero no respondía, se veía muy triste. Nos preguntamos si alguno de nosotros le habría hecho algo sin querer—. ¿Por qué lloras? —insistimos varias veces.

—Es que mi papi no le dio el trabajo a Kermit —dijo al fin, entre lágrimas.

Los demás tuvimos que aguantarnos la risa.

Pero a veces, la candidez de los niños también me enseña una que otra cosa sobre la forma en la que vemos el mundo. Y a veces nos lo hacen ver con humor. Cuando tenía alrededor de seis años de edad, a Edward le preguntaron una vez en una clase qué lo hacía sentirse orgulloso de su papá. Era una pregunta que estaban haciendo a todos los alumnos como parte de una actividad. Todos hablaron del oficio de sus papás y de lo que hacían. Cuando llegó su turno, Edward se paró frente a toda la clase, lleno de orgullo.

—Yo estoy orgulloso de mi papá porque cruzó la frontera en una cajuela ¡y no lo vieron! —dijo.

La maestra no lo tomó muy bien e insistió en que tenía que hablar de algo que lo hiciera sentirse orgulloso de su papá. Pero Edward se mantuvo firme y dijo que era eso lo que lo hacía sentirse orgulloso de su papá.

Bueno, esa era la época en que el tema de la reforma de migración estaba candente en los medios y había mucha polémica. Recuerdo que a veces iba a la escuela por mis hijos y notaba que algunas personas me miraban con malos ojos. Menos mal que yo ya tenía papeles.

Cada uno de mis hijos tiene un estilo muy diferente, un talento diferente y una actitud diferente. Me imagino que es el reflejo de cada familia. Edward es tranquilo, silencioso, le gusta observar, habla poco. Daniel es muy inquieto, quiere todo rápido y dice lo que piensa en el momento.

Daniel, además, tiene una gran chispa, y si bien Edward es más bien reservado, Daniel es extrovertido. Prueba de eso es lo que sucedió el último día de clases del primer grado. María se acercó a la maestra de Daniel para agradecerle por su trabajo.

—Mire, señora Sotelo, quiero decirle que fue un año increíble —le dijo la maestra— y Daniel tiene una chispa especial. Justo ahora nos acaba de decir algo y se lo quiero contar también a usted porque pienso contarlo a otras personas.

—Ah, muy bien, ¿de qué se trata? —le respondió María.

—Al terminar la clase les dije: «Bravo, niños, han pasado a segundo grado. Díganme, ¿qué van a querer ser en el futuro?». Cada niño me fue respondiendo. Uno quiere ser policía, otro quiere vender casas, y así seguimos. Cuando llegué con Daniel, me dijo: «Yo quiero ser un rapero». «¿Un rapero?, es que quieres ser rico, ¿verdad?», le respondí y me dijo: «No, maestra, el dinero es lo de menos. ¡Yo quiero ser un rapero porque quiero el "blín-blín" del reloj y las cadenotas!».

—¡Maestra! —le respondió María entre risas—, menos mal que le dijo eso, me habría preocupado más si le hubiera dicho que quería ser rapero para tener una chica bonita a mano derecha y otra a mano izquierda.

Cualquiera que sea su carácter y cualquiera que sea el camino que elegirán en la vida, los quiero y los querré por igual, y ¡me encanta cuando se abrazan! O cuando se ayudan entre sí. O cuando Edward aconseja a Daniel cómo jugar basquetbol mejor.

A veces también se pelean, como buenos hermanos. Pero siempre le digo a Edward:

—Hijo, como hermano mayor tienes que ayudar a Daniel. Él te escucha y se emociona mucho cuando tú le hablas.

Edward me hace caso y siempre trata de llevarse mejor con su hermano, guiarlo y ser un respaldo para él. Y conmigo los dos suelen tener detalles que me conmueven mucho.

En una ocasión llegué muy cansado y con hambre a la casa después de un día de trabajo. Abrí la puerta del refrigerador y vi una cajita que decía «Para mi papá». La abrí y vi que tenía fresas con chocolate. Los dos saben que me encantan las fresas con chocolate porque era algo que María me regalaba con frecuencia cuando éramos novios. Ahora, cada año me regala fresas con chocolate el Día de San Valentín y a veces no soy yo el único que se las come porque a todos los demás también les gustan. Pero esta vez decidieron que las fresas con chocolate deberían ser sólo para mí y las pusieron en una cajita reservada. Fue un detalle muy bonito y el cansancio desapareció de inmediato.

Son estos momentos con la familia los que me dan energía para seguir adelante, los que hacen que los problemas desaparezcan y que el estrés del día se vaya lejos.

En el campo de la relación con Dios, María y yo insistimos a nuestros hijos en que deben mantener su vida espiritual, que deben aprender cada día más de La Palabra porque eso los ayudará mucho cuando se les presenten retos. Les repito mi historia y les digo que, de todos los retos que he tenido, si yo no me hubiera aferrado a la palabra de Dios, no lo habría logrado.

Proverbios 22:06

Instruye a tus hijos en Su camino: aun cuando fueren viejos no se apartarán de él.

—Ahora sé por qué mucha gente entra en depresión cuando recibe noticias de una enfermedad propia o de un familiar —les digo—, y por qué muchos se refugian en el alcohol. Les falta la palabra de Dios y piensan que el alcohol los va a ayudar, que les permitirá calmar el dolor. Hínquense y pidan a Dios que les dé fortaleza. Leamos su palabra porque su promesa es que los va a ayudar en cualquier reto. Y cuando llega un reto, hay una razón detrás. En ese sentido, somos como el agua, que no debe estancarse y debe estar siempre en movimiento. Tenemos que movernos y aprender cada día más de la palabra de Dios.

Espero que María y yo hayamos plantado en ellos una semilla que crecerá con el tiempo y que los ayudará a encontrar su verdadero camino, a ser personas de bien y a estar felices con ellos mismos.

CAPÍTULO 29

« NO TE LA CREAS »

Aprender de gente que ha tenido éxito es algo que siempre he buscado en mi vida. Cuando era muy joven y acababa de llegar acá, buscaba en los clasificados de los diarios anuncios de trabajos. Pero también procuraba las entrevistas que hacían a gente que había llegado a Estados Unidos y que había comenzado desde abajo, como lavaplatos o jardineros o vendiendo tacos en sus casas, y que ahora ya tenían sus propios restaurantes, sus propios negocios o se habían convertido en líderes de la comunidad.

Me gusta mucho leer ese tipo de historias y pensar: «Si este cuate la hizo, ¿por qué yo no podría hacerla también?». Por medio de la experiencia de estos casos de éxito, encuentro la inspiración para ser mejor.

Una de mis primeras fuentes de inspiración en este país fue Humberto Luna, uno de los locutores de radio en español en Estados Unidos más famosos. Como yo, Humberto nació en México y se había venido a vivir a Estados Unidos. Cuando llegué a vivir a California, me gustaba escuchar su programa, en el que me enteraba de noticias, oí a artistas hablar y, sobre todo, me hacía reír mucho con sus chistes y sus bromas. A través de él, Humberto me enseñó que era posible alcanzar mis sueños, que no importaba que hubiera llegado desde México, con poca preparación y sin dinero, porque podría trabajar duro y no dejarme vencer para lograr lo que quería. Además, escuchando su programa es que poco a poco me fui enamorando de la radio.

Con Humberto Luna siempre estaré agradecido porque es una

gran fuente de inspiración y porque ha sido amable conmigo en todas las ocasiones en las que hemos coincidido. Además, y esto quizá sea lo más importante: Humberto nos abrió el camino a todos los que vinimos después.

Además de escuchar el programa de Humberto Luna, me gustaba ver *Sábado Gigante*, de Don Francisco, porque él es alguien con quien siempre me he sentido muy identificado. Ver su programa durante esos primeros años que pasé aquí era una de mis pocas diversiones. Cuando uno llega acá, pues no tiene mucha familia, y a través de *Sábado Gigante* me conectaba con partes de mí que habían quedado en México; me hacía sentir que pertenecía a una comunidad más grande de personas que compartíamos muchas cosas en común.

De Don Francisco he aprendido mucho y fue en su programa donde me presenté por primera vez como Piolín en la televisión. Era 1998, lo recuerdo muy bien porque mi hijo Edward tenía apenas un mes de haber nacido. En esa ocasión participé como jurado de un concurso. Él me había invitado a ir y acepté, pero quería llevar conmigo a algunos de mis radioescuchas para que también vivieran la experiencia de estar en el programa de Don Francisco. Era la época en la que yo tenía mi programa de radio en San José y nuestro presupuesto era muy limitado, por lo que no había dinero suficiente para pagar los gastos de los viajes de algunos radioescuchas.

Entonces llamé a *Sábado Gigante* y hablé con una de las productoras. Le expliqué la situación, le dije que sabía que ellos llevaban concursantes al programa y que a mí me gustaría poder llevar a algunos de mis radioescuchas a participar. Además, no pude evitar decirle lo mucho que admiraba a Don Francisco y que su programa me había acompañado desde que llegué a Estados Unidos. Ella me dijo que le preguntaría a su jefe y quedamos en que esperaría noticias.

Poco después me llamaron y me dijeron que Don Francisco había aceptado la petición, que le parecía una buena idea. Así fue como en esa ocasión, me acompañaron a presentarme en *Sábado Gigante* varios de mis radioescuchas, lo que me hizo muy feliz.

Cuando me vine a vivir a Los Ángeles, mi amistad con los productores del programa y con Don Francisco siguió creciendo. La experiencia de haberlo visto trabajar me enseñó mucho y puedo decir que de él he aprendido muchísimas cosas: una de ellas es la disciplina con la que dirige el programa, otra es el hecho de que siempre me ha insistido en que hay que invertir mucho tiempo para estar mejor preparado.

Cada vez que lo veo me repite lo importante que es que uno esté enterado de todo lo que está sucediendo alrededor. Es algo que vi desde la primera vez que fui a su programa, cuando noté que estaba al tanto de la producción, del vestuario, de lo que hacen los camarógrafos, etcétera, y yo me decía: «Qué genial es él». Es increíble cómo trabaja y es por eso que está donde está y ha logrado lo que ha logrado.

Fue en gran medida gracias a que vi la forma como trabajaba que supe que una intuición que yo había tenido cuando empecé a aprender sobre la radio era cierta, y decidí enfocarme en ella. En los primeros tiempos en que tuve la oportunidad de estar frente a un micrófono, pensé que no podía conformarme sólo con eso. «Tengo que aprender lo que se hace en todas las áreas», reflexionaba, y por eso me puse a aprender sobre producción, sobre la manera de agregar efectos de sonido a un comercial, aprendí cómo escribir uno, cómo hacer promoción, cómo dar las noticias y, en general, qué se hace en todos los departamentos relacionados con la radio. Eso me ha permitido conocer a fondo todos los aspectos de mi programa, pero además me ha dado la oportunidad de seguir aprendiendo de los demás, de quienes trabajan conmigo y de otras personas.

Por otro lado, siempre me ha llamado muchísimo la atención ver cómo Don Francisco es capaz de darte un poco de su tiempo sin importar cuán ocupado esté. Recuerdo haber estado con él a pocos segundos de que tuviera que salir al aire y él estaba ahí, delante de mí, tranquilo, preguntándome cómo me estaba yendo, cómo me sentía. Tenía toda la atención enfocada en mí. Y no sólo eso, cada vez que he estado con él me ha dado consejos muy positivos que me han ayudado a mejorar.

Uno de los más importantes, y que se me ha quedado completamente grabado en la cabeza, es esto que me dijo una vez: «No creas que ya lo lograste. No te la creas. No dejes de hacer lo que te llevó a donde estás, sigue trabajando duro». Desde entonces, cada que la gente me pregunta qué pienso del éxito que he alcanzado, siempre reflexiono al respecto y me doy cuenta de que en realidad no pienso que en realidad yo tenga éxito, que ya la haya hecho. No me la creo porque el éxito es algo que cambia en cuestión de segundos. Y así como llegó, se esfuma.

En una ocasión, Don Francisco me invitó a comer aquí en Los Ángeles y le dije que recordaba muy bien su consejo, y que yo mismo me lo repetía constantemente. Desconozco si él sabe de la admiración que le tengo, aunque alguna vez le comenté discretamente algo al respecto. En todo caso, estoy seguro de que no sabe cuánto en verdad lo admiro y cuán importante ha sido para mi carrera estar en contacto con él.

Otro personaje de quien he aprendido mucho es Óscar de la Hoya. Siempre me han inspirado mucho las historias de la gente que salió del barrio, de quienes han luchado por crecer y convertirse en alguien. Leer su libro de memorias me dio la inspiración final para decidirme a escribir este libro, a través del cual quisiera que otros pudieran verse reflejados en mí, que aprendieran que todo es posible, que vieran cuál fue el camino que me llevó a los lugares en los que he estado y que aprendieran de mis triunfos y de mis aciertos, así como también de mis fracasos y de mis errores. Desde hace tiempo conozco a Óscar y hemos ido forjando una amistad con la que estoy muy agradecido.

Algo muy importante en lo que creo es el agradecimiento. Y cuando alguien te da la confianza para estar cerca y aprender, es fundamental que se lo agradezcas. Sí, que le des las gracias, pero que también hagas cosas que muestren cuán agradecido estás con esa persona por la oportunidad que te dio. La confianza que alguien te brinda es algo que no se compra, es algo que se gana y, cuando alguien te da la confianza para que te acerques a ella y puedas ver su mundo y aprender de ella, estás delante de algo muy valioso, algo que debes cuidar mucho.

Es por eso que cuando hablo de cualquier persona, hablo de quien conozco, no de las especulaciones y los chismes que se dicen de ella. Y si me preguntan sobre una persona en una entrevista siempre lo aclaro y digo que hablaré de la persona que conozco, de aquella con quien conviví. Esto es algo que he comentado con muchas personas, en público y en privado, y con celebridades de la televisión y de los medios de comunicación. Y siempre trato de respetar su privacidad.

El aprendizaje lo podemos encontrar en todas las esferas de la vida, desde las más sencillas hasta las más complicadas y de todas las personas, no sólo de las famosas. Estoy convencido de que hay que acercarse a quienes son expertos en su campo para tratar de aprender de ellos, y es algo que trato de aplicar en mi vida personal. No es indispensable que uno hable con las personas que saben porque muchas veces podemos aprender también de lo que hacen. Por eso, muchas veces pido a esas personas de quienes me gustaría aprender que simplemente me dejen ver cómo trabajan. Es por eso que a veces le pido a comediantes como Javier Carranza «El Costeño», que me permitan acompañarlos mientras preparan su comedia porque me inspira ver la disciplina con la que trabajan y la forma como llevan a cabo su rutina.

Uno también puede aprender en las circunstancias que menos espera. Lo importante es que siempre reflexionemos y aprendamos a cambiar o a mejorar lo que sea necesario y que nos ayude a ser mejores. Uno de mis primeros aprendizajes cuando comencé a trabajar en la radio me lo dio un locutor de Radio México, quien en una ocasión me invitó a ser maestro de ceremonias en un club nocturno que estaba en Riverside.

—Ay, no traigo ropa —le respondí.

—Qué mal, entonces no vas a poder venir —me respondió. Y luego me dijo—: Tienes que aprender tu lección, tienes que traer ropa extra siempre porque acabas de perder una gran oportunidad por no traerla.

Y él tenía razón: me había invitado a presentarme en un gran escenario, y yo nunca había estado en uno. Si yo quería entrar al mundo del espectáculo, iba a tener que aprender a estar preparado para lo que pudiera presentarse. Desde entonces comencé a traer ropa extra para eventos, ropa para ir al gimnasio y para todo lo demás que pudiera ofrecerse.

Por último, pienso que el aprendizaje es algo que no sólo se da por el contacto con los demás, sino que muchas veces tiene que ver con la fuerza y la voluntad que cada uno lleva adentro. Por ejemplo, aprender inglés siempre fue un reto para mí. Cuando llegué a Estados Unidos hacía muchas cosas distintas, tenía muchos trabajos y supongo que mi cerebro no daba para tanto. Pero nunca me he dado por vencido y, a pesar de que ya ha pasado tanto tiempo, de que ya he ido construyendo una carrera profesional en español y considero que no me ha ido tan mal en este país, sigo adelante aprendiendo el idioma. Incluso, hace poco compré un curso de inglés de Rosetta Stone para aprender en casa, y con disciplina me pongo a practicar. Por un lado, no quiero que me vuelva a suceder que me rechacen para algún papel debido a mi acento, como ya me ha pasado en más de una ocasión. Pero, por otro, creo que es importante que aprenda el idioma que más se habla en este país. A veces me parece increíble que haya hecho mi carrera casi sin hablar inglés, lo cual, no es tanto un motivo de orgullo sino una oportunidad para esforzarme más, ser mejor cada día y aprender bien el inglés. A final de cuentas, el esfuerzo que he puesto en aprenderlo ha ido teniendo buenos resultados, y cuando la gente me dice que estoy mejorando mucho, me lleno de alegría de saberlo.

Obtener el éxito no me garantiza nada y todos los días debo luchar por mantenerlo y seguir adelante. En ningún momento me queda más claro que cuando me presento para hacer audiciones en Hollywood, donde no importa mi trayectoria o mis participaciones anteriores, siempre me tratan como si fuera uno más.

Participar en películas es algo que me ha llamado la atención desde que llegué a Estados Unidos. Solía leer los clasificados de los periódicos para buscar anuncios sobre trabajos en el cine y me encantaba enrolarme como extra. Cuando me elegían para participar en alguna filmación, me llenaba de entusiasmo y, aunque ya sabía que eso quería decir que tendría que estar al menos todo un día entero en ello, al salir siempre me quedaba energía para ir a mi trabajo en la limpieza de departamentos o en lo que estuviera haciendo.

Sin embargo, poco a poco me empecé a involucrar más en la radio y el tiempo que me quedaba para seguir participando como extra en Hollywood se fue haciendo cada vez menor. Pero nunca me ha dejado de atraer participar y aparecer en la pantalla, por lo que siempre que tengo la oportunidad de hacer un cásting para alguna película o serie de televisión, la tomo. En algunas ocasiones me eligen, en otras no. Pero, de la misma manera, cada que es posible, trato de involucrar a mis radioescuchas, a quienes debo muchísimo de lo que soy y de los lugares a donde he llegado.

Cuando me dieron la oportunidad de trabajar en la película *Beverly Hills Chihuahua*, decidí acercarme al director, Raja Gosnell, para hacerle una petición especial.

—Me gustaría traer a radioescuchas al estreno —le dije—, para que pasen por la alfombra roja y vean lo que se siente.

Raja accedió, y entonces decidimos que debíamos llevar a gente de diferentes ciudades, como Nueva York, Chicago, Los Ángeles, Bakersfield, Fresno, San José, San Francisco, Las Vegas o de distintos lugares en Texas.

El día del estreno pasé a recogerlos en una limusina. Fue muy emotivo porque recuerdo muy bien que algunos de los radioescuchas que invitamos a asistir empezaron a llorar.

—¿Qué pasó? —les pregunté—. ¿Se sienten mal? ¿O qué?

Algunos me dijeron que nunca habían pensado que podrían tener una experiencia como esa. Me sentí identificado con ese sentimiento porque es exactamente lo mismo que me ha pasado a mí en varias ocasiones. Pero de eso se trata la vida, ¿no? De explorarla y vivir cosas que jamás te habrías imaginado poder vivir.

Al llegar al estreno, caminaron por la alfombra roja, delante de las cámaras y los reporteros, como las estrellas. Adentro estaban personalidades como Andy García, George López, Paul Rodríguez, Edward James Olmos, Cheech Marín y muchos más, y mis radioescuchas pudieron acercarse a ellos.

Luego del estreno, hubo un *after party*, una fiesta posterior, en el Teatro Kodak, y para allá nos fuimos todos. Convivimos con los artistas y con quienes hicieron la película. Fue genial.

Después de que la película se estrenó, recibí cinco perros de regalo por parte de radioescuchas, quienes simplemente iban a la estación y ahí los dejaban. Todos los perros se parecían a Rafa, el personaje al que presté mi voz. Que lo hicieran era un detalle muy lindo que me conmovía mucho y al principio decidí que debería quedarme con todos los perros, ¿cómo no si eran todos regalos? Así fue como al principio los tuvimos en casa, pero en poco tiempo nos dimos cuenta de que no podíamos atender a tantos perros, y eso no estaba bien porque cada uno requería de nuestros cuidados. Por eso decidimos encontrarles los mejores hogares posibles y los repartimos entre la familia. Seguimos en contacto con ellos y, cuando los vemos, nos ladran. Aunque no sé si es de alegría o porque están enojados con nosotros por no haberlos dejado quedarse en nuestra casa.

En una serie de televisión, *Hawthorne*, a la que me invitó Marc Anthony a participar, y de la que Jada Pinkett Smith era una de las productoras, aparezco como DJ Piolín. A la grabación llevé a algunos radioescuchas para que vieran cómo es un set de televisión.

En realidad, como les dije, el cine y la televisión me gustan mucho, sólo basta que me llamen de algún programa o los productores de alguna película, y me apunto. No importa que tenga que reacomodar mi agenda o que esté muy cansado. Me vuelvo un niño cuando recibo ese tipo de llamadas y también cuando estoy en el set. Me transformo, me encanta hacer reír a la gente y lo disfruto mucho. Me recuerda la época en la que acababa de llegar a Estados Unidos, cuando participé como extra en películas y las veces en que fui maestro de ceremonias, o cuando me presento en eventos que organizamos. María dice que voy a terminar trabajando para la televisión o haciendo películas.

Al final, hasta el momento he participado —no como extra— en las siguientes películas: *Beverly Hills Chihuahua 1, 3, Ice Age 4, The Muppets, A Better Life, 10 Items or Less, Marmaduke, A Day Without a Mexican, The Fluffy Movie* del comediante Gabriel Iglesias y en series de televisión como el show *East Bound & Down* o en el documental *The Latino List*. También en un reality show llamado *Combate Américas*, de Mun2 y muchos más.

Lo que me parece más importante decir es que no sólo ha sido el placer que me da participar en películas y series lo que me ha hecho acercarme al mundo del cine y la televisión, sino también el deseo de aprender siempre más.

Es verdad que me he inspirado en mucha gente famosa o que ha llegado lejos para ser mejor en mi vida diaria, pero el aprendizaje de los demás y la inspiración también, y sobre todo, la he obtenido de gente cercana a mí, de personas como mi papá, que nunca dejó de luchar por darnos un futuro mejor. O de mi abuelo Bartolo, que día a día me permitió aprender de su generosidad y su solidaridad con quienes lo necesitaban. O de mi mamá o mi suegra, que siempre supieron salir adelante a pesar de las dificultades. O de mi hermano Jorge, que con esfuerzo, voluntad y fe en Dios logró dejar atrás su dependencia del alcohol. O de María, que siempre pone buena cara al mal tiempo y tiene palabras de aliento y una entereza que me inspiran a mejorarme como persona. O de todos los radioescuchas y los miembros de la comunidad que cada día se levantan y trabajan duro, que superan las dificultades del camino y que no se dan por vencidos. De todos ellos aprendo. Todos ellos me inspiran a seguir adelante cada día

CAPÍTULO 30

RUMBO A NUEVOS HORIZONTES

Siempre he oído a la gente decir que todo en esta vida tiene un ciclo. Cuando miro hacia atrás, me doy cuenta de que es así. Veo cuántos ciclos en mi vida se han cerrado, lo que he aprendido de ellos y los caminos hacia los que me han conducido: mi vida en México, mis primeros trabajos en Estados Unidos, los distintos programas que he tenido, mi condición de indocumentado, mi vida soltero. Al final de todos ellos, y sin importar la incertidumbre por la que haya pasado, siempre he encontrado la manera de continuar con lo que hago, buscando ser mejor cada día.

Un día, mi ciclo con Univision Radio —que en 2004 se había fusionado con HBC— llegó a su fin. No ocurrió en el momento en que me habría gustado, en medio de una polémica formada de chismes mal intencionados, malas interpretaciones y acusaciones sin fundamento —como la de haber acosado sexualmente a un compañero de trabajo—. A pesar del daño que esta situación causó a mi familia, lo peor que podría haber hecho en ese momento habría sido bajar la cabeza y sentirme derrotado. Una vez más, salió de dentro de mí el deseo de seguir adelante y luchar con todas mis fuerzas y pasión por alcanzar mis sueños. Para ello fue fundamental el cariño y apoyo de mi esposa, María, de mis hijos, de mi familia, de todos los radioescuchas y de la gente que me dio muestras de cariño, de lo que hablaré un poco más adelante.

Mi cambio hacia SiriusXM representó una gran oportunidad para aprender cómo aprovechar mejor y cuál es el alcance real de las nuevas tecnologías. Desde el momento en que hice el primer contacto con SiriusXM, sus ejecutivos Scott Grenstein y James Mayer, y el maravilloso equipo con el que tuve la oportunidad de trabajar ahí —compuesto de personas como Frank Flores, Tim Seban, Don Wicklin, David Moreno, Tony Masiello, Jaime Colón, Manny y Marisol— me demostraron un alto nivel de profesionalismo. Sus instalaciones son de la mejor calidad, con tecnología de punta en cada una de las cabinas en todos los lugares del país donde se encuentren.

Cuando decidí irme a SiriusXM, comencé a planear el nuevo programa e hicimos algunos cambios para mejorarlo, aunque el formato siguió siendo muy similar al de los anteriores. Es así que el programa de SiriusXM constaba de bromas, chistes, consejeros familiares y, por supuesto, también teníamos una sección muy grande para asuntos de migración y penales en la que participaban abogados de renombre.

De parte de los artistas invitados recibimos también una muy buena respuesta, y en los primeros programas tuve en la cabina a personalidades como Angélica Vale, Pepe Aguilar, Angélica María, Enrique Iglesias, Oscar de la Hoya, Poncho de la Banda El Recodo, El Dasa, Larry Hernández, Noel Torres, Jorge Campos, Eduardo Verástegui, Kate del Castillo, La Arrolladora Banda El Limón, el diseñador de modas Mitzy y el periodista José Díaz-Balart entre otros más. De hecho, debo decir que el apoyo de la comunidad de artistas al nuevo programa fue abrumador desde el principio, una verdadera bendición. Eso me hace pensar que no cabe duda de que Dios nos pone a personas adecuadas en nuestro camino con el propósito de ayudarnos.

Una de las primeras llamadas que recibimos fue la de un radioescucha que ya me había hablado años atrás pidiendo ayuda, y que sufría de bipolaridad. En esta llamada, hablamos un poco al aire y prometimos llamarnos de nuevo más tarde. Entonces me comuniqué con él desde mi casa. Era ya tarde cuando comenzamos a hablar y mis hijos querían que jugara con ellos, pero yo no podría haberlo hecho, porque presentía que era importante hablar con mi radioescucha.

El radioescucha, quien era bastante joven, me decía que tenía muchos problemas, que no sabía cómo manejarlos, que desde hacía tiempo estaba consumiendo drogas y que cada vez se sentía peor. En un momento dado me dijo que tenía consigo una pistola con la que se quería quitar la vida. Empezó a llorar y yo lloré con él.

—No lo hagas —le dije—. Vamos a orar... —llamé entonces a mis hijos sin decirles lo que estaba pasando. Sólo les dije que quería que oráramos por alguien y luego continué hablando con el radioescucha—: Mis hijos están aquí conmigo y quieren orar por ti para que veas cuánto te queremos y apreciamos. No me hagas eso, por favor. Si yo te estoy dando mi confianza para hablar contigo...

Empezamos a orar por él y comenzó a llorar de nuevo. Pero poco a poco, al paso de las oraciones, fue desistiendo de sus intentos de suicidarse. Luego lo invité a que fuera a la iglesia y que invitara a Jesús a entrar en su corazón porque es la única manera para encontrar la solución a tus problemas.

Hoy en día todavía tengo comunicación con aquel radioescucha y sé que todo va bien. Él no olvida la llamada de aquella noche y siempre me pregunta por mis hijos.

Las historias de valor y lucha también se siguieron repitiendo. Tal fue el caso de una chica de origen mexicano que trabaja para el ejército de Estados Unidos y que no tenía dinero para pagar sus estudios. Ella me mandó un correo electrónico contándome esto y yo la llamé.

—Yo tenía sólo dos opciones —me dijo—. Una era que mis padres se endeudaran para que yo pudiera estudiar. Mi mamá trabaja como personal de limpieza en el aeropuerto de Los Ángeles y no gana mucho dinero, y mi papá se enfermó de diabetes y ya no puede trabajar como troquero, que es lo que sabía hacer. Mi otra opción era enrolarme en el Ejército.

Claramente escogió la segunda opción.

«Qué valentía», pensé. Los adolescentes, normalmente, quieren irse a echar relajo. Ella no porque decidió enlistarse en el Ejército para poder estudiar, forjarse una carrera y ayudar a su familia, especialmente a su hermanita de cinco años y a su hermano de diecisiete.

La chica nos mandó un correo electrónico en el que nos decía que estaba estacionada en Anchorage, Alaska, y mencionaba que quería «darle una sorpresa a mis hermanitos porque este mes cumplen años —no esperan que yo llegue— y quiero llevarlos a Disneylandia».

Compartí con el personal de Disneylandia la historia y los conmovió. Entonces nos dieron los boletos para que la chica y su familia pudieran ir, y así hicieron realidad su sueño. Decidí ir a conocerlos, pero no se los dije, por lo que fue una sorpresa enorme que nos encontráramos en Disney.

Otra de las sorpresas más agradables que recibí en esta nueva etapa fue la del comediante Fluffy, Gabriel Iglesias quien, la segunda vez que asistió al programa para una entrevista, me dijo al aire:

—Fíjate que el próximo año voy a hacer una película sobre mi vida y quiero que tú estés en ella —me quedé sin palabras—. ¿Qué te parece? —me preguntó.

—OK, sí, con mucho gusto —le dije—. ¡Va a ser un honor estar en tu película!

Cómo disfruté y cómo aprendí de la experiencia de hacer esta película con Fluffy, quien es alguien que da oportunidades a la gente.

Fue también en este programa donde entrevisté a J. R. Martínez, el soldado nacido en Luisiana de madre salvadoreña. Él nos platicó su historia de superación, de cómo seguir adelante cuando en la vida pasa algo inesperado. Tal como le sucedió a él un día manejando un Humvee del Ejército estadounidense cuando explotó una mina y no podía moverse por las quemaduras que la explosión le había causado. Sufrió quemaduras de gravedad en treinta y cuatro por ciento del cuerpo. Su recuperación tomó casi tres años y ha sido operado más de treinta veces. Desde entonces, J. R. se ha convertido en orador motivacional, ha trabajado de cerca con organizaciones que ayudan a personas que han sufrido quemaduras y ganó la temporada número trece de *Dancing with the Stars*. Durante la entrevista le pregunté si quería que llamáramos a su mamá para felicitarla. Él accedió y la llamamos. La señora respondió el teléfono, hablamos con ella y todo el tiempo estuvo muy contenta de recibir la llamada y hablar con su hijo.

—Pues ahora ya sé que lo que tengo que hacer cuando quiera hablar contigo, mamá —le dijo J. R. en tono de broma—, es pedirle a Piolín que te llame porque a mí no me contestas.

Sin embargo, y a pesar de lo mucho que disfruté de esta experiencia, después de casi un año me di cuenta de que debía mirar hacia distintos horizontes y buscar maneras aún más eficaces de llegar a mi audiencia y de seguir luchando no sólo por mis sueños, sino por los de las millones de personas que están en este país trabajando duro todos los días, luchando por alcanzar su propio sueño americano.

Es así que pronto estaré de nuevo disfrutando de mi gente en la radio y seguiré con todas mis demás actividades de cada día, que nunca dejo de hacer, como ir al gimnasio a hacer ejercicio que, como les he dicho, para mí es muy importante. Venir a casa, llevar a entrenar a los niños o llevarlos a hacer ejercicio si no tienen entrenamiento para, al final, a las ocho de la noche irnos a dormir para poder despertar a tiempo para un nuevo día de trabajo. A veces no es posible irse a dormir temprano por causa de algún compromiso, pero busco acostarme a esa hora porque es muy importante que sea disciplinado. Y si no, ¡estoy hecho polvo al día siguiente!

Porque, para hacer mi programa matutino, me levanto a las tres de la mañana para llegar a las cinco a la estación. Hasta ahora —y desde que comencé a trabajar en la radio— no ha habido un solo día en el que me haya despertado y haya pensado «Ay, chimales, otro día de trabajo», porque es algo que disfruto muchísimo y siempre me hace feliz despertar para comenzar un día más. Una vez que estoy frente al micrófono siento unos deseos enormes de divertir y levantar el ánimo a mi gente. Siempre he sentido una enorme cantidad de adrenalina correr por mi cuerpo y unos deseos profundos de estar ahí. Es como si mi cuerpo, más que mi mente, supiera que ese es el lugar donde tengo que estar. Son sensaciones que normalmente no percibo el resto del día, sólo cuando estoy en el estudio, al aire.

Las muestras de cariño nunca han dejado de estar presentes. Por ejemplo, en una ocasión, a finales de 2013 recibimos una llamada de un radioescucha que necesitaba ayuda: vivía en un cuarto con su familia en una zona muy humilde y no tenía qué comer. Me contó que, además, tenía una hija con síndrome de Down.

—No me gusta pedir, en verdad —me dijo—, pero veo a mi hija... y no tengo comida para darle.

Decidí ir a visitarlo y llevarle comida e invité a los demás radioescuchas para que hicieran lo mismo. Cuando terminé el programa, un compañero del trabajo y yo fuimos a casa del señor que nos había llamado. Llegamos, hablamos con él, conocimos a su familia y a su hija y, por supuesto, le entregamos la comida. Fue un encuentro muy emotivo y lleno de enseñanzas.

Cuando salimos de ahí, me di cuenta de que tenía mucha hambre y decidimos llegar a un Pollo Loco que estaba en el camino.

—Pide lo que quieras, carnal —le dije a mi compañero.

Mientras avanzaba la fila, fui al baño a lavarme las manos. Salí y vi que ya casi era nuestro turno para ordenar y pagar. Mi compañero y yo ordenamos lo que quisimos, pero la cajera no nos dejó pagar.

—Alguien ya pagó por usted —me dijo.

Volteé a ver a mi compañero y le dije:

—No marches, ¿tú pagaste?

—No, yo no.

—M'ija, ¿quién pagó? —le pregunté a la cajera—, ¿alguno de los muchachos que están trabajando?

—No —me respondió—. El muchacho que está allá a la derecha.

Volteé a verlo. Era un compa que trabajaba en una llantera, traía su uniforme puesto y pensé que estaría en su hora del lonche. Fui hacia donde estaba.

—*Brother*, ¿por qué me haces eso? —le dije.

—Porque nosotros escuchamos al señor que habló a tu programa y estoy seguro de que estás aquí por esa razón —me respondió.

Esos regalos, ese tipo de gestos nunca han dejado de sorprenderme y el cariño de la gente nunca ha dejado de maravillarme.

Dos años después, en una presentación de Fluffy en San José, California, se acercó a mí el comediante Alfred Robles y me dijo:

—¿Es cierto, Piolín, que mi carnal te sorprendió pagándote la comida del Pollo Loco en una ocasión en que fuiste a ayudar a una familia que vivía cerca de su llanera.

—Sí —le dije. No podía creer qué chiquito es el mundo.

Otro ejemplo de ello lo encontré a principios de 2014, cuando fui con unos amigos a comer a un restaurante de nombre Las Glorias que queda en South Gate. Al terminar de comer, me levanté para ir a pagar, pero El Costeño, uno de mis amigos y quien es comediante, me detuvo.

—No, yo voy a pagar —me dijo tajante.

—No, ni *maiz*, tú ya pagaste el domingo y ahora me toca a mí —le respondí igual de tajante pero, igual que él, sin mala intención.

Y me levanté de nuevo para ir a pagar en lo que los demás se retiraban. En eso, llegó la señora que nos había estado atendiendo.

—Le vamos a hacer un descuento —me dijo.

—No, mi amor, no lo hagas —le respondí.

—No, sí lo vamos a hacer porque sabemos todo lo que usted ha ayudado a nuestra comunidad.

—Gracias, m'ija, pero...

—Y sabemos lo que le pasó —me interrumpió refiriéndose a mi salida de Univision. En su cara había tristeza—. Fue injusto y muy feo lo que le hicieron, y queremos que se recupere.

Nos abrazamos y tuve que hacer un esfuerzo para no llorar. Al final logré que aceptara que yo pagara la cuenta, pero ella no me permitió dejarle propina. Me dijo que era una manera de mostrarme su apoyo.

Salí de ahí agradeciendo a Dios por otra muestra de aprecio porque se trata de gente que no me conoce personalmente, sólo a través de la radio y que no cree en las mentiras que se han dicho. «Guau, Dios mío, qué grande eres», pensaba mientras caminaba hacia la salida. Al final, se me rasaron los ojos y mis amigos, quienes me esperaban afuera, me preguntaron qué había sucedido. Ese tipo de cosas me las llevo en el corazón y las cuento a mis seres queridos.

Poco tiempo después de que sucedió eso, cuando íbamos saliendo del estudio en el auto, María vio en la calle a un señor pidiendo dinero que sostenía un cartelón.

—Eddie, ¿traes dinero? —me preguntó.

—No traigo.

Como ella estaba manejando, le pasé su cartera, que estaba en el asiento trasero.

—Toma, dale —me dijo, sacando algo de dinero.

Bajé el vidrio y le di el dinero. El señor era un hombre anglosajón de mediana edad.

—¿*Piolin*? —me dijo con un acento fuerte y en inglés.

—*Yeah, that's me*, soy yo —le contesté.

Él alargó la mano y me tocó el hombro con fuerza. Me sorprendí.

—No creo nada de lo que dicen —me dijo en inglés—. Tienes mi apoyo, yo sé qué tipo de persona eres.

María y yo nos quedamos paralizados por varios minutos hasta que ella empezó a llorar.

—Eddie, Dios nos mandó a esa persona —me dijo—. Fue un ángel. En la Tierra hay gente que tiene un buen corazón. Lo que nos dijo... necesitábamos oírlo.

Y sí, era cierto, era justo lo que necesitábamos oír. ¿Cómo supo aquel hombre que no hablaba español quién era yo?, ¿cómo supo lo que nos estaba sucediendo a mí y a mi familia? Yo estaba conmocionado. María también. Pienso que, de alguna manera, Dios me estaba diciendo a través de él: «Eres mi hijo, no te preocupes. Todo va a salir bien».

Escenas similares se han repetido con frecuencia desde mediados de 2013 y muchas gente se acerca y nos dice que está con nosotros, que nos aprecia, que nos tienen en sus oraciones. Sé que muchas personas sufrieron conmigo cuando Univision Radio y yo decidimos separarnos, porque en mi programa encontraban no sólo motivos para pasar un buen rato, sino que se había convertido en un centro de información y una red de contacto importante para la comunidad. Cada que me topo con alguien que me muestra su apoyo, trato de mostrarme relajado, de jugar un poco con la gente y echar relajo, pero no dejo de conmoverme al recibir sus muestras de cariño.

En persona, a través del teléfono, el correo electrónico, Twitter, Facebook y todas las redes sociales, he recibido infinidad de mensajes de solidaridad que conservo como el regalo más valioso que mis radioescuchas me hayan hecho. Entre ellos se encuentra el del papá de Brian, el niño que necesitaba el trasplante de corazón, a quien un día llamé para preguntar por Brian y por toda la familia. Me dijo que el daño no sólo me lo habían hecho a mí, sino a todos los que me escuchaban y a sus comunidades.

Pero, sin importar lo difícil que fueran los momentos, de todo siempre he aprendido muchas lecciones y hemos salidos fortalecidos. En una entrevista en Telemundo con Carmen Dominicci después de que dejé de trabajar en Univision Radio, hablé precisamente de esto.

—¿Sabes cuál fue el dolor más grande? —le dije—. Que mi hijo el mayor me dijera: «No puedo creer lo que te hicieron. No es cierto lo que están diciendo». Él se dio cuenta a través de Internet. Fue muy doloroso porque vi su tristeza. Y le dije: «¿Sabes qué m'ijo? Es una lección de vida. No cualquier persona que se te acerque y te diga que es tu amigo, en realidad es tu amigo. Cuidado con eso».

No quisiera que él pasara por lo mismo. Y tampoco me gustaría que alguien más sufriera por algo similar a lo que me hicieron, que fue doloroso no sólo para mí, sino para mis hijos, mi esposa, mi familia y mis radioescuchas, y lo sentí aún más cuando mi madre me llamó por teléfono y la escuché llorando.

En todo esto, siempre he sentido la presencia de Dios y Él me ha ayudado mucho a salir adelante, a no dejarme caer. Dios dice que debemos bendecir a nuestros enemigos, y si no fuera por ese mensaje tan poderoso, probablemente ahora estaría lleno de odio y rencor contra quienes han querido dañarme. No les deseo ningún mal, prefiero bendecirlos.

Antes de que comenzáramos a trabajar en SiriusXM, María y yo decidimos ir con nuestros hijos a Tierra Santa. Era un viaje que habíamos planeado algunos meses atrás, en junio de 2013, y que incluía dos semanas en diferentes puntos de Israel: Tel-Aviv, el Mar de Galilea, el Mar Muerto, Eliat, una parada en el mirador desde donde se ve Egipto, Jordania e Israel y concluía con cuatro días en Jerusalén.

Caminar por los mismos lugares por donde Jesús caminó nos conmovió profundamente y nos hizo sentir una paz enorme en el corazón que fue más que bienvenida después de tantas tormentas. Durante ese viaje, desde el punto de vista espiritual, la Biblia cobró vida para nosotros.

En el Mar de Galilea pudimos vivir la tormenta en que Jesús dijo a sus discípulos «Hombres de poca fe» y calmó las aguas sobre cuya superficie caminó. También estuvimos en el río Jordán, donde Jesús fue bautizado por Juan el Bautista y con ello vivimos ese momento tan especial en la vida de Jesús. En Caná revivimos la alegría del primer milagro que hizo, cuando convirtió el agua en vino. Hoy en día ahí no sólo venden vino sino que preparan unos deliciosos jugos de unas granadas enormes y hacen pan.

Por último, Jerusalén fue el lugar clave para nosotros, la espiritualidad que sentimos ahí no puede ser percibida en ninguna otra parte del mundo porque es la tierra que Dios escogió para inscribir su nombre. Mientras cruzábamos el túnel para entrar a Jerusalén, escuchamos la música que dice «Bienvenido a casa», no pudimos más y empezamos a llorar. Inmediatamente sentimos una mayor unión como familia. Desde ese viaje, siempre que podemos aconsejamos a la gente que ahorre para ir a Tierra Santa. Y, si sólo pudieran hacer un viaje en su vida, les aconsejaríamos que fueran allí porque les cambiará la vida por completo.

Fue también en esta época intensa cuando recibí una gran noticia. Era noviembre de 2013 y me avisaron que había sido seleccionado para ingresar al Salón de la Fama de la Radio. ¡Sería el primer mexicano en formar parte de él! Decidí que, como en muchas otras ocasiones anteriores, quería compartir esta alegría con mis radioescuchas y les hice una invitación para que algunos se sentaran conmigo en la mesa que nos habían asignado, que estaba justamente al frente, en el centro, y al lado del famoso conductor y entrevistador Larry King. En la ceremonia de entrega María y yo estábamos felices de ver en la mesa central a mis radioescuchas que habían sido invitados.

Todos los radioescuchas que me acompañaron eran de Chicago, la ciudad donde se celebró el evento, y se dedicaban a cosas muy diversas. Por ejemplo, una de ellas trabaja en la recepción de una oficina, otro en una bodega empacando juguetes, otro en una joyería, otro en un lote de autos. Al llegar, pasamos todos por la alfombra roja, nos tomamos fotos en ella, estuvimos juntos en la entrega, en la cena y en la fiesta posterior.

En el evento estuvieron Larry King y Reba McEntire, una famosa cantante de música country.

En mi discurso de ingreso dije algo así como: «No sé si vayan a arrepentirse de haberme invitado, porque soy el primer mexicano y quizá va a pasar lo que está pasando en Estados Unidos. Llegó un mexicano, y ahora somos un montón».

Fue sin duda uno de los momentos más felices que recuerde, la comprobación de que todos los esfuerzos que he hecho durante todos estos años han valido la pena, han servido de algo.

Veo hacia el futuro y sigo pensando que seguiré luchando por mis sueños, por ayudar a los demás, que mi fe en Dios y mi familia serán mi sostén y que siempre, siempre, deberé estar agradecido con Nuestro Salvador Jesucristo por las oportunidades y experiencias con las que me ha bendecido.

EPÍLOGO

*E*stoy ahora con María revisando las últimas páginas de este libro. Juntos recordamos el día, hace quizá un año, en que una radioescucha con la que nos topamos en la calle me dijo que debería escribir todo lo que me había pasado. Yo ya estaba planeando escribir este libro que están a punto de terminar de leer y me quedé callado, sin nada que decirle porque sabía que tenía razón.

Contar mi historia no sólo me serviría para recordar mi pasado, para ver desde lejos todo lo que he vivido y para poner en perspectiva lo que hago y lo que quiero lograr; para darme cuenta de que, a pesar de todos los altibajos, he sido bendecido a lo largo de mi vida y que Dios siempre ha estado a mi lado. Pero tan importante como eso es que contar mi historia también me permitiría compartir con ustedes lo que he aprendido —y lo que sigo aprendiendo cada día—, con la esperanza de que puedan encontrar algo de inspiración para alcanzar sus sueños.

También deseo que este libro nos ayude a quienes conformamos este país, latinos y no latinos, a darnos cuenta de que unidos somos más fuertes y de que ganamos más si reconocemos el valor que cada uno tiene y aporta a Estados Unidos.

Mientras escribía pasaron por mí muchas dudas y certezas. Alegrías y tristezas. Tranquilidad y preocupaciones. Gracias a ustedes pude recordar mi vida, y releer las páginas que escribía me hizo darme cuenta de los principios que me guían y me permitió reforzarlos: la fe en Dios, el ejercicio, la solidaridad con los demás, la educa-

273

ción y la lucha por alcanzar mis sueños. Por otro lado, recordar el pasado también me ha hecho pensar en el futuro.

Y aunque sé que es imposible saber lo que sucederá en el futuro porque sus caminos son como los de un río caudaloso lleno de tramos a veces veloces, a veces profundos, otras tranquilos y en algunas ocasiones peligrosos, confío plenamente en que Dios, mi determinación por seguir adelante y el amor de mi familia me seguirán acompañando en las aventuras que me esperan.

En los últimos meses muchas personas me han preguntando dónde me veo en los próximos años. A pesar de que no lo puedo predecir con certeza, de algo estoy seguro: continuaré mi trabajo como defensor de los derechos de la comunidad y, además, seguiré explorando las mejores herramientas que la tecnología ponga a mi alcance para poder seguir en contacto con mis radioescuchas, en donde quiera que estén.

Porque quiero recordarles que no deben permitir que alguien les diga que no pueden realizar sus sueños y que, sin importar las circunstancias en las que se encuentren, es importante que recuerden siempre: ¿A qué venimos? ¡A triunfar!

AGRADECIMIENTOS

*Q*uiero agradecer a Dios por permitirme llegar a este mundo y por las oportunidades que ha ido poniendo en mi camino, por el soplo de vida que me da cada mañana cuando abro los ojos y por iluminarme al escribir las páginas de este libro.

Escribir un libro, como aprendí estos meses, implica un trabajo de equipo en el que intervienen muchas manos, y yo tuve la bendición de contar con un grupo de gente muy comprometida con el proyecto, de principio a fin.

María, mi compañera de vida, gracias por toda tu dedicación, consejos y guía. Sin ti, no habría sido posible completar esta tarea. Edward y Daniel: muchas gracias a ustedes también, por sus comentarios precisos y su paciencia mientras su papá se concentraba en redactar sus memorias. Espero que en ellas encuentren inspiración y motivos para seguir adelante.

Quiero también agradecer a mis papás por haberme enseñado cómo trabajar y a ser responsable, y porque junto con mis hermanos Jorge y Édgar y el resto de mi familia extendida me dieron una ayuda invaluable para escribir este libro recordando fechas y sucesos, sin importar la hora del día o la noche en la que surgieran mis dudas. Mi gratitud con ustedes es infinita. Al igual que con mis abuelos Chuy y Cuca, y Bartolo y Lupe, porque también ustedes me enseñaron el valor del trabajo y de la generosidad. Su ejemplo ha sido invaluable en mi vida.

Elizabeth Limón: no sé qué habríamos hecho sin tu trabajo minucioso y tu atención a los detalles y las fechas de entrega de cada una de las partes que componen este libro.

Rudy Franco: gracias por el tiempo en que trabajamos juntos.

Gary y Claudia: ¡gracias por traernos a Los Ángeles!

Jeff Liberman: gracias por todo tu apoyo.

A mis radioescuchas: su cariño y amor y su increíble fidelidad me han ayudado siempre a salir adelante. Si no fuera por ustedes, yo simplemente no habría podido hacer tantas cosas.

Igualmente, quiero expresar mi enorme gratitud hacia mis exjefes, supervisores, equipo de trabajo, colegas, promotores, ingenieros, equipo de promociones, el personal de limpieza y todos aquellos que me otorgaron su confianza y me acompañaron con su trabajo cada día. Mi gratitud profunda también es para todos los artistas e invitados que, a lo largo de los años, han asistido a mis programas y a los eventos que organizaba para recabar fondos para las personas que los necesitaban: sin ustedes, no lo habría logrado. Gracias por aceptar mis invitaciones, por creer en mí, en mi equipo.

Gracias a ustedes, Emilio y Gloria Estefan, por estar ahí siempre, sin importar cuál sea el motivo. Al igual que como con ustedes, también tengo una deuda impagable con todas las personas con quienes me he topado en la vida y quienes, a través de sus palabras, me han permitido aprender cómo ser mejor cada día.

Ray Garcia: gracias por haber insistido en que debía escribir este libro y por tu apoyo a lo largo del camino. Tenías razón. A Andrea Montejo y Kim Suarez, editoras extraordinarias: su precisión, su dedicación y sus comentarios acertados para mejorar las versiones en español y en inglés de este libro fueron fundamentales. Pablo de la Vega, gracias por haberme ayudado a poner en orden las piezas de este rompecabezas. Ezra Fitz, te agradezco por haber capturado y transmitido fielmente mi voz y mi mensaje en inglés. Y a todo el equipo editorial de Penguin: muchas gracias por el cuidado y la atención a todos los detalles.